古典文獻研究輯刊

三四編

潘美月・杜潔祥 主編

第 18 冊

明司馬熊公廷弼年譜

熊　飛　著

國家圖書館出版品預行編目資料

明司馬熊公廷弼年譜／熊飛 著 -- 初版 -- 新北市：花木蘭文
化事業有限公司，2022〔民111〕

序2+目4+212面；19×26公分

（古典文獻研究輯刊 三四編；第18冊）

ISBN 978-986-518-873-3（精裝）

1.CST：（明）熊廷弼 2.CST：年譜

011.08　　　　　　　　　　　　　　110022683

ISBN-978-986-518-873-3

古典文獻研究輯刊

三四編　第十八冊　　　　　　ISBN：978-986-518-873-3

明司馬熊公廷弼年譜

作　者	熊飛	
主　編	潘美月、杜潔祥	
總編輯	杜潔祥	
副總編輯	楊嘉樂	
編輯主任	許郁翎	
編　輯	張雅淋、潘玟靜、劉子瑄　美術編輯　陳逸婷	
出　版	花木蘭文化事業有限公司	
發行人	高小娟	
聯絡地址	235 新北市中和區中安街七二號十三樓	
	電話：02-2923-1455／傳真：02-2923-1452	
網　址	http://www.huamulan.tw 信箱 service@huamulans.com	
印　刷	普羅文化出版廣告事業	
初　版	2022 年 3 月	
定　價	三四編 51 冊（精裝）台幣 130,000 元	

明司馬熊公廷弼年譜

熊飛 著

作者簡介

　　熊飛，本名熊賢漢，武漢市江夏區（原武昌縣）人。華中師範大學中文系畢業，即分配在高校任教。1992年，破格評聘為副教授。1997年評聘為教授。1999年，獲全國高等師範院校曾憲梓獎三等獎。2012年，獲韶關學院第二屆「十大師德模範」。2013年，獲廣東省優秀社科普及專家。2020年，獲韶關市文化宣傳領軍人才。現任韶關學院文學與傳媒學院教授。

　　長期從事文史教學研究工作，先後主持國家社科後期資助項目一項、國家重大招標項目子課題一項，主持省市社科重點科研課題多項。在《文學遺產》《辭書研究》《敦煌研究》《學術研究》《北師大學報》《文獻》等數十家刊物發表文史論文百餘篇。近年主要從事「盛唐二張」研究及其文集的整理工作，先後出版專著有：《懷素草書與唐代佛教》《張九齡集校注》《張九齡年譜新編》《張說年譜新編》《張九齡大傳》《張說集校注》《張九齡與九齡文化》等。其於唐代文化名人張說、張九齡及懷素等人的研究，在學術界有相應影響。

提　　要

　　熊廷弼（1569～1625），字飛百，一作非伯，又作非之，號芝岡，湖廣武昌府江夏縣（今湖北省武漢市江夏區）人。廷弼公生於江夏一貧寒之家。啟蒙後，曾一度輟學。舉鄉試第一，次年，中進士，解褐保定府推官。擢工部主事，出授浙江道御史，巡按遼東。改差南直隸提督學政，革職家居。陞大理寺左寺丞兼河南道監察御史，宣慰遼東。尋擢兵部右侍郎兼右僉都御史，經略遼東。再次聽勘回籍。次年六月，陞兵部尚書兼都察院右副都御史，再次經略遼東，被參革職下獄。天啟五年八月，受誣陷被殺。清乾隆間，諡「襄愍」。

　　關於熊廷弼生平，有管雪齋《熊經略》（華中圖書公司，1936）、梁乙真《熊廷弼評傳》（東方書社，1943）、朱耀榮《熊廷弼傳》（附錄《熊廷弼年譜》，中國電影出版社，2008）、李紅權《熊廷弼年表》（《熊廷弼集》附錄三，學苑出版社，2011）等作。這些譜傳著作，要麼過於簡略，要啥沒啥；要麼以訛傳訛，難以據信。熊飛於整理熊廷弼文集之同時，手編這部詳盡之廷弼公《年譜》。該譜條目清晰，內容詳實，觀點新穎，見解獨特，材料使用精當，考證理據充分。特別是對熊公作品之繫年，用力尤巨，幾乎涵蓋其集今存所有作品（包括新搜輯所得）。一編在手，文史盡得。

前　言

　　熊廷弼（1569～1625），字飛百，一作非伯，又作非之，號芝崗，湖廣武昌府江夏縣（今湖北省武漢市江夏區）人。明穆宗隆慶三年（1569），廷弼公生於江夏一貧寒之家。啟蒙後，曾一度輟學。明神宗萬曆二十五年（1597），舉鄉試第一。次年，中進士。二十七年，解褐保定府推官。三十三年，擢工部主事。三十六年，授浙江道御史，巡按遼東。三十九年，改差南直隸提督學政。四十一年，革職回籍。四十六年十一月，升大理寺左寺丞兼河南道監察御史，宣慰遼東。四十七年六月擢兵部右侍郎兼右僉都御史，經略遼東。次年九月，聽勘回籍。天啟元年六月，升兵部尚書兼都察院右副都御史，再次經略遼東。天啟二年二月，被參革職下獄。天啟五年（1625）八月，受人誣陷被殺，時年五十七歲。崇禎二年，因江西道御史饒京、大學士韓爌為其訟冤，始下詔允歸葬骸骨。清乾隆間，諡「襄愍」。

　　編廷弼公這部年譜，事出偶然。本人雖與廷弼公同貫同姓，對公之為人行事，雖也瞭解一些，但都是四五十年前的事了。記得上大學時，正值批林批孔，當時我有幸分到張居正著作注釋小組，在那裡規規矩矩跟張舜徽等老先生，作了一年明代文獻的注釋整理工作。此間，對晚明政治文學有了初步瞭解。參加工作以後，起始又教了近十年元明清文學，也相對系統地閱讀過一些明清文獻。不過，於文學方面要相對集中一些。再說那時也同現在不甚一樣，當時還沒有英特網，在級別較低的下面單位工作，加之經費短缺，故很難廣泛收集相關圖書數據。後來又因某種原因，自己改上唐宋文學。近三十年，也一直在唐宋文史領域打圈圈，很少再涉足明清。故廷弼公這個人物，似也漸漸淡出了本人的研究視野。到廣東近二十年間，本人先後整理出版了

《張九齡集校注》和《張說文集校注》，並均在中華書局出版印行。文獻整理，也自認是本人的一技之長，同事同行似也於此高看一眼。

我的中學老同學羅來啟同志，是武漢江夏有志於中國傳統文化研究傳承的領導者。幾年前，我從廣東回江夏，受到羅兄的熱情招待。席間，他與我提到廷弼公的研究問題，並說有意聘請我作他們研究會的顧問。我已多年沒有認真閱讀明清文史材料，自知突然接觸這個新的研究課題有相當難度，但看到老同學那期待的目光，和熊公與我同貫同宗的緣分，我還是慨然答應下來。

廷弼公留下的遺產非常豐富，僅李紅權先生標校的《熊廷弼集》，就有百餘萬字。以一個六旬老人，要在短時間內完成如此巨大的文獻工作量，的確十分困難。但來啟兄給我帶來了信心，他說，我給你經費支持，並組織一個專班與我合作。此後，他通過區政府立了項，爭取到了有限的行政經費支持；又搞了一個文化公司，千方百計籌措研究經費。我亦與人民文學出版社古典部負責人葛雲波兄取得了聯繫，雲波兄很快與我回信，同意將此書列入他們社的出版規劃，並馬上與我發來工作指南。就這樣，廷弼公文集的校注整理項目宣告啟動。

在校勘注釋廷弼公文集的過程中，深感沒有一部關於廷弼公生平而可以相信的文字材料作為參考，搜集到的幾種傳記資料，如管雪齋《熊經略》（華中圖書公司，1936）、梁乙真《熊廷弼評傳》（東方書社，1943）、朱耀榮《熊廷弼年譜》（《熊廷弼傳》附，中國電影出版社，2008）、李紅權《熊廷弼年表》（《熊廷弼集》附錄三，學苑出版社，2011），要麼過於簡略，要麼過於陳舊，要麼難以據信。於是決計親手編一部詳盡的廷弼公年譜，一以自用，一以方便研究同行。歷時兩個寒暑，年譜之稿幸已殺青。此稿當初決定由武漢江夏方聯繫湖北人民出版社出版，由於某種原因，今改由本人聯繫出版社出版。付梓前夕，本人又被廣東韶關學院文學與傳媒學院聘為特聘教授。因此，趁此出版之機，於此聊贅片言，對學院廖益校長等學校領導及人事處、文學院等部門領導對本人的信任支持，對曾給我以信心和幫助之同學、同志、朋友及親人，致以崇高敬意與真摯謝忱。

熊　飛

庚子仲夏修改於事可為齋

辛丑季夏於韶關學院三改畢

目

次

字號

熊廷弼，字飛百，又作非伯，後改字非之，號芝岡（一作崗）。

　　對於熊廷弼的字號，歷史記載有很大歧異。《明史》卷二五九
《本傳》說：「熊廷弼，字飛百。」〔註1〕不記他的號。《江南通志》
卷一百十二《職官·名宦》中說：「熊廷弼，字飛百，江夏人。」
〔註2〕《江南通志》的說法與《明史》本傳同，應出此。同治《江
夏縣志》卷六《人物志·熊廷弼傳》說：「熊廷弼，字非百，一字
芝岡。」〔註3〕縣志與二史所記熊廷弼的字，一作「飛百」，一作
「非百」，音同，但「飛」與「非」意雖可通，而形不同。更加不
同的是，縣志還加了一句「一字芝岡」。這一字的說法，是《明史》
等沒有記載的。但這樣說，應有文獻根據。據另一部更大的地方志
《湖廣通志》卷四七記載：「熊廷弼，《三楚文獻錄》：字芝岡，江
夏人。」〔註4〕這部地志介紹熊廷弼，僅引用清初高世泰等輯《三
楚文獻錄》代述，它在傳中記廷弼公的字，不是「字非百」或「飛
百」，而是「字芝岡」，同治《江夏縣志》「一字芝岡」的說法，或
從此來。但清查繼佐《罪惟錄》卷十一下《經濟諸臣·熊廷弼》卻
說：「熊廷弼，號芝崗，湖廣江夏人。」〔註5〕《罪惟錄》是清代
人所撰一部相當有名的史書，此書卻把「芝崗」說成了廷弼公的
號。「字芝岡」變成了「號芝崗」，除了字變號以外，崗與岡雖音同
可通，但字形又不同。《御批歷代通鑒輯覽》卷一百十二於萬曆三

〔註1〕清張廷玉等撰《明史》卷二五九《熊廷弼傳》，中華書局1974年版，第22冊
　　　　6691頁。下引《明史》均出此，僅於引文下注明頁碼。

〔註2〕清趙弘恩等監修，黃之雋等纂修《江南通志》卷一百十二《職官·名宦》，文
　　　　淵閣《四庫全書》，上海古籍出版社1987年版，第510冊294頁。下引《江
　　　　南通志》均出此，僅於引文下注明冊頁。

〔註3〕清王庭楨等纂修《江夏縣志》卷六，清光緒七年重刊，中國方志叢書本，成
　　　　文出版社有限公司1975年版，第670頁。

〔註4〕清邁柱等監修，夏力恕等編纂《湖廣通志》卷四七，文淵閣《四庫全書》，上
　　　　海古籍出版社1987年版，第533冊19頁。下引《湖廣通志》均出此，僅於
　　　　引文下注明冊頁。

〔註5〕清查繼佐《罪惟錄》卷十一下，浙江古籍出版社1986年版，第1770頁。下
　　　　引《湖廣通志》均出此，僅於引文下注明卷次頁碼。

十四年「冬十二月棄六堡」條記載:「御史熊廷弼字飛百,江夏人,亦以為言。」看來清初人編史書,還是作了調查的。廷弼公字飛百似成定論。

但作為家乘的《江夏縣南鄉熊氏家譜》與《(江夏)熊氏宗譜》卻說:「熊廷弼,字飛白,號芝岡。」〔註6〕是正史可靠還是家譜可信?本人的結論是正史比家譜更可信。家譜這裡的「飛白」,明顯是「飛百」之誤,形近而致誤。不過,這個「字飛百」又遭到了清初另一批人的挑戰。如《御選宋金元明四朝詩》《明詩綜》《大清一統志》等載籍,又將廷弼公之字記為「非伯」。飛、非音同字通,但是白、百與伯,只是形近,音基本相同。按照古人名與字的關係,熊廷弼既名「廷弼」,其字似應作「非伯」或「飛伯」。其取義似從《尚書》而來,廷弼,似化用舜廷之臣一語;伯,指伯夷,即舜讓他「作秩宗」(主管郊廟之官)的這一位。飛伯或非伯,謂雖不是伯夷,但入朝定能輔弼聖主,致君堯舜。故本人認為,廷弼公之字,似應從《明詩綜》等書之署,作「非伯」。

然而這個推論,又遇到了最權威的明當代人的挑戰。明郭正域有《熊芝岡司理考績序》一篇,他在這篇文章中說:「吾邑熊非之,舉省元,成進士。所試藝,流播海內。」〔註7〕郭正域(1554~1612)也是江夏人,論年齡,他雖比熊廷弼大十五歲,但當時和廷弼公共事萬曆一朝,再後來又成了姻親,他的記載,應不會有錯。又明末清初人鄒漪所撰《襄愍公傳》也這樣說:「熊公廷弼,字非之,號芝岡,古鄂沙羨人也。」〔註8〕鄒漪也算是廷弼公同時稍後之人,著名史家,也記公字為「非之」。他們的記載,應比之清人更可信。這又是為什麼呢?這應該是有道理的。本人認為,廷弼公似原字非伯,這個字很可能是父母或族中長輩或師長為他所起。後來自己漸長,閱歷漸增,對官場社會認識漸深,覺得做非伯實屬不易,遂改字非

〔註6〕《江夏縣南鄉熊氏家譜》,轉引自朱耀榮著《熊廷弼傳》;熊梅樵等纂《(江夏)熊氏宗譜》,1994年版,卷五第2頁。下引《熊氏宗譜》均出此,僅於引文下注明頁碼。

〔註7〕清徐文檢輯《熊襄愍公集》十卷,熊氏祠堂藏版,同治三年甲子(1864)重刻本,卷末(附)第25頁。下引《熊襄愍公集》均此本,僅注卷次頁碼。

〔註8〕同上,卷末(附)第46頁。

之，約是從陶淵明《歸去來辭》而出：「悟已往之不諫，知來者之可追；實迷途其未遠，覺今是而昨非。」

公之號芝岡，岡一作「崗」，同時人均稱公為芝岡，如明畢自嚴《石隱園藏稿》卷八有《與熊芝岡書》四則，明著名文學家湯顯祖亦有《與熊芝岡書》一則（《文章辨體匯選》卷二六五），均稱廷弼公為「芝岡」。按照古代稱謂習慣，這兩個「芝岡」，均應為廷弼公之字或號。《湖廣通志》卷四七引《三楚文獻錄》作「字芝岡」，縣志作「一字芝岡」，但愚意，公既有「飛百」、「非伯」、「非之」等字，則通稱之「芝岡」，似應如鄒漪《襄愍公傳》所言，為公之號而非字。

管雪齋《熊經略》說：「經略氏熊，字飛百，一字非之，號芝岡，明湖北省江夏縣（今武昌縣）人。」〔註9〕梁乙真《熊廷弼評傳》也說：「熊公諱廷弼，字飛白，一字非之，號芝岡，湖北省江夏縣（今武昌）人。」〔註10〕管雪齋所謂「明湖北省」誤。明代沒有湖北省，只有湖廣行省。梁乙真雖將「明」字抹去，但云「湖北省江夏縣」，仍然是錯誤的。《中國歷史大辭典》：「熊廷弼（1569 或 1573～1625），明湖廣江夏（今湖北武漢）人，字飛百，號芝岡。」〔註11〕《中國文學家大辭典》：「熊廷弼（1569～1625），字飛百，號芝岡，湖廣武昌府江夏（今湖北武漢）人。」〔註12〕自此之後，廷弼公「號芝岡」便成公認之定論。不過，與熊廷弼最親近之人郭正域，在其筆下，廷弼公之號或作「芝岡」，或作「芝崗」，並不統一，似作「芝岡」或「芝崗」均可。

籍貫

明湖廣武昌府江夏縣（今武漢市江夏區）人。

本來，熊廷弼為明湖廣武昌府江夏縣（今武漢市江夏區）人，歷史已經有很明確的記載。如《明史》卷二五九《本傳》：「熊廷弼，字飛百，江夏人。」（第 6691 頁）《湖廣通志》卷四七《鄉賢志·武

〔註 9〕民國管雪齋著《熊經略》，華中圖書公司 1936 年版，第 25 頁。
〔註 10〕民國梁乙真著《熊廷弼評傳》，東方書社 1943 年版，第 22 頁。
〔註 11〕鄭天挺等主編《中國歷史大辭典》，上海辭書出版社 2018 年版，下冊第 3056 頁。
〔註 12〕李時人編著《中國文學家大辭典·明代卷》，中華書局 2018 年版，第 1571 頁。

昌府》：「熊廷弼，《三楚文獻錄》：字芝岡，江夏人。」（第533冊19頁）《江南通志》卷一百十二《職官‧名宦》：「熊廷弼，字飛百，江夏人。」（第510冊294頁）明張岱《石匱書》卷一九五《熊廷弼王化貞列傳》：「熊廷弼，湖廣江夏人。」〔註13〕清查繼佐《罪惟錄‧熊廷弼傳》：「熊廷弼，號芝崗，湖廣江夏人。」（第1770頁）

　　但古人對某人為某地人的看法，有時是有差異的。古人特別喜歡用祖籍或郡望自稱或稱呼人。如唐代著名詩人杜甫，他自稱「杜陵野老」，這個「杜陵」，就是他的郡望。用今天的話說，就是指他們家老根所在地。實際情況是，他的第十三代祖晉代著名文人杜預做襄州刺史，就已經把家搬到了湖北襄陽，並在襄陽過了很多年，直到他的祖父杜審言，兩《唐書‧本傳》還稱他為「襄州人」。而他的曾祖父杜依藝，在做河南鞏縣令之時，就又把家搬到了鞏縣。因此，襄州是他祖父的籍貫，而鞏縣成了杜甫籍貫，襄州變成了他的祖籍。另外，跟我們湖北相關的唐代大詩人岑參也是如此。教科書上有說岑參為南陽人的，有說為江陵人的。那又是怎麼回事呢？岑參的遠祖是河南南陽人。後來祖善方為南朝梁起居舍人，就把家搬到江陵，成了江陵人。但入唐以後，岑家三代三人相繼為相，應把家搬到了長安，已經是地道的長安人。所以南陽應屬於岑參的郡望，江陵為其祖籍，長安才應該是他的占籍（即通常所說的籍貫）。今天，我們如果把古人以祖籍或郡望相稱當成籍貫，那就大錯特錯了。

　　熊廷弼為江夏人，江夏為熊廷弼籍貫，這應當不錯。但在歷史典籍中，記載熊廷弼為某地人卻並不一致。如鄒漪《襄愍公傳》就說：「熊公廷弼……古鄂沙羨人也。」（卷末（附）第46頁）我們湖北簡稱「鄂」，古鄂指湖北，我們可以理解，但「沙羨」與江夏，有矛盾嗎？我的回答是：有，又沒有。說有，是因為這兩個地名異形。通過檢索我們知道，沙羨在漢為江夏郡十四縣之一（《漢書‧地理志》）。故治所在今武漢市江夏區金口鎮。廷弼公後家江夏集賢三里，其地即「古鄂沙羨」地。所以，鄒漪在這裡是以古時之江夏郡一縣

〔註13〕明張岱著《石匱書》，《續修四庫全書》；上海古籍出版社2008年，第194卷第1頁。

地名指稱熊廷弼籍貫，是以古名稱今地。所以說公為沙羡人，與說他為江夏人又是一樣的。

另據湖南《攸縣志》記載，廷弼公未中舉之前，曾在攸縣王三命家做過塾師，王家至今保存著廷弼公於萬曆丁酉（1597）送給王氏「龍階尺木」四字匾額一塊，此匾上的署名是：「夏汭熊廷弼為攸庠王三命題。」公自稱「夏汭熊廷弼」，此「夏汭」，與江夏、沙羡有別嗎？回答仍然是：有，又沒有。這個自署之「夏汭」，據康熙《湖廣武昌府志》卷二《山川志‧江夏》記載：「夏汭，俗偽作夏濾。漢水曲入江處，夏口之首也。侯景屯兵積糧於此。」〔註14〕個人的看法，所謂夏汭，就是指夏水，但不是全段，而是指流經江夏快要入江那一段彎彎曲曲的江水。這裡是以水代地，還是指江夏。所以熊廷弼籍貫為江夏是肯定的。

江西南昌，應為廷弼公之祖籍或郡望。

祠堂本《熊襄愍公集》卷八有一篇《性氣先生傳》的作品，這個作品，國圖藏抄本題作《性氣先生熊廷弼傳》，所以這位「性氣先生」，就是指熊廷弼。這篇作品一開頭就說：「先生之先，為南昌世官著姓。」（卷八第1頁）

朱耀榮先生的《熊廷弼傳》，根據家譜的記載，更說熊廷弼的「高祖父熊智⋯⋯祖籍江西省南昌府南昌縣北崗（譜作港）村。」〔註15〕這是家乘的記載。我雖然與熊公同姓，但不同房，而族譜也說祖上是從江西南昌遷來江夏的。所以《江西通志》卷五十五《選舉七》於「萬曆二十五年丁酉鄉試」下，就赫然記著：「熊廷弼，南昌人，江夏籍，解元。」〔註16〕又於「萬曆二十六年戊戌趙秉忠榜」下記錄：「熊廷弼，南昌人，江夏籍。」（同上第514冊804頁）廷弼公之先世，為南昌著姓。此處的江西南昌，就應為廷弼公的祖籍或郡望。在這裡，祖籍與郡望同在一地。《江西通志》在記錄這段

〔註14〕清裴天錫等纂修《康熙湖廣武昌府志》，《中國方志集成‧湖北府縣志輯2》，江蘇古籍出版社2001年版，卷二第4頁。下引《康熙湖廣武昌府志》均出此，僅注卷頁。

〔註15〕朱耀榮著《熊廷弼傳》，中國電影出版社2008年版，第6頁。下僅注頁碼。

〔註16〕清謝旻等監修，陶成等纂修《江西通志》卷五十五《選舉七》，文淵閣《四庫全書》，上海古籍出版社1987年版，第514冊第804頁。

史實之時，還是有分寸的，它既以熊廷弼為江西南昌人，但又把他此時的占籍寫清楚——「江夏籍」。在史家眼中，祖籍同本人占籍界限還是清楚的。

世系

高祖父熊智，字天亶，祖籍江西省南昌府南昌縣北港（崗）村。

江夏《熊氏宗譜》卷五：「湖北省江夏南鄉熊氏總世系圖：天亶公位：始祖（熊）智，字天亶，弘治孝廉，江西省南昌府南昌縣北港村人。攜子道興宦遊楚北，解組寄住武昌府（譜誤作省）新南門外。越數年，徙居江夏縣南鄉恩武里紙坊街。後公歸江西遷眷屬，適公妣相繼作古，未及返楚。妣（妻）姓氏未詳，生一子道興。」（第 1 頁）

《朱譜》：「高祖父熊智，字天澶（亶之誤），生歿年未詳。祖籍江西省南昌府南昌縣北崗村。明弘治二年（公元 1489 年）宦遊（求官或做官）楚北不得志，僑寓湖廣武昌府江夏縣新南門外巡司河一帶（今武漢市武昌區武泰閘一帶），數年後落籍江夏縣修賢里一里（今武漢市江夏區紙坊街郭家嶺村）。」（第 7 頁）則此說法較《性氣先生傳》提前一世。

曾祖父熊萬邦（1457～1542），字道興，始僑寓江夏。

《性氣先生傳》：「自先曾祖道興公僑寓江夏。」（卷八第 1 頁）

江夏《熊氏宗譜》卷五：「第二世：智公之子萬邦，字道興，生於明天順丁丑四月初八日午時，為鄉飲耆賓。歿於明嘉靖壬寅九月十三日亥時，諡康惠，誥封光祿大夫。葬恩武里檀樹林艮山，坤向。妣（妻）祁氏，生於明天順戊子年二月十二日卯時，歿於嘉靖（誤作慶）乙巳年八月初十日未時。誥封一品夫人，葬與公合家。生子三，長大忠、次選、三弘。忠、弘俱失傳，附葬公墳右。」（第 1 頁）

《朱譜》：「曾祖父熊萬邦，字道興，生於明天順丁丑年（公元 1457 年）四月初八日午時，歿於明嘉靖壬寅年（公元 1542 年）九月十三日亥時。少時隨父遷居江夏縣修賢一里，娶妻祁氏，生有三子，名大忠、大選、大弘。」（第 7 頁）

按：據江夏《熊氏宗譜》，廷弼公曾祖父遷來江夏，首居之地似應為江夏恩武里，《朱譜》謂修賢一里，未知孰是。

祖父熊大選（1497～1587），字高峰，贈尚書。

《性氣先生傳》：「祖贈尚書高峰公。」（卷八第 1 頁）

江夏《熊氏宗譜》卷五：「第三世：萬邦次子大選，字高峰，生於明弘治丁巳年四月初八日午時，為鄉飲耆賓。歿於萬曆丁亥年九月十三日亥時，諡康惠，誥封光祿大夫。葬恩武里檀樹林艮山，坤向。妣李氏，生於明成化丁巳年二月十二日卯時，歿於正德庚辰年八月初十日未時；誥封一品夫人，葬恩武里檀樹林艮山，坤向，無出。繼妣向氏，生於明成化庚申年四月初八日丑時，歿於正德壬辰年十一月十八日巳時，誥封一品夫人，葬恩武里檀樹林艮山，坤向，無出。繼妣彭氏，生於明成化壬戌年五月十五日巳時，歿於萬曆甲午年十月初五日戌時，誥封一品夫人，葬恩武里檀樹林艮山，坤向。生子三：長楷、次松、三柏。」（第 1 頁）

《朱譜》：「祖父熊大選，字高峰，生於明弘治丁巳年（公元 1497 年）四月初八日午時，歿於萬曆十五年丁亥年（公元 1587 年）九月十三日亥時。娶妻李氏，繼妻向氏，均無出。繼妻彭氏，生有三子，取名楷、松、柏。」（第 7 頁）

按：《宗譜》與《朱譜》曾祖萬邦與祖父大選之生月、日、時相同，曾祖母祁氏之生、歿與其祖母李氏之生、歿月、日、時亦同，這是極不可能出現的，唯一的解釋就是，似應為錯行所致。

楚邸肆虐，高峰公以誣，身繫牢獄三四年，家遭此難，遂陷貧困。

《性氣先生傳》：「楚愍邸怙世廟恩，肆占民山場，山主張姓者抗其官尉，尉有偶病死於高峰家者。邸誣張，持百金脅公曰：『證則給冠帶、養膳、田土，否則立撲死。』公曰：『吾不顧子孫耶？』懼不免，自詣繫郡獄。及長史會郡理，問於城隍廟中。長史承邸旨，拷逼公。公大呼城隍神，繩忽寸寸斷，激拷具，中長史案，長史幾怖死。然有司終畏邸勢，不敢問。係三四年，會邸變，乃出，以此遭家難。」（卷八第 2 頁）

父熊柏（1531？～1594），字西莊，贈尚書。

《性氣先生傳》：「自先曾祖道與公僑寓江夏，祖贈尚書高峰公、府君贈尚書西莊公，皆孝悌力田，世為農……府君矢志讀儒書，然生而混沌，自孝親從兄外，他一無知者。」（第1頁～第2頁）

江夏《熊氏宗譜》卷五：「第四世：大選三子柏，字西莊，生於明正德辛卯年五月十五日辰時，歿於明萬曆甲午七月十日辰時。葬修賢里鳳凰山□□。妣葛氏，生於有正德壬辰年四月初十日亥時，歿於嘉靖壬戌年九月初八日申時。誥封正一品夫人，葬未詳，無出。」（第1頁）

《朱譜》：「父親熊柏，字西莊，生於明嘉靖辛卯年（公元1531年）五月十五日，歿於明萬曆二十二年甲午（公元1594年）七月十日辰時。西莊公娶妻葛氏，無出。繼妻李氏，生有一子，便是熊廷弼。」（第8頁）

按：《熊氏宗譜》記熊柏「生於明正德辛卯年」有誤。明正德（1506～1521）共十六年，無辛卯年，故此譜原有改「辛卯」為「丁卯」者。「丁卯」為正德二年（1507），此年距其父熊大選生年僅十年，肯定為誤改。《朱譜》「正德」作「嘉靖」，朱先生或有所據，然未注所自。其所撰《熊廷弼傳》附《江夏南鄉熊氏家譜》書影，未知是否出此？暫從之待考。

生母李氏（1540～1614），為繼室。

江夏《熊氏宗譜》卷五：「繼妣李氏，生於明嘉靖庚子年五月初十未時，歿於萬曆癸卯年十月初五日亥時。誥封正一品夫人，葬黃合里鶴冠山癸山，丁向，有碑。生子一：廷弼。」（第1頁）宗譜謂李氏卒年有誤，據《性氣先先傳》應卒萬曆甲寅。

廷弼公娶妻陳氏，妾張氏、李氏、黃氏。

江夏《熊氏宗譜》卷五：「妣陳氏，生於明隆慶庚午年八月初五日巳時，誥封正一品夫人，歿於萬曆戊子年三月初六日未時。與公合葬墳右，同向。無出。繼妣張氏，生於明萬曆甲戌年十一月十三日辰時，誥封正一品夫人，歿於崇禎癸酉年五月初十日未時，葬修賢里伏虎山，乾巽兼戌辰向，有碑……庶妣李氏，生於明萬曆己卯

年十一月初九日卯時，歿於萬曆甲辰年九月十二日申時，葬恩武里南湖。庶妣黃氏，生於明萬曆庚辰年七月初八日巳時，例贈孺人，歿於崇禎辛酉年二月初七日亥時，葬與公合塋墓右。生子三：張出長兆珪，張出次兆璧，黃出三兆琮。」（第 3 頁～第 5 頁）《七慟歌》：「我慟我慟在老妻，自幼結髮白首期。前年為我發疽病，病死復活日悲啼。忽聞接兒魂驚馳，可憐雙眼無多淚，流到我邊無一絲……我慟我慟在少妾，為我生兒承奕葉。兩妾已死未歸土，一妾年少獨單怯。幸生一兒在身旁，日摩兒頭啼紅血。」（卷十第 24 頁）

按：據《七慟歌》，公結髮老妻陳氏天啟間尚存，怎麼會「歿於萬曆戊子年（十六年，年十九）三月初六」，英年早逝？又，明張岱《石匱書》卷一九五《熊廷弼王化貞列傳》：「上怒，有旨命斬……傳首九邊，屍棄荒野。懸坐贓十七萬，追比酷烈。夫人陳氏繫辱縣庭。」（第 8 頁～第 9 頁）鄒漪《熊孝烈傳》：「公退閉戶，書字兩紙……遂引刀自裁……蓋丁卯正月十八日也。公母詣縣官大罵。」（第 71 頁）此兆珪母，即陳氏，廷弼公子兆珪自裁的丁卯（天啟七年，1627），陳氏尚在，何來英年早逝？其中一妾，應卒於萬曆四十七年春前後。廷弼公《宣慰請敕書關防疏》云：「該四月十二日，臣於原籍接得兵部差官王世臣送到吏、兵兩部照會各一道……臣於是時，新有家庭骨肉之慘。」〔註17〕但《宗譜》沒有對應者。又，公撰《七慟歌》時，明言「我慟我慟在愛（一作少）妾，為我生兒承奕葉。兩妾已死未歸土，一妾年少獨單怯。」（卷十第 24 頁）故卒於崇禎間者，應為妻陳氏與妾黃氏，妾張氏、李氏應卒於天啟五年（1625）前。另外，崇禎共十六年（1628～1643），無辛酉年，《宗譜》記公妾黃氏之卒年亦應有誤。

生子三人：長子兆珪，次子兆璧，三子兆琮。

江夏《熊氏宗譜》卷五：「（廷弼）生子三：張出長兆珪，張出次兆璧，黃出三兆琮。」（第 2 頁）

《七慟歌》：「我慟我慟在嬌兒，煢煢三孤將安依。大兒早已失其母，中兒季兒稚且癡。」（卷十第 24 頁）

〔註17〕李紅權標校《熊廷弼集》，學苑出版社，2011 年版，第 319 頁。下引《熊廷弼集》均出此本，僅注頁碼。

長子兆珪（1602～1627），字符敬。廷弼公死國難，珪以死殉。同學共諡孝烈。

公集卷末附魏廷謨《孝子傳》：「熊兆珪，字符敬，大司馬熊芝岡先生長子也。」（第73頁）公集卷末附鄒游《熊孝烈傳》：「公諱兆珪，字符敬，江夏諸生。經略遼東熊廷弼先生冢嗣也。」追贓令下，入獄，獄中「引刀自裁，……蓋丁卯年正月十八日也。……公死竟無表章之者，同學諡之曰孝烈。」（第71頁～第72頁）江夏《熊氏宗譜》卷五：「第六世：廷弼長子兆珪，字符敬，生於明萬曆壬寅年二月十五日卯時，稟膳生。恩蔭四品，揀授順天府丞。誥封中順大夫。天啟時，被群奸借題陷害……列縣獄於天啟丁卯年正月十八卯時。崇禎即位……欽賜祭並諡孝烈……葬修賢里鳳凰山。癸丁兼丑木向，有碑有傳。妣李氏，生於明萬曆癸卯年三月初四日卯時，誥封恭人。死於崇禎乙亥年三月初六日辰時，與公合家，有節孝傳，無出。立兆璧之長子垻。」（第3頁）兆珪夫人李氏，蘄春大參鑒池公之女（公集卷末附佟國器《熊大家節孝序》）。

珪有一女，名宜，嫁江夏諸生李博雅，卒，私諡節孝（張希良《熊節孝傳》）。

次子兆璧（1607～1653），字仲敬。崇禎歲貢生，官梧州府容縣令、入兵部職方司任職。入清不仕，卒於家。

集卷末附李正蕡梅雲《熊叔敬先生殉難始末》：「仲兄諱兆璧，字仲敬。」（第77頁）

江夏《熊氏宗譜》卷五：「廷弼次子兆璧，字仲敬，生於明萬曆丁未年三月廿日丑時。歲進士，知廣西梧州府溶縣事，誥封文林郎；升兵部職方司，誥封儒林郎。歿於清順治癸巳年九月十二日辰時。為鄉飲大賓，諡光靖，事詳縣志。葬恩武里檀樹林艮山，坤向，有碑。妣吳氏，」（第3頁）

《湖廣通志》卷三十七《選舉志·明貢生·》云：「《萬曆》：許煒江夏人、朱正國……遊士英、熊兆璧。」〔註18〕同上《崇禎》下復錄：「王師文江夏人通判、劉應龍……李如梅通判、熊兆璧、李

〔註18〕清邁柱等監修，夏力恕等編纂《湖廣通志》卷三十七《選舉志·明貢生》，文淵閣《四庫全書》，上海古籍出版社1987年版，第532冊第425頁上。

大奎副使以上江夏人。」（第 446 頁下）《廣西通志》卷五十五《秩官‧明‧容縣知縣》：「熊兆璧：湖廣人，官生，崇禎十七年任。」
〔註19〕

　　按：《熊氏宗譜》有幾個明顯錯誤：「歲進士」應為「歲貢生」之誤；「知廣西梧州府溶縣事」，「溶縣」應為「容縣」之誤；「誥封文林郎」、「誥封儒林郎」，據《明史‧職官一》，文林郎、儒林郎屬文官所帶之散階，正七品文官，初授承事郎，升授文林郎；從六品文官，初授承務郎，升授儒林郎。兆璧公官容縣知縣，正七品，應初授承事郎，升授文林郎；「升兵部職方司」後面，應有職務名。據劉湘客《行在陽秋》（上）云：「授熊兆璧兵（部）主事。兆璧，廷弼子也，原任容縣知縣。旋棄官去。」則兆璧公時所任應為兵部職方司主事。但職方司主事為正六品，初授散階應為承直郎，升授承德郎。儒林郎為從六品所升授，未知宗譜所記之儒林郎是否確實。總之，這兩個「誥封」大有問題。

三子兆琮（1616～1643），字叔敬，私諡孝節。張獻忠陷武昌，一家四口同時蒙難。

　　公集卷末附陳國祝《叔敬先生傳》：「先生諱兆琮，字叔敬，江夏人，大司馬襄愍公第三子也。」（）癸未，張獻忠部攻陷武昌，兆琮被執，以不屈死。二子熊在、熊詩，亦同時被殺。

　　江夏《熊氏宗譜》卷五：「廷弼三子兆琮字叔敬，生於明萬曆丙辰年三月十八日寅時，邑廩膳生。崇禎癸未年獻賊陷武昌，公罵賊不屈，觸鋒而死，闔家殉難。諡孝（譜作老，誤）節，崇祀（節）孝祠，事詳縣志，有傳。妣黃氏，生於明萬曆丁巳年五月五日卯時，例贈孺人，與公（同時）殉難。生二子：長在、次詩。」（第4頁）「兆琮長子（熊）在，殉父難，立大房壎之次子（又作四子）維鍼（本位又誤作「鉞」）為嗣。兆琮次子（熊）詩，殉父難，立大房壎之三子維錄為嗣。」（第5頁）

　　按：宗譜與傳等材料均只記兆琮殉難為崇禎癸未（十六年，1643），不記具體月日。據《明史‧崇禎紀》及《明實錄》，張獻忠

〔註19〕清金鉷等監修《廣西通志》卷五十五《秩官‧明》，文淵閣《四庫全書》，上海古籍出版社1987年版，第566冊第578頁下。

陷武昌在崇禎十六年五月壬戌，本年五月癸巳朔，壬戌為五月三十日。兆琮遇害當在武昌淪陷之當日或次日，即六月一日。

廷弼公又生有三女。

《七慟歌》：「我慟我慟在愛女，嫡長母在幸得所。可憐兩少皆無娘，臨當出閣爺囹圄。中女僑寓尚無處。」（卷十第24頁）

長女熊瑚，聞父斬於西市，傳首九邊，屍棄荒野。懸坐贓十七萬，追比酷烈。夫人陳氏繫辱縣庭，長子兆珪迫極自刎，瑚悲痛欲絕，嘔血而亡。

明張岱《石匱書》卷一九四《熊廷弼王化貞列傳》云：「言官郭興治、門克新、石三畏等復上疏挑激，上怒，有旨命斬，蓋二十八日也。駕帖到，提牢官促廷弼出，廷弼從容盥櫛整衣，而曰：『我大臣也。還要拜旨，豈得草草？』見主事張時雍……擁之出，斬於西市，傳首九邊，屍棄荒野。懸坐贓十七萬，追比酷烈。夫人陳氏繫辱縣庭，長子兆珪迫極自刎，長女瑚嘔血殞命。」（第8頁）

仲女某，嫁瀏陽胡大司寇應臺之子。女聞父噩耗，椎胸長號，觸階而絕。

《江夏縣志》云：「熊孝女，大司馬廷弼仲女也。贅瀏陽胡大司寇子。數年，父凶問至，女蹣跼踯身號曰：痛哉，天乎！吾父戮力疆場，風霜萬苦，受此慘酷，兒女不能一見，身首淋漓，上天下地，有此奇冤耶！椎胸長號，觸階而絕，世以比岳氏銀瓶云。」（祠堂本卷末附第81頁）

同治《瀏陽縣志》卷二十《烈女》云：「胡熊氏：尚書胡應臺子叔瓚妻，江夏熊廷弼女也。廷弼以遼事論死，凶問至，熊（氏）辟踊頓足曰：痛哉，天乎！吾父戮力疆場，風霜萬苦，受此慘酷，不能一見，身首淋漓，上天下地，有此奇冤耶！椎胸長號，觸階而死。」[註20]

胡應臺，字征吉，瀏陽人。萬曆二十六年（1598）進士，累官至兵科給事中，轉吏科。以忤時相，出為江西督學。歷太僕卿，出撫應天，旋督兩廣。召為南京刑部尚書，以忤魏璫奪職。崇禎初，

〔註20〕清同治《瀏陽縣志》卷二十《烈女》，《中國方志集成·湖南府縣志輯2》，江蘇古籍出版社2001年版，第554頁下。

起南兵部尚書，轉北，疏乞終養，歸。聞國變，以憂憤卒，年七十一（同治《瀏陽縣志》卷十八《人物》）。

女某，嫁同邑禮部尚書郭正域子某。

《性氣先生傳》：「會明龍公以假邸事忤宰相沈公一貫，先生倡言佐公，宰相黨因不快。及公被妖書誣身，困楊村，家僮、書辦、長班皆捕下詔獄……公當是時，道路不敢題江夏字，親知畏匿，先生獨遣役往京偵信，密報公，仍不時送湯酒、山炭為禦寒具。公向伻歎曰：『吾交遊遍天下……聞二夫人孕，吾二夫人亦有孕，且皆將及期。俱子耶，結兄弟；俱女耶，結姊妹；一子一女耶，結婚姻。』頃之，公得子，先生得女，遂成二姓好。」

《祭郭明龍文》：「我與公投分於患難之際，締好於契合之日，其相與最晚，相見最稀，而其相得為最深……而公今亡矣，我亦何以為心！聞訃之日，攜女望哭，長慟幾絕；而復拭淚草詞，以上為國家致其恫，而下為兒女致其情。」

郭正域，明湖廣江夏（今武漢江夏）人，字美命，號明龍。萬曆十一年進士，選庶吉士，授編修，累遷至南國子祭酒。入為詹事，旋擢禮部右侍郎、掌翰林院事。尚書馮琦卒，以域署部事。域有人望，但忤權相，家居十年，卒贈太子少保，諡文毅。《明史》有傳。

正文

明穆宗朱載垕隆慶三年　己巳（1569）　一歲

【時事】

四月，戚繼光為薊州（今屬天津市）總兵。辛丑，鑄總理練兵事務兼鎮守薊州等處地方關防，給總兵戚繼光（《穆宗實錄》卷三一）。

夏，海瑞以右僉都御史巡撫應天，十府屬吏憚其威，墨者多自免去；有勢家朱丹其門，聞瑞至，黝之；中人監織造者，為減輿（《明史》卷二二六《海瑞傳》）。

閏六月，真定、保定、淮安、濟南、浙江、江南俱大水。秋七月壬午，河決沛縣《明史・穆宗紀》）。自考城、虞城、曹、單、豐、沛至徐州，壞田廬無算。九月，淮水溢，自清河至通濟閘，及淮安城西淤三十里，決二壩入海，莒、沂、郯城之水又溢出邳州，溺人民甚眾（《明史・五行志》）。

十二月，高拱復入閣（《明史・穆宗紀》）。

【行年】

本年六月初八日，公生於明湖廣武昌府江夏縣（今湖北省武漢市江夏區）。

> 江夏《熊氏宗譜》卷五：「第五世：柏公之子廷弼，字飛白，號芝岡。生於明隆慶己巳六月初八日辰時。生時雲飛四起，長虹貫室，雷聲震地。」（第1頁）按：時為農曆六月，這種自然現象，在湖北江夏，不足為怪。但人們往往將它附會在名人身上，此又為習俗常套。
>
> 《朱譜》明隆慶三年（1569）：「六月初八辰時，公生於江夏縣（今湖北武漢市江夏區）修賢一里（今紙坊街郭家嶺村）。」（第227頁）
>
> 《中國歷史大辭典》：「熊廷弼（1569或1573～1625），明湖廣江夏（今湖北武漢）人。」（第3056頁）熊廷弼生年1573（萬曆元年）顯為史所誤記，《大辭典》將公生年用「1569或1573」這種形式表示，作為權威辭書，似欠妥當。

明穆宗隆慶四年　庚午（1570）　二歲

【時事】

四月，俺答攻宣、大、山西，被擊退。九月，復寇大同，副總兵錢棟戰死；再犯錦州，總兵官王治道等戰死（《明史‧穆宗紀》）。

本年九月，河決邳州，自睢寧白浪淺至宿遷小河口，淤百八十里，漕道復阻（《御批歷代通鑒輯覽》卷一百十）。

本年冬，韃靼首領俺答之孫把漢那吉因聘妻三娘子，被祖父所奪，降明。俺答因而求封、請開互市，並執送叛人趙全等。朝廷厚賜把漢那吉，送還（《明史‧穆宗紀》）。

【行年】

住江夏縣修賢一里（今江夏區紙坊鎮郭家嶺村）。

妻陳氏本年八月生。

> 江夏《熊氏宗譜》卷五：「（廷弼妻）陳氏，生於明隆慶庚午年八月初五日巳時。」（第2頁）

明穆宗隆慶五年　辛未（1571）　三歲

【時事】

二月，封俺答為順義王，名所居為歸化城（今呼和浩特）；八月，開互市（《明史‧穆宗紀》）。自此宣大以西，平靜無事。

薊、昌二鎮築邊牆敵臺工峻，十四路樓堞相望，二千里聲勢相援。總督譚綸、巡撫劉應節、楊兆及右都督戚繼光以下，均有封賞（《穆宗實錄》卷六十）。

詔江西燒造瓷器十二萬餘件，陝西織羊絨三萬餘匹，雲南採辦珠寶。時採辦等事比嘉靖末更甚。

本年，河又決邳州（《明史‧穆宗紀》）。潘季馴塞決口，築堤，恢復故道。旋因運糧船多漂沒，被劾罷官（《明史‧潘季馴傳》）。

【行年】

住江夏縣修賢一里（今江夏區紙坊鎮郭家嶺村）。

明穆宗隆慶六年　壬申（1572）　四歲

【時事】

五月，穆宗（1637～1572）薨。六月，太子翊鈞即位，是為神宗（《明史·神宗紀》）。

六月，罷高拱，張居正代拱為首輔。丁丑，高儀卒。以禮部尚書呂調陽兼文淵閣大學士，預機務（《明史·神宗紀》）。

【行年】

住江夏縣修賢一里（今江夏區紙坊鎮郭家嶺村）。

明神宗朱翊鈞萬曆元年　癸酉（1573）　五歲

【時事】

司禮監馮保製造王大臣持刀入宮事件，謀陷高拱。不成，遂殺王大臣（《明史·馮保傳》）。

二月，遼東總兵李成梁請築寬奠等六堡（明谷應泰《明史紀事本末·補遺》卷一）。

七月，河決徐州（四庫本《明史·神宗紀》）。因運糧船在即墨（今屬山東）遇颱風，七船沉沒，遂停海運。

六月，張居正請行「考成」之法，「稽核章奏，隨事考成」，以整頓吏治（《明史紀事本末·補遺》卷一）。

【行年】

住江夏縣修賢一里（今江夏區紙坊鎮郭家嶺村）。

明神宗萬曆二年　甲戌（1574）　六歲

【時事】

夏四月，詔內外行久任之法（《明史·神宗紀》）。

建州女真王杲攻擾遼東，為李成梁所敗（《明史紀事本末·補遺》卷一）。

秋七月，淫雨，昭陵地陷。八月，淮、揚、徐，河，海並溢（《御批歷代通鑒輯覽》卷一百十）。

【行年】

本年，自入鄉塾讀書。

> 《性氣先生傳》：「性氣先生者……先生六歲就鄉塾。」（第 1 頁）
> 又言「先生幼時，聰穎強記，自就鄉塾。」（第 1 頁）
> 江夏《熊氏宗譜》卷五：「六歲，就鄉塾。」（第 1 頁）
> 《朱譜》：「本年公鄉塾啟蒙，從師邱忠美。」（第 228 頁）

明神宗萬曆三年　乙亥（1575）　七歲

【時事】

李成梁遷遼東險山五堡至寬甸（熊集寫作奠）、長甸等處，史稱遼東「六甸」，至是完工（《明史·張學顏傳》）。

淮、揚大水。杭、嘉、寧、紹四府、海潮湧高數丈，人畜淹沒，船隻漂損；蘇、松、常、鎮亦大水。河決碭山而北，淮決高家堰（今江蘇泗陽東南）而東，高郵湖亦決。四月，淮、徐大水。五月，淮水大決。六月杭、嘉、寧、紹四府，海湧數丈，沒戰船、廬舍、人畜不計其數。八月，淮、揚、鳳、徐四府州大水。河決高郵碭山，及邵家口、曹家莊。九月，蘇、松、常、鎮四府俱水（《明史·五行志一》）。

建州女真王杲復犯遼東，副總兵曹簠擊敗之。杲走南關，都督王台與子執送境上，檻車致京，誅之（《明史紀事本末·補遺》卷一）。

【行年】

本年住江夏縣修賢一里（今江夏區紙坊鎮郭家嶺村），在鄉塾讀書。

明神宗萬曆四年　丙子（1576）　八歲

【時事】

六月，炒花挾賞不遂，潛犯古北口，參將苑宗儒及原任總兵湯克寬、中軍傅楫、千把總高大朝、蘇學追至十八盤山，遇伏，死之（《神宗實錄》卷五一）。炒花再次進擾，被戚繼光遣兵擊退。

八月，河決崔鎮（今泗陽北），又決沛縣，徐、豐、沛、睢寧、金鄉、魚臺、單、曹田地房屋淹沒無算。先是本年二月後，江北旱，河水斷流（《御批歷代通鑑輯覽》卷一百十）。

【行年】

本年住江夏縣修賢一里（今江夏區紙坊鎮郭家嶺村），在鄉塾讀書。

明神宗萬曆五年　丁丑（1577）　九歲

【時事】

總督凌雲翼遣張元勳、李錫等，攻破廣東羅旁瑤五百六十寨，俘斬招降四萬二千八百餘人。岑溪六十三山，七山那留連城諸處，鄰境猺獞皆懼（《明史·凌雲翼傳》）。

八月，河又決崔鎮，宿、沛、清、桃兩岸多壞，黃河淤墊，淮河被河水所迫，南移（《明史·河渠二·黃河下》）。時淮安、鳳陽兩府災重，民多逃亡，二千里都成灌莽。

二月辛巳，雲南騰越地二十餘震。次日復震。山崩水湧，壞廟廡倉舍千餘間，民居圮者十之七，壓死軍民甚眾（《明史·五行志三》）。

【行年】

本年住江夏縣修賢一里（今江夏區紙坊鎮郭家嶺村），在鄉塾讀書。

> 《朱譜》：「（萬曆五年）熊廷弼能吟詩作對，四鄉八里傳為神童。」（第 228 頁）

明神宗萬曆六年　戊寅（1578）　十歲

【時事】

上年冬，土蠻約泰寧速把亥分犯遼、瀋、開原。正月，張學顏破敵劈山，殺其長阿丑台等五人（《明史·張學顏傳》）。

五月，總兵李成梁等斬獲土蠻速把亥共四百七十員級。九日，神宗以此御皇極門鴻臚寺宣奏捷音，仍遣官祭告郊廟，以彰盛舉（《神宗實錄》卷七十五）。

十二月，速把亥乘秋防甫撤，會合土蠻黃台吉等三萬餘騎，入犯東昌堡。總兵李成梁率游擊秦得倚等擊破之，斬酋首九名並首級八百八十四顆（《神宗實錄》卷八三）。

吳桂芳死，張居正舉潘季馴總理河漕。季馴築高家堰（洪澤湖大堤），提高淮河水位，以蓄清刷黃，使河水不致倒灌入淮，工程次年完工（《明史·潘季馴傳》）。

【行年】

本年住江夏縣修賢一里（今江夏區紙坊鎮郭家嶺村），在鄉塾讀書。

本年前後，輟學務農。

> 《性氣先生傳》：「性氣先生者……先生六歲就鄉塾，十歲牧牛。」（第 1 頁）
>
> 《朱譜》明神宗萬曆六年（1578）：「熊廷弼因家境貧困輟學，開始一邊牧牛，一邊讀書。」（第 228 頁）

明神宗萬曆七年　己卯（1579）　十一歲

【時事】

正月，詔毀天下書院。嘉、隆時，士大夫競講學，張居正特惡之，盡改各省書院為公廨。凡先後毀應天等府書院六十四處（《資治通覽綱目三編》卷二六）。

四月，張居正上肅雝殿箴。居正言歲入則減於舊，歲出則浮於前，請量入為出，罷節浮費，因進《肅雝殿箴》。

八月，減均徭加派，詔減銀一百三十萬有奇（《歷代通鑒輯覽》卷一百十）。

土蠻等頻年竊犯，十月內，擁眾五萬餘騎突犯前屯，總兵李成梁、戚繼光、參將楊栗等並力拒斬，始遁（《神宗實錄》卷九二）。

【行年】

本年住江夏縣修賢一里（今江夏區紙坊鎮郭家嶺村）。輟學務農，刻苦耕讀。

> 《性氣先生傳》：「先生幼時，聰穎強記，自就鄉塾。後家益貧，廢而事樵牧，拾野穀，負列國、秦、漢、三國、唐、宋各演義及《水滸傳》，掛牛角讀之。夜則對月，或然香，逐行照看，至夜分不寐。」

明神宗萬曆八年　庚辰（1580）　十二歲

【時事】

耕地清丈完畢，總計天下田七百零一萬三千九百七十六頃，比弘治時約增三百萬頃。「於是豪猾不得欺隱，里甲免賠累，而小民無虛糧」，但地方官「爭改小弓以求田多，或掊克見田以充虛額。」（《明史・食貨志一》）

俺答汗尊烏斯藏（今西藏）喇嘛教領袖鎖南嘉措為達賴喇嘛，是為達賴三世（前二世追認）。達賴，蒙語，意為大海。

【行年】

本年住江夏縣修賢一里（今江夏區紙坊鎮郭家嶺村）。

輟學在家，邊務農，邊讀書。

> 《性氣先生傳》:「後家益貧，廢而事樵牧，拾野穀，負列國、秦、漢、三國、唐、宋各演義及《水滸傳》，掛牛角讀之。夜則對月，或然香，逐行照看，至夜分不寐。」（第2頁）

明神宗萬曆九年　辛巳（1581）　十三歲

【時事】

是年，裁各省冗官，核徭賦，汰諸司冒濫冗費（《明史・神宗紀》）。

二月，東虜土蠻黑石炭等糾眾謀犯廣寧屯住邊外，成梁偵知。十九日，遼東總兵李成梁督兵從大寧堡出境，二十三日五鼓入境，斬獲虜首三百四十三顆，內有名酋首阿亥恰脫柰等八顆，遣官祭告郊廟（《神宗實錄》卷一百九）。

【行年】

本年住江夏縣修賢一里（今江夏區紙坊鎮郭家嶺村）。

輟學在家，邊務農，邊讀書。

> 《性氣先生傳》:「後家益貧，廢而事樵牧，拾野穀，負列國、秦、漢、三國、唐、宋各演義及《水滸傳》，掛牛角讀之。夜則對月，或然香，逐行照看，至夜分不寐。」（第2頁）

明神宗萬曆十年　壬午（1582）　十四歲

【時事】

二月癸巳，順義王俺答（（1507 —））卒。俺答即阿勒坦汗。

三月，杭州兵因減餉鬧事，杭民亦因推行保甲聚眾反抗。新任巡撫張佳允誘使變兵鎮壓群眾，又捕殺變兵首領（《御批歷代通鑑輯覽》卷一百十一）。

泰寧部酋長速巴亥攻義州，李成梁擊斬之（《明史·神宗紀》）。

六月，首輔張居正（1525 —）卒（《明史·神宗紀》）。居正字叔大，號太嶽，湖北荊州江陵縣（今荊州市）人。著有《張文忠公全集》。

建州女真王杲子阿泰（一作台）攻瀋陽，李成梁破之，進圍古埒城（今鼓樓村東北）。蘇克素護河部首領尼堪外蘭使城中人殺阿泰（一作台）降。建州左衛首領叫場（覺昌安、覺常剛）與子塔失（他失、塔克世）在城中，亦被殺（《御批歷代通鑑輯覽》卷一百十一）。

【行年】

本年住江夏縣修賢一里（今江夏區紙坊鎮郭家嶺村）。

輟學在家，邊務農，邊讀書。

> 《性氣先生傳》：「後家益貧，廢而事樵牧，拾野穀，負列國、秦、漢、三國、唐、宋各演義及《水滸傳》，掛牛角讀之。夜則對月，或然香，逐行照看，至夜分不寐。府君喜而語太夫人曰：兒必大吾家。」（第 2 頁）

明神宗萬曆十一年　癸未（1583）　十五歲

【時事】

閏二月，封俺答子乞慶哈（原名黃臺吉）為順義王（《明史·神宗紀》）。

三月，追奪張居正官爵（《明史·神宗紀》）。

輔臣張四維以父喪去職，申時行為首輔（《御批歷代通鑑輯覽》卷一百十一）。

愛新覺羅·努爾哈赤，以遺甲十三副，起兵攻尼堪外蘭，報父祖之仇，克圖倫城（《御批歷代通鑑輯覽》卷一百十一）。

【行年】

年十五，始正式從伯兄廷立讀書。廷立為縣學庠生，受過正規教育。

> 江夏《熊氏宗譜》卷五：「十五歲，讀儒書。」（第2頁）
>
> 《朱譜》：「熊廷弼從伯兄熊廷正（立之誤）讀儒書。」（第228頁）
>
> 《性氣先生傳》：「性氣先生者……先生幼時，聰穎強記，自就鄉塾。後家益貧，廢而事樵牧，拾野穀，負列國、秦、漢、三國、唐、宋各演義及《水滸傳》，掛牛角讀之。夜則對月，或然香，逐行照看，至夜分不寐。府君喜而語太夫人曰：『兒必大吾家。我即貧，尚不至如我父遭邸難時。且我二人止一兒，不能教，其竭力未邦績紝，以供兒讀。』而以請於高峰公。公因豫有夢於三十年前者，亟訓諸孫無驗，至是曰：『是其應在牧兒乎？』一日，呼先生至從伯兄書屋，乃甕牖而紙障者，問先生曰：『聞汝七八歲時能屬對，今出一對，曰：紙糊窗眼，餘光照我甚玲瓏。』蓋寓有屬望意，而先生不解，第漫應曰：『絲作琴弦，遺韻入人真雅妙。』公曰：『是其朱絲廟弦，可薦也。』即日沐浴，先生盡脫牧兒衣，易以新服，從伯兄受業。」（第2頁～第3頁）

明神宗萬曆十二年　甲申（1584）　十六歲

【時事】

二月，釋建文諸臣外親謫戍者後裔（《明史·神宗紀》）。

三月，減江西燒造瓷器（按嘉靖時每年三萬件，隆慶時增至十餘萬件）（《明史·神宗紀》）。

四月，籍沒張居正家（《明史·神宗紀》）。荊州守令先期錄人口，鎖錮其門，子女多逃避空室中，比門啟，餓死者十餘輩。長子敬修不勝拷掠，自殺。申時行、潘季馴等疏救，始命酌留田宅，以養居正之母（《明史·張居正傳》）。

【行年】

本年住江夏縣修賢一里（今江夏區紙坊鎮郭家嶺村），從伯兄熊廷立讀儒書。

廷弼公少負俊才，自髫年捉筆，為詩歌，即往往有泣鬼神、驚風雨之概。

鄒漪《襄愍公傳》：「熊公廷弼……少負俊才，自髫年捉筆，為
詩歌，即往往有泣鬼神、驚風雨之概。及少長，軀長七尺餘，少鬚
髯，有膂力，能左右射，文武兼優，卓然有大志，非粥粥書生者比。」
（卷末（附）第 46 頁）

明神宗萬曆十三年　乙酉（1585）　十七歲

【時事】

起用海瑞為南京僉都御史，旋改南京吏部侍郎。

二月丁未，淮安、揚州、廬州及上元、江寧、江浦、六合俱地震，江濤沸
騰。三月戊寅，山西山陰縣地震，旬有五日乃止。八月己酉，京師地（《明
史·五行志三》）。

三月，泰寧部把都兒等掠瀋陽等地，又欲攻開原、鐵嶺。李成梁出塞，襲
把兔兒炒花，大破之（《明史·神宗紀》）。

六月，努爾哈赤率兵攻哲陳部，克其寨，擒寨主阿爾泰，斬之（《皇清開國
方略》卷二）。

【行年】

本年住江夏縣修賢一里（今江夏區紙坊鎮郭家嶺村），從伯兄熊廷立讀儒書。

明神宗萬曆十四年　丙戌（1586）　十八歲

【時事】

三月，罷治京畿水田。徐貞明已墾田三萬九千餘畝，而宦官勳戚佔有土地
者反對此舉，故罷（《明史·徐貞明傳》）。

三月，戶部尚書畢鏘條陳九事，中言，時錦衣旗校達一萬七千四百員名有
奇，諸監局之匠役，不啻一萬六千四百，此冗食之尤者也（《神宗實錄》卷
一百七十二）。

四月，東虜一克灰正等帶領達子三萬餘騎，約候土蠻，聚兵挾賞。總兵李
成梁統兵斬獲首級九百二顆，內斬酋首虎兒處把禿等二十四顆（《神宗實
錄》卷一百七十三）。

是夏，振（賑）直隸、河南、陝西及廣西潯柳、平樂、廣東瓊山等十二縣饑。山西盜起。秋七月癸卯，振江西災（《明史‧神宗紀》）。

努爾哈赤破鄂勒渾（即古埒城），尼堪外蘭逃走，求明官保護。努爾哈赤素得，殺之。從此開互市，約歲輸銀緞（《清史稿‧太祖紀》）。

【行年】

本年住江夏縣修賢一里（今江夏區紙坊鎮郭家嶺村），從伯兄熊廷立讀儒書。

明神宗萬曆十五年　丁亥（1587）　十九歲

【時事】

三月，封乞慶哈子播力克嗣為順義王，妻三娘子為忠順夫人。三娘子在俺答汗死後，主持政務，堅持與明通好，為部眾所服（《明史‧神宗紀》、《明史》卷三百二十七《韃靼傳》》）。

本年大災，京師先旱，大疫，地震；後暴雨，房屋坍倒，死者無算。山西代州、太原等多處同日地震；後蒲州、安邑、解州又同日地震。河南開封、陝州等地，入秋淫雨，黃河泛漲，決堤。江南水，江北蝗，山西、陝西、河南、山東旱，民不聊生（《明史‧神宗紀》、《御定資治通鑑綱目三編》卷二十七）。

【行年】

本年，入府縣學，補邑博士弟子員。

> 《明史‧選舉志一》：「宣德中，定增廣之額，在京府學六十人，在外府學四十人，州縣以次減十……師生月廩食米人六斗，有司給以魚肉，學官月俸有差，生員專治一經，以禮、樂、射、御、書、數設科分教，務求實才，頑不率者黜之。」（第 1686 頁～1687 頁）江夏縣學生員應為三十人左右。
>
> 《性氣先生傳》：「性氣先生者……先生六歲就鄉塾，十歲牧牛，十五讀儒書，十九補邑弟子員。」（附末第 1 頁）
>
> 江夏《熊氏宗譜》卷五：「十九歲，萬曆丁亥年，補博士弟子員。」（第 2 頁）

《朱譜》明神宗萬曆十五年（1587）：「九月十三日亥時，祖父熊大選高峰公去世。十月，熊廷弼補為博士弟子員。」（第229頁）

本年，或以選拔之童生異敏者參加過一場「充場」鄉試，廷弼公未中式，但經提學官歲試，取得一等前列資格，遂補為府縣學廩膳生——博士弟子員。

《明史·選舉志一》：「士子未入學者，通謂之童生。當大比之年，間取一二異敏，三場並通者，俾與諸生一體入場，謂之充場。儒士中式，即為舉人。不中式，仍候提學官歲試，合格乃准入學。提學官在任，三歲兩試諸生。先以六等試諸生優劣，謂之歲考。一等前列者，視廩膳生有缺，依次充補。」（第1687頁）

漢邑蕭芝崑田《嚴齋筆談》云：「熊公宇奇試江夏，得熊、賀兩公卷，甲乙久不定，或問之，曰：一將一相，未易軒輊。其人曰：相在前。公然之。臨當大比，皆使饋以金，且察其狀。賀端坐小室，徐起對使者，再拜受之，口授謝辭。至熊所，熊適自外來，遽納金懷中，偕使者叩轅謝。使者具以告。公掀髯大笑顧幕僚曰：所為將相者，信矣。」（卷末第70頁）《筆談》所記熊宇奇試江夏所取熊、賀二卷，即熊廷弼、賀逢聖二人之卷也。亦應為「大比之年，間取一二異敏、三場並通者，俾與諸生一體入場，謂之充場」的「異敏」者。因此，本人根據《性氣先生傳》：「十九補邑弟子員」及「先生既屢蹶於場屋」之記載，定本年公參加過一場「充場」考試，雖未中式成為舉人，但通過提學官歲試，以「一等前列者」身份，「視廩膳生有缺，依次充補」為博士弟子員，即廩膳生，由鄉塾順利進入府縣學，並拿到了相應的國家助學金——廩膳，這對一個家庭十分困難的學生來說，是多麼重要的事情啊！

在江夏縣學，與小自己六歲之孫鵬舉相交至密，一見便以氣義相傾許。

孫鵬舉《祭芝岡熊先生文》：「兵部尚書熊芝岡……往我與君定交也，君十八歲我十二歲纔學文章，便以氣義相傾許。更一年，值戊子、己丑大荒。」（卷末第26頁）此事《朱譜》繫上年，約是據此文「十八歲」而定，但孫氏在此明言「更一年，值戊子、己丑大荒。」即定交次年為戊子，所以更繫本年；再說，二人定交在入縣學為生員後，未入學，似亦不可能與孫鵬舉交。

> 鄒漪《襄愍公傳》：「年十九，始遊泮，為諸生。」（卷末（附）
> 第 46 頁）

自補邑弟子員日起，廷弼公文名聲譽突然間駿起。

> 孫鵬舉《祭芝岡熊先生文》：「迨補邑弟子員，君便文譽駿起。」
> （卷末第 26 頁）
>
> 《性氣先生傳》：「而先生入學，每試輒首諸生高等。」（卷八第
> 2 頁）

明神宗萬曆十六年　戊子（1588）　二十歲

【時事】

劉汝國稱順天安民王，有眾數萬，在太湖、宿松、黃州等地活動。

努爾哈赤陸續征服建州五部（蘇克素護河、哲陳、渾河、棟鄂、完顏），僅余之完顏部兆佳城，亦於次年正月被攻克（《清史稿・太祖紀》）。

是年，山西、陝西、河南及南畿浙江，並大饑疫。北直隸大名、河南、開封等府水旱相仍、餓殍載道（《御定資治通鑒綱目三編》卷二十七）。

【行年】

為邑博士弟子員，在江夏縣學讀書。

本年江夏大旱，府君困甚，屬先生家事。年方二十的廷弼公，便勇敢地擔起了家庭生活的重擔，生活極為艱難。

> 《性氣先生傳》：「會戊子、己丑、庚寅，歲連饑，人相食，府
> 君困甚，屬先生家事。先生方二十，晝則手一書，牽牛牧滕力作；
> 夜則躬挑糞踏車，肩踝為穿，終不救赤槁一火；則鬻衣物，繼田產、
> 牛畜。僕輩皆已盡，則採菱、藤、榆、蒿、櫟、蕨、蝦、螺之屬以
> 充腹。闔室奄奄臥，不能出門戶。」（卷八第 3 頁）

明神宗萬曆十七年　己丑（1589）　二十一歲

【時事】

三月丙辰，免升授官面謝。自是，神宗便不常臨朝。群臣疏諫，不聽（《明史・神宗紀》）。

浙江大旱，大湖水涸（《明史・神宗紀》）

順義王撦力克西遷青海，套部莊禿賴、卜失兔、火落赤等屢擾明境。

夏，兩京、山東、陝西、福建、湖廣大旱（《明史・五行志三》）。

西寧衛、廬州、鎮江、杭州、紹興、溫州、福州、興化等地，先後地震（《御定資治通鑑綱目三編》卷二十七）。

九月，始命建州夷酋都指揮奴兒哈赤為都督僉事（《神宗實錄》卷二一五、《清史稿・太祖紀》）

冬，大理寺評事雒于仁獻《酒、色、財、氣四箴》。次年正月，斥雒于仁為民（《明史・申時行傳》）。

【行年】

為邑博士弟子員，在江夏縣學讀書。

歲連饑，江夏人相食。所幸常得太夫人姊氏李姨娘、鄰居賣油皮老與其嫗、好友孫鵬舉時為那濟。

> 《性氣先生傳》：「歲連饑，人相食……闔室奄奄臥，不能出門戶，兄弟親戚，粒米不相通。賴太夫人姊氏李姨娘、鄰居賣油皮老，與其嫗時為那濟。」（卷八第 3 頁）

> 《朱譜》：「連續三年鬧饑荒熊廷弼全家奄奄一息，多虧一對賣油皮的夫婦不時給以接濟，才度過饑荒。」（第 230 頁）

> 孫鵬舉《祭芝岡熊先生文》：「戊子、己丑，大荒之後，君以父母朝夕供養為虞，我父我母，米麥粥飯，蔬魚茶果，無不我與君共者。」（卷末第 26 頁）

更重要的是廷弼公的自救，幸而度過了大災之年生活的難關。

> 《性氣先生傳》：「歲連饑，人相食……又數有天幸，每乏絕，輒遇考，以異等獲優賞補湊，遂得不死云。」（卷末第 4 頁）

> 《明史・選舉志一》：「宣德中，定增廣之額，在京府學六十人，在外府學四十人，州縣以次減十……取一二等為科舉生員，俾應鄉試，謂之科考……一二等皆給賞，三等如常。」（第 1687 頁）廷弼公所遇之考應為「科考」，是為應鄉試作準備的考試。

約本年前後，廷弼公將家搬離修賢一里，來到修賢里三里（今武漢市江夏區金口鎮洞山橋村）安家落戶。

《朱譜》：「萬曆十八年……熊廷弼開始在集賢三里熊享堂灣（今武漢市江夏區金口街洞山橋村）開荒種糧，打坯造屋。」

公何以離開江夏縣修賢里一里（今武漢市江夏區紙坊鎮郭家嶺村）？原因很多。近日，記者宋效忠在《湖北日報》撰文，謂熊廷弼為何寓居漢川？說與江夏遭受大災有關。1588 年～1589 年，江夏先後遇大旱、大水，連續三年鬧饑荒。廷弼公因此流浪漢川。結合譜牒和地方志記載，其在九蓮寺教書的年代約為 1589 年至 1598 年之間。本人原來也持這種觀點，但經過仔細研究，其深層原因，恐怕不僅僅因災荒，可能還與廷弼公科舉的連續失利有關。廷弼公是一個個性和自尊心極強的人，他聽不得任何有損自己人格尊嚴的流言蜚語。集賢一里的人文環境，已經讓他感覺不舒服。《性氣先生傳》云：「歲連饑，人相食……先生既憤戚族不相救，又歎其邑之縉紳先生徒慕其名、高其文，無一仗義周其急者。而同儕又工為涼燠，於杯酒色笑間，往往不堪，至罵座去，而獨市隱於陶老酒肆中……醉則闖入平康以舒傲……先生不為意，獨鷙鷙然於同儕暨縉紳先生，絲毫必以較人，因號先生為『長狂』。或曰先生之性氣，亦多激成於此。」（卷末第 4 頁）

約本年前後，廷弼公與孫鵬舉一道讀書長春觀、雲岩寺。

孫鵬舉《祭芝岡熊先生文》：「我亦接席文壇，讀書長春觀、讀書雲岩寺，飯共甑，誦共燈，眠共床，交相砥礪，交相奮勉。」（卷末第 26 頁）公至長春觀、雲岩寺讀書，似想拋開一切塵世凡累，一為災荒所逼，一為再次參加鄉試作準備。《朱譜》：「萬曆二十一年癸巳（公元 1593 年）25 歲　熊廷弼與孫鵬舉結伴在白羊山雲巖（應為「岩」之誤）寺私塾或書院讀書。」（第 230 頁）《朱譜》此事分繫萬曆二十一年，二十二年，不取。

長春觀，康熙《湖廣武昌府志》卷三《壇祠志·江夏縣》云：「在賓陽門外，每歲迎春於此。」（第 126 頁上）《江夏縣志》卷五《祠廟》云：「長春觀在賓陽門外，宋真人邱處機結菴處。今成大

觀，周圍三里許……其廟宇之壯麗，供奉之尊嚴，實甲乎一郡。」
〔註1〕

　　雲岩寺，《朱譜》謂廷弼公與孫鵬舉結伴在「白羊山雲嚴寺」讀
書。白羊山，同治《江夏縣志》卷二《山川》：「白羊山，在縣東北
六十八里，與岐隴山對，中有聖水口，為往來通衢。又有聖泉，可
滋田數十畝……上有華嚴寺，林壑深邃，別有洞天。」但查康熙《湖
廣武昌府志》《湖廣通志》及《明一統志》《清一統志》等志書，此
山沒有雲嚴（或岩）寺，湖廣武昌府也未查到何地有雲岩寺，不知
朱先生所據是何材料，附此待考。

明神宗萬曆十八年　庚寅（1590）　二十二歲

【時事】

二月，土蠻之族卜言台周、黃台吉、大、小委正結西部，又漢塔塔兒五萬
餘騎，復深入遼、瀋、海、蓋。成梁潛遣兵出塞襲之，遇伏，死者千人。
李成梁詐報戰勝（《明史・李成梁傳》）。

青海部酋長火落赤攻擾洮州、河州。河套卜失兔攻永昌（今屬甘肅），欲往
青海，為明兵所阻（《明史・張臣傳》）。

夏四月青海部長浩爾齊犯舊洮州，副總兵李聯芳敗沒。是月浩爾齊再犯河
州、臨洮，總兵官劉承嗣敗績（《明史・神宗紀》）。

【行年】

廷弼公克服重重困難，堅持學習，在本年之科考中取得「科舉生員」資
格。

　　《性氣先生傳》：「先生方二十，晝則手一書，牽牛牧滕力作；
　　夜則躬挑糞踏車，肩踝為穿。」

　　《明史・選舉志一》：「提學官在任三歲，兩試諸生，先以六等
　　試諸生優劣，謂之歲考。一等前列者，視廩膳生有缺，依次充補，
　　其次補增廣生。一二等皆給賞，三等如常，四等撻責，五等則廩增

〔註 1〕清王庭楨等纂《江夏縣志》卷五，中國方志叢書本，成文出版社 1975 年版，
　　　　第 670 頁。

遞降一等，附生降為青衣，六等黜革。繼取一二等為科舉生員，俾應鄉試，謂之科考。」第一次他以童生之優異者參試拔出，補為廩膳生，是他博士弟子員學習生活的開始；而這次考試，他以優異成績結業，獲得了「科舉生員」資格，但與上一次恰恰相反，這又是其廩膳生即博士弟子員生涯之終結。這個資格告訴他，已經不能再像從前幾年一樣，從官府按月領到府縣學生員規定的一定數量的生活補助。也就是說，他的個人生活，乃至整個家庭的生活，都要求獲得新的來源。還像過去小時候一樣，過耕讀生活是不行的，他已經不小了，為了功名，他已經沒有太多的時間可以浪費。因此，他選擇了教學相長的職業——塾師。為了不影響他的備考，這是一個理想的職業。夾山授徒，便因此開始。

約本年前後，廷弼公館於縣南夾山西村，讀書授徒。

> 《靈泉詩敘》：「靈泉志者，靈泉才子之書也……余館於夾山西村，有趙子仲者，持是書以示。」

明神宗萬曆十九年　辛卯（1591）　二十三歲

【時事】

六月，南畿霪雨連綿，江潮泛漲，自留京至蘇、松、常鎮諸郡、皆被淹沒、蓋二百年來未有之災（《御定資治通鑑綱目三編》卷二十七）。

九月，泗州大水，州治潦三尺，居民沉溺十九，浸及祖陵。而山陽復河決，江都、邵伯又因湖水下注，田廬浸傷（《明史·河渠二·黃河下》）。

十一月，遼東總兵官李成梁以欺罔罪，解任（《明史·李成梁傳》）。李成梁前後在鎮領兵二十餘年。

十二月，河套部酋長明安犯榆林、延綏，總兵杜桐斬獲五百人，殺河套部酋長明安，挑起釁端（《明史·神宗紀》、《明史·韃靼傳》）。

努爾哈赤收服長白山三部中之鴨綠江路。朝命升努爾哈赤為都督（《神宗實錄》卷二百五十一）。

【行年】

本年七月前，廷弼公與孫鵬舉一道讀書雲岩寺，為本年鄉試做準備。

孫鵬舉《祭芝岡熊先生文》:「我亦接席文壇,讀書長春觀、讀書雲岩寺,飯共甌,誦共燈,眠共床,交相砥礪,交相奮勉。」(卷末第 26 頁)

本年八月,參加湖廣鄉試,不第。

《明史‧選舉志一》:「宣德中,定增廣之額,在京府學六十人,在外府學四十人,州縣以次減十……取一二等為科舉生員,俾應鄉試,謂之科考。其充補廩,增給賞,悉如歲試。其等第仍分為六,而大抵多置三等。三等不得應鄉試。」(第 1686 頁)同上《選舉志二》:「科目者,沿唐宋之舊而稍變,其試士之法……三年大比,以諸生試之直省,曰鄉試,中式者為舉人……子午卯酉年鄉試,辰戌丑未年會試,鄉試以八月。」(第 1693 頁)

《性氣先生傳》:「先生既屢蹶於場屋,窮困無僕從。每入場,皆府君同一老蒼頭挾送。及甲午,府君望益急,又蹶,遂因憂成疾。」(卷八第 4 頁)甲午為萬曆二十二年(1594)。傳既稱甲午試「又蹶」,則甲午前,廷弼公至少還參加過一次鄉試。前言及十九之年可能參加過一場「充場」考試,故本年為廷弼公首次正式參加鄉試之年確定無疑。

朱耀榮先生以為,本年是廷弼公中武舉解元之年。《朱譜》:「八月,熊廷弼中湖廣鄉試武解元。」(第 230 頁)朱先生又於《熊廷弼傳》第二章《科舉之路‧6、武舉解元》下說:「熊廷弼到底是哪一年考中武解元,尚未見到史書中的明確記載。明朝省級考試稱為鄉試,三年考試一次,一般在子、卯、午、酉年舉行。如此推算,大約應在 23 歲,即萬曆十九年(公元 1591 年),正好是辛酉年。也有人說熊廷弼並未考中過武解元。下面引錄兩段文獻,可以證明熊廷弼中過武解元。」(第 21 頁)下面引錄的文獻,一為《武漢通史‧宋元明清卷》載一文字:「早年,他(熊廷弼)先中武解元,因當道者呵責未能使其心服,以為大辱,遂棄武就文,萬曆二十五年(1597年),舉湖廣鄉試第一,明年,成進士。」(第 21 頁)一段為廣州暨南大學歷史系教授、博士生導師馬明達《中國武舉制度述略》中的文字:「熊遷弼先中萬曆某科湖廣武鄉試第一名,後棄武就文,又中萬曆丁酉(二十五年,1597)湖廣鄉試第一名,明年登進士。於是

榜其堂曰：『三元天下有，兩解世間無。』這在歷史上的確是獨一無二的事情。」（第22頁）

朱先生所引用的這兩段文獻，實際都是二手三手文獻。且這兩個文獻的編著者，是很不負責任的。他們根本沒有深入研究熊廷弼的情況，只是見到有文獻記載熊廷弼中過武舉，就隨便拿來作證。其實，在歷史文獻中，確有兩種文獻記載熊廷弼中過鄉試武舉，一種為大家熟知的清人王應奎撰《柳南隨筆》卷一：「熊大司馬廷弼，先中萬曆某科湖廣鄉試第一名，於是榜其堂曰：『三元天下有，兩解世間無。』」〔註2〕

另一條見清趙吉士輯《寄園寄所寄》卷六《焚塵寄·科名》：「熊公廷弼已中武解元，因事為當道呵責，大以為辱，折節為帖括，遊庠。及赴省試，未獲錄科，路號於督學，請收遺才。督學為無錫鄒公，以錄遺已周，不允；熊力大，持其輿，與夫俱倒。督學怒，立責三十板，出題命作文，意欲黜之。熊立就，不加點，文又大佳，督學喜，送入闈，遂發解。後熊督南畿學，見鄒，鄒踧踖若悔。公曰：「雷霆雨露，皆佩教誨。」歡然無復遺憾《蓉沚集》。」〔註3〕

但正如朱先生所說，目前「尚未見到史書中的明確記載」。下面想從以下四個方面就這個問題談點看法。

第一，迄今筆者所見，明清兩代有關熊廷弼的傳記材料，沒有一種記及熊廷弼中武解元的情況。如明張岱撰《熊廷弼王化貞列傳》（《石匱書》卷一九四）、明無名氏《性氣先生傳》（祠堂本《熊襄愍公集》卷八）、清張廷玉等撰《熊廷弼傳》（《明史》卷二五九）、清查繼佐《熊廷弼傳》（《罪惟錄·列傳》卷一一下）、清谷應泰《熊王功罪》（《明史紀事本末·補遺》卷二）、清徐開任《熊廷弼傳》（《明名臣言行錄》卷八十四），都只談到廷弼公萬曆二十五年中鄉試第一，次年中進士之事。這些為廷弼公撰寫傳記之人，都是史學專門家，而不是專記道聽途說的小說家。

〔註2〕清王應奎撰《柳南隨筆》卷一，中華書局1983年版，第6頁。
〔註3〕清趙吉士撰《寄園寄所寄》卷六，《續修四庫全書》影印清康熙三十五年刻本，上海古籍出版社2008年版，第17頁。

第二，今見家乘地志，也沒有一種記及熊公廷弼中武解元的事情。

如《江夏縣南鄉熊氏家譜》：「廷弼，字飛白，號芝岡。生於明隆慶己巳六月初八日辰時……六歲就鄉塾，十五歲讀書。十九歲萬曆丁亥年，補博士弟子員。廿三歲庚寅，食廩饎。廿九歲丁酉科，領鄉試解額。三十歲戊戌進士。」公十九歲始補博士弟子員，經過三年苦讀，考試合格，才成為真正的在學秀才，並取得「食廩饎」資格，即相當今日之公費資助。如果他中了鄉試武舉，就可以堂而皇之地要求給他官做，就可以拿俸祿，而不是僅僅「食廩饎」而已。再說，中文武雙舉，這天下獨一無二的事情，家譜會漏掉不記？天下怕沒有這樣糊塗的子孫。

再說本鄉有人中文武雙舉，正如王應奎所說，是舉世無雙。那麼作為地方父母官，當時這也是在任官員的一大政績，怎麼可以不記？但查《江夏縣志》、《武昌府志》、《湖廣通志》及《明一統志》、《清一統志》，這五部不同級別的志書，均設有《科舉志》，但沒有一部記及熊廷弼中鄉試武解元者。這五部志書，均有《人物志》，且均有《熊廷弼傳》，同樣，沒有一部記及廷弼公中武舉者。這難道還不能說明問題嗎？

第三，與廷弼公交往的當時名流，也沒有人記及公中武舉的事情。

如廷弼公摯友孫鵬舉，自十餘歲就在一起讀書，其所撰《祭芝岡熊先生文》云：「兵部尚書芝岡熊死於西市，十月十二日，江夏社弟孫鵬舉聞邸報於新化學，並得公與我絕筆手卷七頁……我與君定交也，君十八歲，我十二歲，纔學文章，便以氣義相傾許，更一年，值戊子、己丑大荒之後，君以父母朝夕供養為虞，我父我母，米麥粥飯蔬魚茶果無不我與君共者。補邑迨補邑弟子員，君便文譽駿起，我亦接席文壇。讀書長春觀，讀書雲岩寺，飯共甌，誦共燈，眠共床，交相砥礪，交相奮勉。丁酉，君舉省闈第一人，戊戌成進士，去司理上谷，主事工部。」（卷末附第26頁）孫鵬舉的記載，從公十八歲開始，清清楚楚，沒有記及所謂的中鄉試武舉之事。

再如鄒漪《襄愍公傳》云：「年十九，始遊泮，為諸生首。二十九，以經義舉丁酉秋闈第一人。戊戌成進士。」（卷末附第 46 頁）

特別應該指出的是，被人認作先生自撰之《性氣先生傳》記載：「先生既屢蹶於場屋，窮困無僕從。每入場，皆府君同一老蒼頭挾送。及甲午，府君望益急，又蹶，遂因憂成疾。」（卷八第 4 頁）由此知廷弼公甲午前，每次參加鄉試，均未獲薦。何來本年中武舉？

第四，作者自記。今存作者詩文數百篇，也沒有透露任何關於中武舉解元的珠絲馬跡。有的則恰恰是對武舉的否定。

《按遼疏稿》卷一《駁兵科疏》：「臣本書生，不諳軍旅，日者申明款議，豈敢自信其說之必是，亦惟身親目見，似於今日機宜，只合用此法耳，非有意與科臣主戰者左也。」（卷三第 121 頁）

《遼中書牘》卷一《答王霽宇制府邊務五則》：「軍旅之事，僕未嘗學，何敢侈口妄談，亦以明問下及，不敢不應耳。惟矜其愚而進教之，幸甚。」（卷十五第 737 頁～738 頁）

由此可知，清人筆記謂公中武舉之論，純屬虛構，應當訂正。

秋闈再次失利，本讓廷弼公有些沮喪；揭榜以後，總有那麼一些人，在廷弼公背後指指點點。他覺得臉上無光，便決然離開夾山，離開江夏，開始了一段漂泊生涯，首先來到了漢川梅城。

同治《漢川縣志》卷八《建置志·寺觀》第 208 頁載：「長春寺，在縣西南梅城鄉蓮子洑，明萬曆年建。黃崗堡寺，在縣南梅城二里。明江夏熊芝岡廷弼未遇時嘗館於其中，寺有真君像，極英武，蓋塑工仿廷弼像為之者。」〔註4〕同上：「九蓮寺在縣南梅城鄉。明江夏熊廷弼嘗讀書寺中，飲啖過人而不能自給，惟附近王姓能供其飽，因為其教子弟，相依甚久。寺僧與王姓藏其手跡甚多。」（第 209 頁）

民國八年《三槐堂王氏宗譜》載：雙溪公遷居西村，村旁「石龍崗後有九蓮寺，為明末七省經略熊公廷弼教授地。」《漢川牢虎山王氏宗譜》卷四載：粟公，字雙溪，國學生。醇厚居心，濟急扶危，里人德之。經略熊廷弼，初流寓時，公奇之，結為契男。後館於家

〔註4〕同治《漢川縣志》卷八《建置志·寺觀》，《中國方志集成·湖北府縣志輯9》，江蘇古籍出版社 2001 年版，第 208 頁。

數載。這些記載表明：熊廷弼曾寓居漢川，在九蓮寺等處讀書並教授學生。雙溪公是位鄉賢，慧眼識珠，認熊廷弼為義子，並邀他住在家中。熊廷弼因飯量大吃不飽，曾得雙溪公資助。〔註5〕據考證，梅城鄉即是今漢川縣馬口鎮。

另據漢川縣馬口鎮八大農機服務專業合作社理事長、熊廷弼義父雙溪公的第十五世孫王啟飛告知，熊廷弼撰文的一塊墓誌，近日在其所在村出土，並將此碑拓片影像寄我。據本人考證，這方墓誌志主王弘化卒萬曆二十八年庚子（1600），書志刻石在萬曆三十二年甲辰（1604）。志署廷弼公職為「賜進士出身文林郎直隸保定府推官」，則撰志時間當在庚子至甲辰間，具體何年，難以確考。但據《明史》卷七一《選舉志三》，明代選官，進士、舉貢、吏員等三途並用。廷弼公由進士出身首外任職，其實職為府推官，其官階為正七品（《明史》卷七五《職官志四》）。與此官階相應的，還要授一個文散階。明代規定，實職正七品的文官，授文散階分兩階段：第一階段，「初授承事郎」；第二階段，「升授文林郎」（《明史》卷七二《職官志一》）。所以，以出身和實職而言，《文學王公太淳墓誌銘》所署職務是初授職務。而就文散階而言，則不是初授者，而應為中間升授者。具體升授時間，《明史》未言，約為任職中間時段。廷弼公在推官任六年多，其升文林郎，似應在萬曆三十年左右。也就是說，此志撰寫時間，當在萬曆三十年至三十二年間。據《王氏族譜》及《漢川縣志》記載，弼公為王氏雙溪公栗契子，與雙溪六子交莫逆，故為其義兄弘化撰此志。

廷弼公為何來到漢川梅城？原因也很多。

如前所述，江夏的人文環境，使廷弼公已經感到了壓抑，把家從集賢一里挪到集賢三里，小環境雖然有了一些變化，但大環境仍然如此，這是促使廷弼公離開的最重要原因。其次是科舉的再次失利，也讓他極為悲憤，更增加了內心的壓抑感。他確實需要換個環境，不然，他會瘋的。正於《性氣先生傳》所言：「先生既憤戚族不相救，又歎其邑之縉紳先生徒慕其名、高其文，無一仗義周其急者。

〔註5〕王冬吉編《漢川字虎山王氏宗譜》，1993年版，第9頁。

而同儕又工為涼燠，於杯酒色笑間，往往不堪，至罵座去，而獨市隱於陶老酒肆中。陶老樂共先生飲，不取錢。醉則闖入平康以舒傲。平康聞先生名，皆知敬先生，亦有厭而不禮者。先生不為意，獨驁驁然於同儕暨縉紳先生，絲毫必以較人，因號先生為『長狂』。」（卷末附第4頁）在當地，已經有人把他目為瘋子了。

當然，廷弼公流寓漢川，本人認為一個重要的觸發因素，應是在府城武昌意外遇到了漢川梅城王弘化。

據公所撰《文學王公太淳墓誌銘》，王弘化生於嘉靖甲子（1564）四月初一日，比廷弼公長五歲；也是縣學生員。二十餘，仍沒獲得功名，「乃負笈隨其伯兄見淳渡江，遊武昌，訪名流，而師事之。」時廷弼公在江夏乃至武昌，已是文名籍籍。所以經人介紹，此間二人在武昌相識是可能的。

其三，王弘化也應是一個屢困場屋的落第生，二人惺惺相惜，他與廷弼公在鄉試考場相識，然後將廷弼公帶回漢川梅城的可能性也非常大。

其四，王弘化的個性，是一個「持身立行，敦尚篤實」「和昆仲也，隆相好之誼；睦族黨也，重本支之雅；廣交接也，盡忠告之義；御群小也，布惠下之澤。」是一個所謂的「逡逡特行君子」也。其稟賦個性，又與廷弼公投緣。

其五，梅城的自然環境，也很優美，值得留戀。

據同治《漢川縣志》卷十五《名蹟志·城壘》記載：「梅城在縣東南梅城里。」（第328頁）這個地方，與廷弼公新移的集賢三里金口自然條件非常近似，這是公把他鄉作故鄉的重要自然條件。余庠《梅城詩》：「柳陰深處繫孤舟，釣罷歸來樂自由。爛醉不知明月在，何妨風浪打船頭。　鈍斧磨穿石上苔，山中寒盡又春來。採樵遇著燒丹客，借問碧桃開未開。　春暖春寒布穀啼，白雲深處好扶犁。閒來檢點南山事，豆子苗生麥又齊。　黃髮兒童著地眠，茸茸青草暖生煙。醒來不見陽陂犢，尋到落花流水邊。」（同上第328頁）梅城這個地方，生活是很有詩意的，廷弼公外出討生活，首站選擇這裡，似也與此地風物有關。

其六，王弘化家是當地大戶，群眾兄弟眾多，且都是文化人，相互切磋有方便之處。

其七，王弘化的父親王粟，字雙溪，國學生。醇厚居心，濟急扶危，里人德之。當在梅城見到廷弼公時，「（王）公奇之，結為契男。後館於家數載。」他的信任和扶持，也是廷弼公決定在此流寓的最重要原因。

其八，廷弼公在此授徒，住在黃崗堡寺，與僧徒為伍，心靜，少了很多是非煩惱；教學相長，與學生相互切磋，對其備考大有好處。且年可得束脩若干，可用以養家糊口。

正因為漢川王家對公有恩，因此公在離開此地七八年後，仍然把這位曾經的朋友、恩公記在心上，王弘化逝世以後，公飽含深情地為他寫下了今存唯一一篇墓誌。

所以本人根據《性氣先生傳》與孫鵬舉《祭芝岡熊先生文》等材料，將廷弼公始離江夏的時間定在兩次參加鄉試失利之後。

據家譜和縣志記載，「寺僧與王姓藏其手跡甚多」，惜至今仍未能找到廷弼公的其他手跡遺珍。

【作品繫年】

《靈泉詩敘》

敘云：「余館於夾山西村，有趙子仲者，持是書以示。」（第1170頁）按：夾山，一作峽山，又名江夏山，在江夏縣南。結合廷弼公生平，廷弼公在夾山西村坐館，應在再次參加鄉試失利之前。故將這個作品，暫繫本年末待考。

明神宗萬曆二十年　壬辰（1592）　二十四歲

【時事】

致仕副總兵寧夏哱拜因受巡撫黨盤等歧視，與卜失兔等相結反明，旋為總兵官李如松（李成梁子）所破。

日本「關白」（官名）豐臣秀吉侵朝鮮。入王京。朝鮮求救於明。明兵赴援，大敗，乃任兵部侍郎宋應昌為經略，李如松為總兵官，弟如柏、如梅為副總兵官，大發兵援朝鮮（《明史·朝鮮傳》）。

八月，建州衛都督奴兒哈赤等奏文四道，乞升賞職銜、冠服、敕書（《神宗實錄》卷二五一）。則敕封都督在此前不久，但《明史》、《清史稿·本紀》均不記。

【行年】

本年在漢川梅城讀書授徒。

　　　《朱譜》：「萬曆二十年壬辰（公元 1592 年）24 歲　熊廷弼與孫鵬舉結伴在長春觀私塾或書院讀書。」（第 230 頁）不取。

明神宗萬曆二十一年　癸巳（1593）　二十五歲

【時事】

李如松收復平壤、開城，進攻王京，敗於碧政館。日軍缺糧，棄王京，退屯釜由。兵部尚書石星遣沈惟敬赴日本議和。撤主力回國（《明史·朝鮮傳》）。

本年秋，考察京官，吏部尚書孫鑨、考功郎中趙南星秉公辦事，大臣所欲庇者多被黜，首輔王錫爵等閣臣俱恨，遂引起報復。孫鑨罷官，趙南星被斥為民，論救者亦多被斥（《御批歷代通鑑輯覽》卷一百十一）。

女真葉赫部糾合扈倫四部（烏拉、輝發、葉赫、哈達）、長白山二部（珠舍理、訥殷）、蒙古三部（科爾沁、錫伯、卦勒察），共九部三萬人，攻努爾哈赤，大敗（《清史稿·太祖紀》、《清史稿》卷二二三《萬汗傳》）。

【行年】

本年，仍於漢川梅城讀書授徒。

　　　《朱譜》：「萬曆二十一年癸巳（公元 1593 年）25 歲　熊廷弼與孫鵬舉結伴在白羊山雲嚴（應為「岩」之誤）寺私塾或書院讀書。」不取。

明神宗萬曆二十二年　甲午（1594）　二十六歲

【時事】

正月己亥，詔以各省災傷，山東、河南、徐淮尤甚，盜賊四起，有司玩愒，朝廷詔令不行。自今以安民弭盜為撫按有司黜陟（《明史·神宗紀》）。

五月辛卯，命禮部尚書陳于陛、南京禮部尚書沈一貫，並兼東閣大學士，預機務（《明史·神宗紀》）。

吏部郎中顧憲成，推王家屏等可任閣臣，忤神宗意削籍。憲成回無錫修東林書院，與弟允成和高攀龍等講學，諷議朝政，評論人物。以後鄒元標、趙南星等亦相繼講學。東林黨議始此（《御批歷代通鑒輯覽》卷一百十一）。

吏部尚書孫丕揚創掣簽法，聽人當堂抽取，一時稱為無私，是為銓政之大變（《明史·孫丕揚傳》）。

七月，卜失兔攻延綏，入固原，為麻貴所敗。十月，炒花攻遼東，為董一元所敗（《明史·神宗紀》）。

【行年】

本年七月前，仍於漢川梅城讀書授徒。

八月，從漢川梅城回武昌，第三次參加鄉試，又名落孫山。

> 《朱譜》：「萬曆二十二年甲午（公元 1594 年）26 歲　熊廷弼再次參加文科鄉試，卻落榜了。」按：廷弼公參加本年鄉試是肯定的，朱先生謂為第二次，且前還中了一個鄉試武舉，這《性氣先生傳》「屢蹶於場屋」之記載相左，不取。

秋闈揭榜後不久，父西莊公憂抑成疾而卒。家窮，力不能卜兆，權厝於屋左，公朝夕哀鳴不輟。

> 《性氣先生傳》：「先生既屢蹶於場屋，窮困無僕從。每入場，皆府君同一老蒼頭挾送。及甲午，府君望益急，又蹶，遂因憂成疾。語先生曰：『吾與汝祖皆欲生見汝富貴，今吾又不能待矣。』……竟齎此志以歿。而先生恨不早成名，以至於此，數日不食，捶磕求死。太夫人哭而慰之。力不能卜兆，權厝於屋左，朝夕哀鳴不輟。」（卷末第 5 頁）

明神宗萬曆二十三年　乙未（1595）　二十七歲

【時事】

准許宗室子弟應試入仕，惟不得任京朝官（《神宗實錄》卷二六九）。

敕臨淮侯勳衛李宗城授署都督僉事充正使，以五軍營右副將署都督僉事楊方亨充副使，各賜武官一品服，釜山封倭，令沈惟敬同往（《神宗實錄》卷二八〇）。

秋，青海韃靼部長永邵卜（俺答姪）攻擾甘肅，為達雲等所敗（《明史·韃靼傳》）。

【行年】

約本年春西莊公百日後，廷弼公為解決自己與家庭的生計問題，在長江至湘江一帶流浪，一來散心，二來尋找機會。在長江湘江流域的某個地方，與攸縣秀才王三命、周元等鄉試落榜生相遇相知，遂再次應三命之邀，到攸縣王家讀書授徒。

《朱譜》：「萬曆二十三年乙未（公元 1595 年）27 歲　熊廷弼再度輟學，守孝，耕讀備考。」（第 230 頁）不取。

同治《攸縣志》卷四二《流寓》云：「熊廷弼，江夏人。少落拓，歷洞庭，上湘江，旅於攸。與茂才王三命、周元相友善，因授徒王宅，歷十餘載。」〔註6〕王氏家傳今尚存廷弼公萬曆丁酉（1597）菊月吉旦書「龍階尺木」匾額（《攸縣志》卷三四《雜識·王三命》）。

又，同治《攸縣志》卷四九《藝文志》選載廷弼公與攸邑茂才王三命唱和七律詩一首：

鴻雁來賓為攸邑茂才王三命賦

秋風蕭颯朔寒侵，日見南天候雁臨。

遠道不堪霜雪景，高鶩寧有稻粱心。

一行數組青霄影，千里書傳紫塞音。

此際橫空驚旅思，誰家對月又清碪（同上第 437 頁下）。

另外，湖南攸縣民國間修《萬石劉氏八修族譜》，載廷弼公天啟初所撰《萬石劉氏重修族譜序》一篇，尾署：「賜進士出身通議大夫兵部右侍郎奉敕經略遼東年眷弟鄂渚熊廷弼。」

《攸縣志》所言「少落拓，歷洞庭，上湘江，旅於攸。與茂才王三命、周元相友善，因授徒王宅，歷十餘載。」（第 414 頁上）這

〔註6〕同治《攸縣志》卷四二《流寓》，《中國方志集成·湖南府縣志輯17》，江蘇古籍出版社 2001 年版，第 414 頁上。下引《攸縣志》均出此，僅注頁碼。

條記載，據匾額、詩及族譜序，當可以肯定地說，廷弼公當年確曾流落此地，並與當地文人王三命、周文、劉弘化等人結下深厚感情。但廷弼公何年流落攸縣，具體時間尚難考定。據本人的研究，廷弼公離開漢川，才流落攸縣的，他在漢川至少生活了將近三年。是什麼原因離開漢川？個人認為，恐怕還是自己與王弘化等人的科場失利。廷弼公是一個很愛面子的人，他的主動離開梅城王家，最主要的原因應是覺得無顏見王家父子。所以，本人將廷弼公離開梅城的時間，放在上年鄉試開試以前；而將流寓攸縣的時間，定在本年春西莊公百日之後。

明神宗萬曆二十四年　丙申（1596）　二十八歲

【時事】

明兵出塞襲卜失兔營，有斬獲。火落赤擾洮州，敗去。同年，火落赤等擾西邊，炒花擾廣寧，均被擊退（《神宗實錄》卷二九四）。

明遣使赴日交涉無果，日本再侵朝鮮（《明史·神宗紀一》）。

二十年寧夏用兵，費帑金二百餘萬；其冬朝鮮用兵，首尾八年，費帑金七百餘萬；二十七年播州用兵，又費帑金二三百萬。三大征踵接，國用大匱，而二十四年乾清、坤寧兩宮災；二十五年皇極、建極、中極三殿災；營建乏資，計臣束手，礦稅由此大興矣。其遣官自二十四年始。其時，大璫小監，縱橫繹（疑驛之誤）騷，吸髓飲血，以供進奉。大率入公帑者，不及什一；而天下蕭然，生靈塗炭矣。其最橫者，（陳）增及陳奉、高淮（《明史·陳增傳》）。

【行年】

本年在湖南攸縣讀書授徒，與攸縣生員王三命、周元等相往還。

　　《朱譜》：「萬曆二十四年丙申（公元 1596 年）28 歲　熊廷弼再度輟學，守孝，耕讀備考。」（第 230 頁）不取。

本年秋或冬，離開攸縣，返回江夏集賢三里。

　　按：廷弼公父親西莊公萬曆二十二年秋末或冬初病逝，至明年初，就已滿三年二十五月之服，禪而服除。因此，本人將廷弼公離

開攸縣的時間，定在本年秋或冬，一來回家與親人團聚，二來為除服禮儀作準備，三為參加丁酉鄉試做準備。

明神宗萬曆二十五年　丁酉（1597）　二十九歲

【時事】

正月丙辰朝鮮使來請援。二月，覆議征倭，以前都督同知麻貴為備倭總兵官，統南北諸軍。三月，以山東右參政楊鎬為僉都御史，經略朝鮮軍務。兵部侍郎邢玠為尚書，總督薊遼保定軍務經略禦倭（《明史・神宗紀二》）。

邢玠、楊鎬攻日軍於蔚山，本損失相當慘重，但報功不報失，東征贊畫主事丁應泰奏其貪猾喪師釀亂，權奸結黨欺君（《神宗實錄》卷三二三）。

夏，俺答遣使詣大同塞求貢，邊卒殺之。秋，復來請，總督萬達再疏以聞，帝不許。俺答以十萬騎西入保安，掠慶陽、環縣而東，以萬騎寇錦、義。總督三邊侍郎曾銑率參將李珍等直搗敵巢，於馬梁山後斬百餘級，始退（《明史・韃靼傳》）。

七月，播州宣慰使楊應龍叛，掠合江、綦江（《明史・神宗紀》）。

刑部侍部呂坤上疏陳天下安危，言財政支出浩大，催科繁重，人民將「悉成寇讎」。疏入，不報，坤乃稱病去官，居家講學著述（《明史・呂坤傳》）。

【行年】

在江夏縣修賢里三里。

三月前服闋，在家舉行除服相關儀式。

> 《性氣先生傳》：「丁酉服闋。」（卷末第5頁）
>
> 《明史》卷六十《禮志十四・凶禮三》：「既成服，朝夕奠，百日而卒哭。力擇地，三月而葬……卒哭明日，祔家廟。期而小祥，喪至此凡十三月，不計閏……再期而大祥，喪至此凡二十五月，亦止用第二忌日祭。陳禫服告遷於祠堂，改題神主遞遷，而西奉神主入於祠堂，徹靈座，奉遷主埋於墓側。大祥後，間一月而禫。喪至此計二十有七月……士庶人喪禮，《集禮》及《會典》所載，大略仿品官制，稍有損益。」（第1490頁～1492頁）

上半年，在家準備本年的鄉試。

秋，第四次參加鄉試，先黜落。後主考官搜落卷，得廷弼公卷，甚喜；及見公偉然魁岸，拔至第一。後墨卷流出，海內傳誦，稱名解元。

孫鵬舉《祭芝岡熊先生文》：「丁酉，君舉省闈第一人。」（卷末附第 26 頁）

《明史》卷七十《選舉志二》：「三年大比以諸生試之直省曰鄉試中式者為舉人……士大夫又通以鄉試第一為解元，會試第一為會元，二三甲第一為傳臚。」（第 1693 頁）

《性氣先生傳》：「丁酉服闋，中鄉試第一人……時主考為太史源明、錄部蕲洲兩馮先生，因搜落卷，得先生，自喜。及見先生，偉然魁岸。源明先生虞其折也，醻之以和；蕲洲先生虞其誇也，醻之以矯……自先生墨卷出，海內傳誦，稱名解元。」（卷八第 5 頁）

《湖廣通志》卷四十一《名宦志》：「熊宇奇，新建人。萬曆間，提學湖廣，衡鑒公明，所拔多名士。丁酉科，試江夏，置賀逢聖第一，熊廷弼第二；秋闈揭曉前一夕，藩臬諸司飲外簾，詢省元當何在，曰：在江夏，非熊即賀。及發榜，果熊也，諸司歎服。嘗評二人曰：賀清廟瑚璉，熊干將鏌鋣。後熊聯捷，入臺端，赫奕有聲，而賀僅司鐸應城。奇復來參藩政，丙辰春，賀中鼎甲，捷音至，乃撫掌大喜曰：鑒不爽矣。鄂人傳為佳話。」〔註7〕

按：《通志》卷四十一這個記載是有問題的。首先，熊宇奇萬曆間提學湖廣，拔賀逢聖第一，熊廷弼第二，不是丁酉科，而是「試江夏」，說見前丁亥（萬曆十五年，1587）。且丁酉（1597）熊廷弼中試獲解元，賀逢聖卻落第；賀氏直到六年後之癸卯（1603）始中舉。丙辰（1616）為賀逢聖中進士之年。把熊、賀二人中鄉試同放到丁酉，誤甚。另，丁酉主考官，廷弼公自記為太史馮源明，錄部馮蕲洲兩先生，是二馮「因搜落卷，得先生」，而不是熊宇奇。一篇百字記載有此三誤，可歎。

〔註7〕《湖廣通志》清邁柱等監修，夏力恕等編纂《湖廣通志》卷四十一《名宦志》，文淵閣《四庫全書》，上海古籍出版社 1987 年版，第 532 冊第 597 頁下。

明神宗萬曆二十六年　戊戌（1598）　三十歲

【時事】

夏，土蠻攻遼東，總兵官李如松陣亡，其弟如梅代爲總兵官（《明史·朝鮮傳》）。

努爾哈赤命弟巴雅拉、長子褚英等征安祺拉庫，經營東海諸部始此（《清史稿·太祖紀》）。

十二月，總兵官陳璘破倭於乙山，朝鮮平（《明史·神宗紀》）。

【行年】

本年會試，顧起元榜進士二甲及第，賜進士出身。

> 孫鵬舉《祭芝岡熊先生文》：「戊戌成進士。」（卷末附第 26 頁）

> 《性氣先生傳》：「先生六歲就鄉塾，十歲牧牛，十五讀儒書，十九補邑弟子員，二十九領鄉試解額，三十登進士。」（卷八第 1 頁）

> 同治《江夏縣志》卷六《人物》：「熊廷弼……年二十九，丁酉領鄉解，戊戌成進士。」（第 670 頁）

> 《湖廣通志》卷三十二《選舉志·前朝進士·明》：「萬曆二十六年戊戌顧起元榜」下即錄廷弼公名。

> 《江西通志》卷五十五《選舉七》：「萬曆二十六年戊戌趙秉忠榜：……熊廷弼，南昌人，江夏籍。」（第 514 冊第 804 頁）據談遷《國榷》卷首之四《甲科》，萬曆戊戌科，顧起元會試第一，而趙秉忠爲殿試第一〔註8〕。《江西通志》似是從《明史》錄作趙秉忠榜。

三月癸卯，賜趙秉忠等進士及第、出身有差。廷弼公賜進士出身。

> 《明史·神宗紀》：「二十六年……三月癸卯，賜趙秉忠等進士及第、出身有差。」（第 280 頁）萬曆二十六年三月丙戌朔，癸卯爲三月十八日。

明代進士分三甲（《明史·選舉志》），廷弼公所登爲二甲進士。

> 《明史》卷七十《選舉志》：「會試中式者，天子親策於廷，曰廷試，亦曰殿試。分一二三甲，以爲名第之次。一甲止三人，曰狀

〔註8〕明談遷撰《國榷》卷首之四《甲科》，中華書局 1958 年版，第 247 頁。下引《國榷》均出此，僅注頁碼。

元、榜眼、探花，賜進士及第。二甲若干人，賜進士出身。三甲若干人，賜同進士出身。」（第 1693 頁）

　　近年出土於湖北漢川的廷弼公撰《文學王公太淳墓誌銘》，志首署：「賜進士出身文林郎直隸保定府推官熊廷弼撰。賜同進士出身都察院觀政董暹書」。公撰此墓誌之時所署之「賜進士出身」，就是二甲進士的標記；而同時書碑者董暹，為「賜同進士出身」，較廷弼公多一「同」字，則標明他是三甲進士。

部閣已定擬館選，有人暗地向同邑翰林院官郭明龍說廷弼公壞話，此職遂為他人得去，改公為保定府推官。

　　《性氣先生傳》：「丁酉服闋，中鄉試第一人……明年，捷禮闈，都人士爭識其面。已定擬館選，有中之於同邑明龍郭公者，遂為他人得去，而尋乃知先生之為人，深悔之。」（卷八第 5 頁）

明神宗萬曆二十七年　己亥（1599）　三十一歲

【時事】

遣宦官至各地徵稅礦、採珠、督理瓷廠。輔臣沈一貫言：中使一員，從者百人；分遣官十人，亦各有百人，每家十口，總數達萬人，每年需用銀四十萬兩，二十處即需八百萬兩。而政府收入，每處每年不過數萬兩。乞盡撤之，不報（《明史紀事本末》卷六五《礦稅之弊》）。

二月，命（陳）奉徵荊州店稅、兼採興國州礦洞丹砂、及錢廠鼓鑄事。奉兼領數使，恣行威虐，每託巡歷，鞭笞官吏，剽劫行旅，商民恨刺骨。伺奉自武昌抵荊州，聚數千人噪於塗，競擲瓦石擊之，奉走免。遂誣襄陽知府李商畊、黃州知府趙文煒、荊州推官華玨、荊門知州高則巽、黃州經歷車任重等煽亂。帝為逮玨等而讁商畊等官（《明史·陳增傳》）。

二月，努爾哈赤命額爾德尼、噶蓋等用蒙古字製「國書」（滿文）。九月，努爾哈赤滅哈達（在今遼寧開原南哈達河畔，明人習稱南關）（《清史稿·太祖紀》）。

臨清民變，聚眾三四千人，驅逐稅監馬堂，斃其黨三十七人（《明史·神宗紀》）。王朝佐挺身自認為首，被害（《御批歷代通鑑輯覽》卷一百十一）。冬，武昌、漢陽民變，萬餘人衝進宮舍，擲瓦、石擊陳奉。奉調甲士保護，

焚民房，殺民眾多人，並碎屍擲之途。分巡僉事馮應京上疏論陳奉罪，京被革職除名（《明史·馮應京傳》）。

【行年】

解褐賜進士出身承仕郎直隸保定府推官。

《性氣先生傳》：「先生……十五讀儒書，十九補邑弟子員，二十九領鄉試解額，三十登進士。三十一授保定府推官。」（卷八第5頁）

廷弼公撰《文學王公太淳墓誌銘》，近年出土於湖北漢川。志首署：「賜進士出身文林郎直隸保定府推官熊廷弼撰」，尾署「萬曆歲次甲辰季冬月吉旦立」。王太淳，名弘化。據《王氏族譜》及《漢川縣志》記載，廷弼公為王氏雙溪公栗契子，與雙溪之六子弘化等交莫逆，故為其已故義兄王弘化撰此志。

「賜進士出身文林郎直隸保定府推官」一職，是否即廷弼公解褐所任之職？回答是，又不是。「賜進士出身文林郎直隸保定府推官」這個題署，包含三個部分，一為「賜進士出身」，此身份是終生的，猶今之博、碩；一為「文林郎」，此是廷弼公任推官一職時之文散階。一是「直隸保定府推官」，直隸保定府指做官的地方，「推官」才是實職。據《明史》卷七一《選舉志三》：「進士為一途，舉、貢等為一途，吏員等為一途，所謂三途並用也。京官六部主事、中書行人、評事、博士，外官知州、推官、知縣。由進士選外官推官、知縣，及學官；由舉人、貢生選京官，五府、六部首領官，通政司、太常、光祿寺、詹事府屬官。」（第1715頁）廷弼公由進士出身首外任職務為府推官。據《明史》卷七五《職官志四》：「府　知府一人，正四品；同知，正五品；通判，無定員，正六品；推官一人，正七品。」（第1849頁）府推官官階為正七品，與此官相應的，還要授一個與此職官階相當的文散階。據《明史》卷七二《職官志一》：「正七品，初授承事郎，升授文林郎。」（第1751頁）即實職正七品的文官，授文散階分兩階段：第一階段，「初授承事郎」；第二階段，「升授文林郎」。所以，以出身和實職而言，《文學王公太淳墓誌銘》所署實職是初授職務。而以文散階而言，則不是初授者，而應為中間升授者。

推官的職責是：「理刑名，察屬吏」「贊計典」。保定在直隸，就像其他地方的省會城市一般，更加重要。

《明史‧選舉志三》：「任官之事……進士為一途，舉貢等為一途，吏員等為一途，所謂三途並用也。京官六部主事、中書行人、評事、博士，外官知州、推官、知縣，由進士選。」（第1715頁）

《明史‧職官志四》：「推官：理刑名，贊計典。」（第1849頁）

《性氣先生傳》：「謁選，理保定。保定於直隸，視他省會城，凡轄州邑二十，又鎮一、都司一、營五、關二、衛六，而李（疑當作「理」）職又於三鎮、四關、六餉部、各道、府、協、路事，皆得問。」（卷八第5頁）

明神宗萬曆二十八年　庚子（1600）　三十二歲

【時事】

繼續派遣宦官赴各地徵稅、辦礦。鳳陽巡撫李三才上疏論礦稅擾民之害，謂如「一旦眾叛土崩，則小民皆為敵國。」（《明史‧李三才傳》）

二月，李化龍帥劉綎、陳璘等將，師分八路，進討播州。六月丁丑克海龍囤土城，楊應龍自縊。計出師至滅賊，百十有四日，八路共斬級二萬餘，生獲朝棟兆龍等百餘人，播賊平（《明史‧神宗紀》、《明史紀事本末》卷六四）。楊氏從唐乾符三年（876年）楊端入播州起，共世襲二十九代（《明史‧李化龍傳》）。

貴州皮林苗吳國佐稱天皇上將，攻掠屯堡七十餘。陳璘率副將李遇文等七道進，明年，諸苗悉平（《明史‧陳璘傳》）。

【行年】

在賜進士出身承事郎直隸保定府推官任。

保定大旱，民死相望，官府勸民捐賑無應。公言欲勸民捐，當自官始；欲勸官捐，當自上官始。汪撫搜四百金為官民倡。官民踴躍捐賑，大災之年，全活無算。

《性氣先生傳》：「尤留心荒政，遇地方饑則痛愴，念當年身受。時庚子旱，所在搶市亂，汪公勸民捐賑，立賞格如鬻官例，無應者。

有司多以饑而不害報，先生痛民死相望，流涕言狀於公曰：『勸民捐賑，固大善。倘民亦還詰官之爾俸爾祿，則何以應？愚謂欲勸民捐，當先自官始；欲勸官捐，當先自上官始。若公倡於上，某雖貧，猶能易袍帶，捐百金，佐美意。』公見狀感泣，搜四百金髮郡，為官民倡。一時道、府、廳、州邑官各捐二三百，以及士民，每邑有積至數千金、穀數千石者，遍地煮粥。先生親行查督，所全活無算。」

（卷八第6頁）

明神宗萬曆二十九年　辛丑（1601）　三十三歲

【時事】

正月，努爾哈赤分部眾每三百人為一牛錄，設牛錄額真一員，是為編組八旗之始（《皇清開國方略》卷三）。

正月，武昌民因緹騎來捕馮應京，聚眾數萬人圍陳奉官舍，投其黨十六人於江中，陳奉逃匿（《明史·陳增傳》）。

三月戊午，寧遠伯李成梁為征虜前將軍、總兵官鎮守遼東（《國榷》卷七九第4874頁）。

三月，武昌民變殺稅監陳奉之參隨六人，焚巡撫公署。五月，蘇州民變，殺織造中官孫隆之參隨數人（《明史·神宗紀》）。

大學士沈一貫言李成梁雖老，尚堪將兵。乃命再鎮遼東，年七十有六（《明史·李成梁傳》）。

【行年】

在賜進士出身承事郎直隸保定府推官任，作徵收則例，立由票比限、起解、銷錠諸式，請撫臺汪應蛟著為令，通行六府。

> 《性氣先生傳》：「謁選，理保定……北方徵耗，以每兩重一錢為廉，重者至二錢以上，藉加派名，任意增減，民不知，有奉停十餘年猶在徵者。大戶自收自解，實官取耗去，府又利於大戶壓收，以及府幕、府快下州邑橫斂解催，諸為民苦者，先生一一釐正。作徵收則例，立由票比限、起解、銷錠諸式，請撫臺汪公應蛟通行六府，著為令。諸凡驛遞屯馬，一切利病興除，詳署事錄。汪公謂先

生曰：『吾第以公為文章士，何政事精敏若此，吾不如也。』先生告以少時賤苦狀，公益加敬焉。」（卷八第6頁）

《神宗實錄》卷三六九云：「（萬曆三十年閏二月辛亥）升保定巡撫汪應蛟為工部右侍郎。」〔註9〕汪應蛟下年閏二月即已遷任，故將廷弼公此段宦績繫本年。

明神宗萬曆三十年　壬寅（1602）　三十四歲

【時事】

因河套韃靼各部長要求，恢復河套諸部貢市（《明史·神宗紀》）。

閏二月，河州黃河竭（《明史·神宗紀》）。

江西民變，景德鎮人民燒廠房，儒童毆打礦監潘相，上饒人民毆潘相所親陸太守。雲南民變，騰越人民反抗苛稅，燒死礦稅監楊榮所委張安民。蘇州機戶反對新任稅監劉成，士人管文「煽眾搶掠」（《明史·梁永傳》）。

【行年】

約本年前，升授賜進士出身文林郎直隸保定府推官任。

據《明史》卷七二《職官志一》：「吏材幹出身，授宣德郎，正七品，初授承事郎，升授文林郎。」（第1736頁）廷弼公任承事郎直隸保定府推官，至本年已滿三年，其文散階應由「承事郎」升授「文林郎」。參萬曆二十七年下考證。

【作品繫年】

明神宗萬曆三十一年　癸卯（1603）　三十五歲

【時事】

四月甲辰，兵科都給事中田大益，因西寧囚丁之變，上言：九邊額軍八十六萬有奇，實在不下五十九萬有奇。將弁多用空名支餉，又多剋扣軍餉。

〔註9〕明張惟賢監修，葉向高、顧秉謙等纂修《明神宗顯皇帝實錄》，北平圖書館藏紅格抄本，中國臺灣中央研究院歷史語言研究所1962年版，卷三六九第6914頁。下引明各朝《實錄》，均出此本，僅注頁碼。

以致處處缺餉，人人思亂，禍機可慮，不獨西寧（《明神宗實錄》卷三八三）。

是夏，河決蘇家莊，瀦豐、沛、魚臺、單縣（《明史・神宗紀》）。

十月，睢州（今河南睢縣）楊思敬起義，旋被鎮壓（《明史・神宗紀》）。

【行年】

在賜進士出身文林郎直隸保定府推官任。

明神宗萬曆三十二年　甲辰（1604）　三十六歲

【時事】

正月，奴爾哈赤伐葉赫，克二城，取其寨七。明授其龍虎將軍（《清史稿・太祖紀》）。

四月，工部侍郎、總理河道李化龍開泇河成。泇河係分水河，從濟寧東南流，由微山湖東邊，經韓莊、臺兒莊，至董溝（在宿遷對岸）會黃河。自此運道可避開董溝與徐州茶城間之黃河（《明史・河渠三・運河上》）。清人靳輔以此為明代治河最大成就。

武昌發生「楚宗之亂」。宗室數百人搶奪楚王華奎助建宮殿之銀；繼又聚眾三千餘人，衝入撫院，殺巡撫趙可懷，並搶劫楚府（《神宗實錄》卷四百一閏九月引大學士沈一貫疏）。

八月，河又決蘇家莊。瀦豐沛黃水逆流，灌濟寧、魚臺、單縣（《明史・五行志一》）。

【行年】

在賜進士出身文林郎直隸保定府推官任。

本年正月後，代署保定府丞佐。初，府儲空，自先生署篆，始積穀二萬餘石。

> 《性氣先生傳》：「署郡篆一年有八月」（卷八第 5 頁），「甲辰年大水，撫臺朱公瑋煮粥賑給，如庚子故事。初，府儲空，自先生署篆，始積穀二萬餘石。至是，他郡皆無穀，獨保定賴是以濟。」
> （卷八第 7 頁）

本年保定大水災，新安、安州、雄縣、高陽四邑，已成水府澤國。先生躬督諸令，坐水床，拖行泥中三月，終於使府縣平靜度過大災。

　　《性氣先生傳》：「謁選，理保定……甲辰年大水……時新安、安州、雄縣、高陽四邑皆已沼，先生躬督諸令，坐水床，拖行泥中三月，心骨愷搖，手足龜折，不言苦。先生嘗自言：『理郡無他可稱，惟有救荒兩次，差於素心無歉耳。』」（卷八第5頁～第7頁）

本年十二月前，為已故友人王弘化撰墓誌銘。

　　《文學王公太淳墓誌銘》，王弘化，字太淳。墓誌近年出土於湖北漢川。志首署「賜進士出身文林郎直隸保定府推官熊廷弼撰」，尾署「萬曆歲次甲辰季冬月吉旦立」。據此志，王弘化卒萬曆二十八年庚子（1600）七月，刻石立碑在萬曆三十二年甲辰（1604）十二月。則撰志當在庚子至甲辰間，具體何年難以確考。

【作品繫年】

《文學王公太淳墓誌銘》（本年十二月前）

　　志署廷弼公職為「賜進士出身文林郎直隸保定府推官」，則撰志時間當在庚子至甲辰間，具體何年，難以確考。但據《明史》卷七一《選舉志三》，明代選官，進士、舉貢、吏員等三途並用。廷弼公由進士出身首外任職，其實職為府推官，其官階為正七品（《明史》卷七五《職官志四》）。與此官階相應的，還要授一個文散階。明代規定，實職正七品的文官，授文散階分兩階段：第一階段，「初授承事郎」；第二階段，「升授文林郎」（《明史》卷七二《職官志一》）。所以，以出身和實職而言，《文學王公太淳墓誌銘》所署職務是初授職務。而就文散階而言，則不是初授者，而應為中間升授者。具體升授時間，《明史》未言，約為任職中間時段。廷弼公在推官任六年多，其升授文林郎，似應在萬曆三十年左右。也就是說，此志撰寫時間，當在萬曆三十年至三十二年間。據《王氏族譜》及《漢川縣志》記載，廷弼公為漢川王氏雙溪公粟契子，與雙溪之六子交莫逆，故為其義兄弘化撰此志。

明神宗萬曆三十三年　乙巳（1605）　三十七歲

【時事】

正月，韃靼銀定歹成攻鎮番（今甘肅民勤），總兵官達雲擊敗之（《明史·神宗紀》）。

五月，陸川地震有聲，壞城垣府屋，壓死男婦無算（《明史·五行志三》）。

十二月，詔罷天下開礦，將稅務劃歸有司，而仍留中使不撤。從萬曆二十五年至此，共得銀三百萬兩，金珠寶玩、貂皮名馬，雜然進奉，帝以為能（《御批歷代通鑑輯覽》卷一百十二）。

【行年】

在賜進士出身文林郎直隸保定府推官任。

本年繼續代理府丞佐之職，諸為民苦者，罔不釐正。

> 乾隆《江夏縣志》卷八《忠臣·熊廷弼》：「授保定推官……攝府篆幾二年，諸為民苦者，罔不釐正。」

約本年初或上年，智鬥礦權宦官王虎、王忠、馬堂、張華等人，使其囂張氣焰有所收斂。

> 《性氣先生傳》：「時礦權閹王虎、王忠、馬堂、張華環萃一郡，擇人而食，而晚尤暴。先生得其爪牙，輒撻死不貸。會虎以盜礦誣繫山民二百餘人，多斃者，而郡亦先奉上檄，繫其參隨十許人，相持愈益急。先生一日代閱邊，虎飲先生，語及，脅先生參逮。先生屬色曰：『公肅客，不舉酒奉客，而遽脅客乎？』且問『公礦絕否？』，曰『久絕』；『當撤否？』曰『不出二年』；『吾年老否？』曰『三旬』。先生曰：『天子向聽公參逮者，意多得礦金耳，然未嘗不以被逮者為愛民。今礦既絕，有撤意，猶參有司不置。譬管租者，租不能完，徒日害佃民，告莊頭，自卸其主，人必厭，厭則公必危。且吾輩得公一參疏，賢於百薦牘。即參回家，住十年必大用，而年止四旬，何官不可為耶？奈何脅我？』虎上酒悚謝，先生因為山民請，虎出之。先生即釋其參隨，乃懼甚，告先生曰：『吾輩誠不樂久於此，但不敢言撤。若兩臺連牘急請，吾輩就中幹旋，可得也。』如言，不數月果撤去。」（卷八第5頁～第7頁）

《明史‧李頤傳》:「時礦稅使四出,馬堂駐天津,王忠駐昌平,王虎駐保定,張旺駐通州。頤疏言:燕京王氣所鍾,去陵寢近,開鑿必損靈氣。」(第 6 冊第 5962 頁)

《神宗實錄》卷三百六十:「(萬曆二十九年六月)丙子,改巡撫順天右都御史李頤為南京都察院右都御史。」(第 6723 頁)李頤上疏論礦監事,當在二十九年六月前。則王虎等在保定,亦當在二十九年前後。而本年前後,也是全國反稅監最激烈的時段。

《明史‧汪應蛟傳》云:「朝鮮事寧,移撫保定。歲旱蝗,振恤甚力。已,極言畿民困敝,請盡罷礦稅。會奸人柳勝秋等妄言括畿輔稅可得銀十有三萬。應蛟三疏力爭,然僅得減半而已。三十年春,帝命停礦稅,俄中止。應蛟復力爭,不納。」(第 6266 頁)

《神宗實錄》卷三百六十九:「萬曆三十年閏二月甲午朔……保定巡撫汪應蛟疏言:自榷採以來,家怨人愁,已非一日,彼其思亂,而未即逞,徒以報罷有期,姑隱忍以待。今報罷矣,而又不果,竊恐人心惶惑,所在搖動。萬一草澤嘯聚,揭竿而四起,雖有良平之智,不能為謀。皇上即弗重詔令,奈何以金甌為戲乎?詔:礦稅已有屢旨、權旨,採取自有停止之日,不必瀆奏,宜靜聽處分。」(第 6897 頁～第 6898 頁)

萬曆三十年閏二月,汪應蛟離開保定前後,神宗下詔旨也說「採取自有停止之日」,即現在還不能停。廷弼公問王虎礦稅使當撤否?虎的回答也是「不出二年」。《性氣先生傳》說:「如言,不數月果撤去。」詔罷天下開礦,將稅務劃歸有司在下年十二月,故將此段事蹟繫本年初。

「楚宗之亂」發生,同鄉禮部尚書郭正域以此事忤宰相沈一貫,又為妖書所誣,被捕下詔獄。此時,道路不敢題江夏字,親知畏匿。廷弼公出於義憤,獨遣役往京偵信密報,仍不時與郭公送湯酒、山炭等禦寒之具。

《性氣先生傳》:「會明龍公以假邸事忤宰相沈公一貫,先生倡言佐公,宰相黨因不快。及公被妖書誣身,困楊村,家僮、書辦、長班皆捕下詔獄,緹卒圍舟四面,逮且在旦夕……當是時,道路不敢題江夏字,親知畏匿,先生獨遣役往京偵信,密報公,仍不時送湯酒、山炭為禦寒具。公向忭歎曰:「吾交遊遍天下,提攜遍鄉邑,今無一人

問,而顧得之於不獲館選者,吾甚愧。聞二夫人孕,吾二夫人亦有孕,
且皆將及期。俱子耶,結兄弟;俱女耶,結姊妹;一子一女耶,結婚
姻。」頃之,公得子,先生得女,遂成二姓好,而先生愈以此為相黨
所忌。有掌科孫善繼者,其姻親令新安、高陽,屬先生薦,不得,且
皆黜去。掌科,宰相黨也。恨甚……掌科藉為名,與其黨陰持之……
及考選,故相黨力抑,不使預。」(卷八第8頁)傳既言「獨遣役往
京偵信密報」,則公時不在京,故繫此事轉工部主事前。

至本年七月,廷弼公在保定府推官任已滿六年。此間,為上司薦舉三十次
以上,且都列於首薦,這在當時,天下在任官僚,無人可比。

《性氣先生傳》:「謁選,理保定。保定於直隸,視他省會城,
凡轄州邑二十,又鎮一、都司一、營五、關二、衛六,而李(疑當
作「理」)職又於三鎮、四關、六餉部、各道府協路事皆得問。一應
官評吏治、軍實民岩,先生皆應手而辦,無留滯。聽斷準情法,理
冤雪枉,人誦其神明。終任,計所出及改矜疑者三百餘人,詳《平
反錄》。署郡篆一年有八月,北方徵耗,以每兩重一錢為廉,重者至
二錢以上,藉加派名,任意增減,民不知,有奉停十餘年猶在徵者。
大戶自收自解,實官取耗去,府又利於大戶壓收,以及府幕、府快
下州邑橫斂解催,諸為民苦者,先生一一釐正。作徵收則例,立由
票比限、起解、銷錠諸式,請撫臺汪公應蛟通行六府,著為令。諸
凡驛遞屯馬,一切利病興除,詳署事錄。汪公謂先生曰:「吾第以公
為文章士,何政事精敏若此,吾不如也。」先生告以少時賤苦狀,
公益加敬焉……先生嘗自言:「理郡無他可稱,惟有救荒兩次,差於
素心無歉耳。」在郡六年,薦三十以上,皆首剡,為天下理官第一。」
(卷八第6頁~第7頁)

《朱譜》在「萬曆三十年壬寅(公元1602年)34歲 熊廷弼
被巡撫奏評為全國理官者第一。」(第231頁)按:這條文字一是繫
年有待商榷,《性氣先生傳》明繫「在郡六年」之後,朱先生卻繫第
四年中;二是「為天下理官第一」這個結論,是傳作者的評價,不
是「被巡撫奏評為全國理官者第一。」三是傳作者的完整評價是「在
郡六年,薦三十以上,皆首剡」,謂這樣一個政績,當時在任官僚無
人可比。而不是官府作出「天下理官第一」的評價。

約本年八月，遷任承直郎工部屯田司主事。

> 《性氣先生傳》：「先生……二十九領鄉試解額，三十登進士。三十一授保定府推官，三十七行取授工部主事。」「有掌科孫善繼者，其姻親令新安、高陽，屬先生薦，不得，且皆黜去。掌科，宰相黨也。恨甚，適淮陽司理與留守爭公宴禮被斥，先生亦以公宴禮與大京兆許公宏綱爭，三爭三直。掌科藉為名，與其黨陰持之，行取止擬工部。尋補屯田司，日管工，混木屑石土中，與諸司爭錙銖。諸閣故憚先生名，所減削十恒七八。」（卷八第 8 頁）

> 《明史》卷七二《職官志一》：「（工部）主事二人，正六品。後增設都水司主事五人，營膳司主事三人，虞衡司主事二人，屯田司主事一人。」（第 6 冊第 1759 頁）按：據《明史·職官志》，廷弼公由正七品推官，遷任正六品工部主事，其文散階初授應為承直郎。

> 《明史》卷二九一《張銓傳》：「張銓，字宇衡，沁水人。萬曆三十二年進士，授保定推官。」（第 24 冊第 7454 頁）據《明史》卷七五《職官志四》：「府　知府一人，正四品……推官一人，正七品。」（第 6 冊第 1849 頁）據《職官志四》，保定府只能有推官一人，故張銓應與廷弼公在保定府推官任上相交接，時為萬曆三十三年，銓為後任。

上任不久，即改官都水司主事。

> 卷五《請告疏》：「臣六年司理，三年水曹，仰蒙聖恩，拔在今職。又蒙特選，畀以今差。」（第 222 頁）「六年司理」，指作推官六年；「三年水曹」指在工部任都水司（水曹）主事。若公推官後三年，均在水曹，則補屯田司不久，就改官都水司主事了。

明神宗萬曆三十四年　丙午（1606）　三十八歲

【時事】

三月，雲南殺開採太監楊榮，焚其屍。榮居滇日久，恣行威福，府第僭擬，人稱之曰千歲。曾杖斃數千人，滇人側目。至是，指揮賀世勳等，及軍民數千人，擁集榮第，縱火執榮，殺之，投屍烈焰中（《神宗實錄》卷四一九）。

本年夏，亢旱（《明史·五行志三》）。畿內大蝗（《明史·神宗紀》）；七月
丙戌，鳳陽皇陵又大雨雹，平地水深三尺（《明史·五行志一》）。

李成梁棄寬甸等六堡。初，六堡既築，生聚日繁，至六萬四千餘戶。十二
月，李成梁以地孤懸難守，與總督蹇達、巡撫趙楫建議棄之，盡徙居民於
內地。民戀家室，或不從，則以大軍驅迫之，死者狼籍。給事中宋一韓力
言棄地非策，公亦以為言，帝卒用成梁議，自是遼左藩籬盡撤（《歷代通鑒
輯覽》卷一百十二）。

約本年前後，科學家徐光啟與利瑪竇譯出《幾何原本》前六卷。

是年，蒙古喀爾喀諸部，悉歸建州旗下（《明史·神宗紀》）。

【行年】

在承直郎工部都水司主事任。

明神宗萬曆三十五年　丁未（1607）　三十九歲

【時事】

四月，銀定歹成攻涼州，副總兵柴國柱擊走之。順義王撦力克死（《明史·
神宗紀》）。

六月，湖廣黃州、武昌、承天、鄖陽、岳州、常德大水，漂沒廬舍。徽州、
寧國、太平、嚴州四府，山水大湧，漂沒人口甚眾。閏六月，京師大水，
長安街水深五尺（《明史·五行志一》）。七月，京師久雨。十月，山東旱饑
（《明史·神宗紀》）

九月，以輝發部貝勒拜音達里屢負約，努爾哈赤發兵攻之，誅其父子，並
其眾，遂滅輝發部（《清史稿·太祖紀》）。

【行年】

在承直郎工部都水司主事任。

七月二十日，神宗命吏部會同都察院考選御史。

> 《神宗實錄》卷四百三十六：「（萬曆三十五年七月辛卯朔）庚
> 戌，吏部左侍郎楊時喬、禮部左侍郎楊道賓乞休，不允，以選館期
> 迫，命各出供事。是日，命吏部會同都察院考選御史。」（第 8251
> 頁）萬曆三十五年七月辛卯朔，庚戌為七月二十日。

八月三日，經吏部同都察院考選，疏報廷弼公等三十八人，宜授御史之職。

《神宗實錄》卷四百三十七：「（萬曆三十五年八月辛酉朔）癸亥，吏部同都察院考選，宜授給事中者：胡應臺、喻安性、劉文炳……李瑾、范濟世等十四人。宜御史者：呂圖南、黃一騰、熊廷弼、荊養喬、王象恒、陳於庭、穆天顏、房壯麗、侯執蒲、吳亮、劉光復、李標、鄧渼、王國禎、顧憶、朱萬春、何太謙、彭端吾、馮嘉會、陸夢祖、金明時、張五、梁州彥、董紹舒、管橘、張爾基、毛堪、楊一桂、王以寧、畢懋康、韓濬、顏思忠、鄭繼芳、曾用升、史記事、劉蔚、劉國縉、徐鑒等三十八人。」（第8264頁～第8265頁）談遷《國榷》卷八十「神宗萬曆三十五年」下略同。本年八月辛酉朔，癸亥為八月三日。

明神宗萬曆三十六年　戊申（1608）　四十歲

【時事】

稅監高淮，山海關內外，咸被其毒，又扣除軍士月糧。四月，前屯衛軍甲鼓譟，誓食淮肉。六月，錦州松山軍復變。淮懼，內奔，誣同知王邦才、參將李獲陽，逐殺欽使，劫奪御用錢糧。二人皆逮問，邊民益嘩（《明史·陳增傳附高淮傳》）。

六月，罷遼東總兵官李成梁，准其解任回京（《神宗實錄》卷四百四十七）。

朵顏攻擾薊州，居民數萬人逃入京師。京師戒嚴。朵顏兵旋即退走（《御批歷代通鑑輯覽》卷一百十二）。

南畿大水。南京、蘇、松、常、鎮等府被淹，為二百年來所未有（《御定資治通鑑綱目三編》卷二十九）。

十一月壬子，少保兼太子太保吏部尚書文華殿大學士朱賡卒，李廷機當首輔，言路益攻之，廷機決計不出，葉向高獨相（《國榷》卷八十第4995頁）。

【行年】

在承直郎工部都水司主事任。

八月七日，廷弼公等三十八人，被任命為試監察御史。

《神宗實錄》卷四四九：（萬曆三十六年八月辛酉）「以考選，喻安性、胡應臺……晏文輝、高節為南京給事中。呂圖南、熊廷弼、荊養喬、王象恒、陳于廷、穆天顏、侯執蒲、吳亮、房壯麗、楊一桂……徐鑒、劉國縉，為試監察御史。傅宗臬、汪懷德、曾陳易、周達、張邦俊、王霖、張養正，為南京試監察御史。續考選韓光祐、張孔教、胡嘉棟、杜士全為給事中。叚然、劉時俊為南京給事中。王孟震、唐世濟、蘇惟霖、耿鳴雷、馬孟禎、楊師程，為試監察御史。劉蘭、蔣貴為南京試監察御史。有旨：這考選諸官，都依擬用。且閣部院催請再四，朕非因恡諸官，但因彼此訐辯瀆擾耳。皆繇汪若霖起意生疑，部寺吳正志等訐辯奏擾。汪若霖調外任用，部寺吳正志、汪元功、黃汝亨，與勾了的黃一騰，都各降一級，調外任用。今後考選科道，務要精覈真才，勿狗虛譽私囑，以亂政治。」（第8497頁～8498頁）三十六年八月乙卯朔，辛酉為八月七日。

實授浙江道監察御史，八月中或九月初到任。

《性氣先生傳》：「及考選，故相黨力抑，不使預。而屈於公論，授浙江道御史。」（卷八第8頁）

廷弼公自工部主事轉授監察御史，「為時輩所厄」，所為何事？

《明史》卷七三《職官志二》：「十三道 監察御史一百十人，正七品。浙江、江西、河南、山東各十人。」（第1767頁）監察御史官階正七品，與解褐時推官品級相同，而較正六品之工部主事低一品。什麼原因？其原因大約有二：一是因為郭正域鳴冤，得罪宰相及相黨；一是不與掌科孫善繼關照其姻親。故從報批至批覆，中間整整花了一年時間。由此可見「相黨力抑」到了何種程度！

在巡按山東監察御史任，到任十餘日，即差巡按遼東。

《性氣先生傳》：「尋補屯田司，日管工，混木屑石土中，與諸司爭錙銖……及考選，故相黨力抑，不使預；而屈於公論，授浙江道御史。到任甫旬日，差遼東巡按。」（卷八第8頁）

《送劉起南先生請假還楚》詩序云：「餘生也晚，劉起南先生以名給事再出，時值余行取為時輩所厄，起南爭之曰：『此吾楚材也。

不煩臺省，能自致青雲。』竟得臺選。未及月，遂以風勵為九卿科道所推，特遣勘遼東。」（第1218頁）

《神宗實錄》卷四百四十七：「萬曆三十六年六月丙辰朔……兵科都給事中宋一韓言：先年遼東開拓寬奠等六城堡，軍民住種納糧，近撫臣趙楫、鎮臣李成梁，概作逃民，給帖驅逐六萬四千餘家。未幾，而奴虜殘蹂矣。請差風力御史查勘，仍議追治。章下兵部。」（第1218頁）廷弼公巡按遼東，便是在這種背景下成行。

十月初九日，馳至山海關。

《按遼疏稿》卷一《差官通夷疏》云：「及臣初九日至山海關，接邸報，見廷機辯……臣奉命往按遼東，地方事體，應得諮問。」（第1頁）

以廷弼公政績，實授御史之時，本有很多很好的選擇，但公選擇了應旨巡按遼東這一苦差。

卷十《再請告疏》：「臣記入臺時，改自部曹，即明實授。於時大差缺六，中差缺八。臣選次第二，序應大差。忽因疆事，應旨來遼。既已去大就中，去易就難，去近就遠，去安逸而就凶危，遊歷三冬，受諸苦楚。而近見各處按臣報命，盡是臣後差遣；臣猶羈戍塞下，未卜所歸。」（第485頁）據《明實錄》卷四四九，此次選御史，排第一者為呂圖南，廷弼公排第二。

十月十二日，上《差官通夷疏》。此為廷弼公今見第一疏。

《按遼疏稿》卷一《差官通夷疏》云：「巡按山東監察御史臣熊廷弼謹題為：差官批箚甚明，輔臣飾詞益遁，謹據事直陳，以杜強辯事。」（第1頁）此疏參論輔臣李廷機差官「私通建夷」一事，尾署：「萬曆三十六年十月十二日」。

選授監察御史，廷弼公其時所帶文散階是什麼？是承事郎、文林郎？還是承直郎、承德郎？

《明史》卷七二《職官志一》：「正六品，初授承直郎，升授承德郎……正七品，初授承事郎，升授文林郎；吏材幹，授宣議郎。從七品，初授從仕郎，升授徵仕郎。」（第1736頁）監察御史之官階為正七品，按常規，與之相對的文散階，初授承事郎，升授文林

郎。公初授監察御史，當為承事郎。如監察御史嚴恭之巡按廣東、江西，他的職務就署為「承事郎監察御史」（明楊士奇撰《東里集·續集》卷三九《封承事郎監察御史嚴君墓誌銘》）。但廷弼公此前已官至正六品承直郎工部主事，按道理，正常陞轉，公之文散階應升承德郎。可此時其實職品級降了一品，散階品級不知是否也要隨之降一品？廷弼公《差官通夷疏》自署職銜為「巡按山東監察御史」，只署實職，未署出身與文散階，不像所撰《王弘化墓誌》之署。愚意，當是有意將文散階略去，可能與其對此階不滿有關。若如此，則其時文散階又當署「承事郎」。

十一月三日，上《查參馬價疏》，論劾候代撫臣趙楫，侵欺遼鎮年例馬價銀兩，並分巡廣寧道按察使郝大猷，符同作奸，請乞嚴行勘處。

《神宗實錄》卷四百五十二云：「（萬曆三十六年十一月丙申）「山東巡按熊廷弼，論劾候代撫臣趙楫，侵欺遼鎮年例馬價銀兩，並分巡廣寧道按察使郝大猷，符同作奸，請乞嚴行勘處，章下所司。」（第8543頁）按：廷弼公《查參馬價疏》尾署「萬曆三十六年十一月初三日」，《實錄》係十一月丙申。萬曆三十六年十一月甲申朔，丙申為本年十一月十三日。十三日當為朝廷收到此疏之日期。

十一月中，又續接十月十一日都察院巡按遼東五十七號勘箚，查參撫、鎮棄地啖虜事。

《按遼奏疏》卷二《勘覆地界疏》：「卷查萬曆三十六年十月十一日，奉都察院巡按遼東五十七號勘箚，準兵部諮、職方司案呈，奉本部送準兵科都給事中宋一韓揭，稱遼東候代撫鎮趙楫、李成梁，棄地啖虜情罪，合行勘明議處。要將所論趙楫、李成梁棄地事情，選差有風力御史一員，前去查勘。」（第43頁）

十一月十八日，到遼陽。二十六日始，與遼陽道謝存仁、開原道石九奏、遼東掌印都司嚴一魁、自在州知州萬愛民等一行，東行查勘疆界。

《按遼奏疏》卷二《勘覆地界疏》：「臣於本年十一月十八日，遼陽抵任。二十六日，督同兩道司州各官，東行查勘。」（第45頁）

十二月十一日，兵部尚書李化龍上疏請閱視各邊，廷弼公與黃吉士、孔貞一、吳亮、劉光復、楊一桂、穆天顏、侯執蒲等八人，共奉敕巡八道，務令事完，方許奏繳。得神宗批准。

　　《神宗實錄》卷四百五十三：「（萬曆三十六年十二月）甲子，兵部尚書李化龍請閱視各邊，御史熊廷弼、黃吉士、孔貞一、吳亮、劉光復、楊一桂、穆天顏、侯執蒲，共奉敕八道，務令事完，方許奏繳。從之。」（第8554頁）談遷《國榷》卷八十：「（萬曆三十六年十二月）甲子，兵部尚書李化龍請閱邊，御史熊廷弼、黃吉士、孔貞一、吳亮、劉光復、楊一桂、穆天顏、侯執蒲分往。」十二月甲寅朔，甲子為本月十一日。

十二月二十二日，勘一段疆事畢，回到遼陽。

　　《按遼奏疏》卷二《勘覆地界疏》：「臣於本年十一月十八日，遼陽抵任。……十二月二十二日，事畢回遼。」（第45頁）

二十八日，巡歷至遼陽地方。

　　《按遼疏稿》卷一《論哈流兔捷功疏》：「萬曆三十六年十二月二十八日，臣巡歷至遼陽地方。」（第38頁）

【作品繫年】

《差官通夷疏》（十月十二日）

　　按：此疏明刻本尾署：「萬曆三十六年十月十二日。」（第1頁）此疏為廷弼公手編《按遼疏稿》首卷首篇，應為其生平所上奏疏之第一篇。

《查參馬價疏》（十一月初三日）

　　按：此疏明刻本尾署：「萬曆三十六年十一月初三日。」（第8頁）

《除報羨余疏》（十一月二十一日）

　　按：此疏明刻本尾署：「萬曆三十六年十一月二十一日。」（第12頁）

《邊道擇人疏》（十一月二十九日）

　　按：此疏明刻本尾署：「萬曆三十六年十一月二十九日。」（第14頁）

《查參開原失事疏》（十二月十一日）

　　　　按：此疏明刻本尾署：「萬曆三十六年十二月十一日。」（第 19 頁）

《請並營伍疏》（十二月十七日）

　　　　按：此疏明刻本尾署：「萬曆三十六年十二月十七日。」（第 23 頁）

《答石副憲開道夷情十九則》（本年末）

　　　　按：此書云：「驕夷狄而辱中國者，往往而是。所以近日疏末有情、法、機、勢四說，開地方下手之路。」（第 707 頁）書所言「近日疏」，指萬曆三十六年十二月十一日所奏《查參開原失事疏》；情、法、機、勢「四說」，亦見於此疏。據此，知此書撰於萬曆三十六年十二月十一日後若干日，暫繫於本年末。

《與劉義齋道長東西虜情》（本年末）

　　　　按：書言：「頃者，搗巢之役，見小利而忘大害。」（第 707 頁）「搗巢之役」指萬曆三十六年十二月總兵杜松領兵殺拱兔熟夷一役。又言：「弟入遼兩三月來，猶是此等光景。」《按遼疏稿》卷一《差官通夷疏》云：「及臣初九日至山海關，接邸報……臣奉命往按遼東，地方事體，應得諮問。」（第 1 頁）廷弼公萬曆三十六年九月中巡按遼東，至本年末，時已「兩三月」，故此書當撰於萬曆三十六年年末。

明神宗萬曆三十七年　　己酉（1609）　　四十一歲

【時事】

三月，套部拱兔因受明兵襲擊，復仇攻陷大勝堡，游擊於守志戰於小凌河，敗績（《明史・神宗紀》）。

日本發兵入琉球，執其王尚寧（《明史・神宗紀》）。

　　　　按：《明史・琉球傳》云：「當是時，日本方強，有吞滅之意……（萬曆）四十年，日本果以勁兵三千入其國，擄其王，遷其宗器，大掠而去。」此事與《紀》所記，應為同一事。

四十年，當是尚寧告歸之年。今從《神宗紀》。

六月，甘肅地震，紅崖、清水諸堡，壓死軍民八百四十餘人，圮邊墩八百七十里，裂東關地（《明史・五行志三》）。

是秋，福建、浙江、江西大水。湖廣、四川、河南、陝西、山西旱。畿內、山東、徐州蝗（《明史・神宗紀》）

【行年】

在賜進士出身（承事郎？）浙江道御史巡按遼東任。

正月初七日，崔吉將哈流兔捷功首級，差官劉恩呈解到廷弼公處。初八日，公同分守遼海東寧道右參政謝存仁，於都司衙門，將各首級從公細驗。

> 《按遼疏稿》卷一《論哈流兔捷功疏》：「續於三十七年正月初七日，又據崔吉將前項首級，差官劉恩呈解到臣……於初八日，臣公同分守遼海東寧道右參政謝存仁，於都司衙門，將各首級從公細驗。」（第39頁）

二月一日，廷弼公劾奏防海副總兵吳有孚、鎮江游擊吳宗道，役縱水兵，興販海上，勒揹商民，甚至改換麗服，潛入屬國，壓取貂參。乞將二弁正法。

> 《神宗實錄》卷四百五十五：「萬曆三十七年二月癸丑朔……遼東巡按熊廷弼，劾奏防海副總兵吳有孚、鎮江游擊吳宗道，役縱水兵，興販海上，每裝載貨物，撒放中江，勒商民取直；甚至改換麗服，潛入屬國，壓取貂參。其資本出有孚，而宗道為之窩頓地主。乞將二弁正法。章下兵部。」（第8579頁）

二月十二日欽奉專敕，令廷弼公將遼東自萬曆三十四年正月起，至三十六年十二月終止，三年內錢糧等項八事，及一切應行事宜，查照先今事理，遍行所屬地方，從實查閱。

> 《按遼疏稿》卷四《閱視疏》：「臣於萬曆三十七年二月十二日，欽奉專敕，令臣將萬曆三十四年正月起，三十六年十二月終止，三年內錢糧等項八事，及一切應行事宜，查照先今事理，遍行所屬地方，從實查閱。」（第167頁）

二月十三日，廷弼公勘地界完畢，上《勘覆地界疏》。

> 《按遼疏稿》卷二《勘覆地界疏》：「該臣覈勘，得自撫順關起，至東州堡迤東，清河所屬，以至靉陽一帶，為成化中，副總兵韓斌所定之舊界。內惟孤山一堡，又迤東新、寬、大、永、長五堡一帶，

為萬曆二年巡撫張學顏、總兵李成梁所展之新界，而新舊分矣。舊
界外之新地，如馬根單、散羊峪、鹻場等堡，所直霧兒口等處，猶
得以出邊告種為辭。至於清河之鴉鶻關、松樹口、東安、靖安、靖
虜、靖虜空、向化、靖夷、一堵牆之盤嶺各墩，一連九座，長六十
六里，此皆志書所載，我之舊邊也，今則縮守內地四十里，而七十
里之邊失矣。孤山之張其哈喇佃子，西北接鹻場三十里，東南接靉
陽五十里，先年雖建堡未果，而其地猶我軍種。萬曆二年所創歹溝、
紅石崖、南河、金口四臺，及志書原載乾岔兒臺，猶我軍守也。今
則以堡側古壕為界，前項盡沒，而八十里之邊失矣。新、寬、大、
永、長奠五堡，舊皆邊衝，邊外地曰松子嶺、乾灘子、十岔口、青
崖子、文大人營、鍋兒聽，舊皆虜衝，此萬曆初年閱臣原議也，故
展設五堡，以扼諸衝。今其界俱在，即科臣所云雲頭裏、唎唎泊等
處，亦俱在，若以失去原展之地，硬坐李成梁，成梁必不服。但自
靉陽界起，賽兒疙疸迤東至橫江一帶，徑一二百里、長約三百里，
住民耕種已久，課無逋欠，虜無爭競，此不可謂其非我地也……又
查遼志，嘉靖十六年以前，鴨綠江西，湯站堡東，地名九連城……
其後皆為我民住種，是以有鎮江城之建，此即九連城故地也。又先
年，李成梁自險山展出一百八十里，當時並無一夷居住，即今長、永、
大三奠迤北新地二百餘里，當初亦無一夷居住，而我民始居之。由是
觀之，不論朝鮮餘地與否，順江以北，總是華夷共棄之地，不可謂其
盡建夷地也。今則盡棄與夷，而三百里之邊又失矣。此棄地之大略
也。」（第 48 頁～49 頁）此疏尾署：「萬曆三十七年二月十三日」。

三月二十日，閱視至瀋陽。

《按遼疏稿》卷二《酌東西情勢疏》：「及二十日，臣閱視至瀋
陽，復據開原兵備副使石九奏稟，稱職數日內，偵得建夷情形，或
二三百一營，或一二百一聚，俱散佈猛酋舊寨。」（第 72 頁）《酌東
西情勢疏》尾署：「萬曆三十七年三月二十二日」。李紅權《熊廷弼
年表》萬曆三十七年謂：「正月二十日，閱視至瀋陽。」〔註 10〕《李
表》此處應為誤繫，不從。

〔註 10〕李紅權標校《熊廷弼集》附錄三《熊廷弼年表》，學苑出版社，2011 年版，第
1291 頁。下引《熊廷弼年表》（簡稱《李表》）均出此，僅注頁碼。

四月初，閱視至開原。八日，上《論捷功異同疏》，劾遼東總兵杜松冒功開釁。

> 《按遼疏稿》卷二《論捷功異同疏》：「臣閱視至開原，接邸報，見臺臣張爾基，參論遼東總兵杜松，去冬出塞殺款，及今春折傷士馬情節。除屬臣查勘者，臣自秉公執法，務求確當回奏，不敢有所枉縱，以蹈欺罔之罪。」（第76頁）據《神宗實錄》卷四百五十六，張爾基參杜松在三十七年三月二十八日，而廷弼公在開原見到此疏之邸報，必在三月二十八日後若干日。此疏尾署：「萬曆三十七年四月初八日」。則公至開原，當在四月八日前若干日。

六月巡閱金、復。廷弼公出巡，正兵營把總張世祿領兵護送。

> 《按遼疏稿》卷四《請蠲免疏》：「時臣巡閱，六月在金、復。」（第160頁）

> 卷《覆哈流兔捷功疏》：「六月內，熊御史出巡河西地方，有原搗巢正兵營把總張世祿領兵護送，站立轎前，蒙問搗巢斬獲真正首級若干，張世祿回稱，實有二十六顆，原無一百四十六顆等情。」（第284頁）

七、八月，巡閱寧前。夙夜馳驅，北抵黃龍，東抵鴨綠，南極於海，西至山海、錦、義，間關險阻，無不遍歷，相度形勢。七月十九日，上《議屯田修邊疏》，與朝廷籌屯田修邊之策。

> 《按遼疏稿》卷三《議屯田修邊疏》「臣奉簡命，夙夜馳驅，北抵黃龍，東抵鴨綠，南極於海，西至山海、錦、義一帶，間關險阻，雖遍近虜穴，人跡罕到之處，無所不遍歷，無所不相度。……所至憑軾，但有浩歎。」（第108頁）《議屯田修邊疏》尾署：「萬曆三十七年七月十九日」。

> 卷四《請蠲免疏》：「時臣巡閱，六月在金、復，七月、八月在寧前，躬率官民，祈禱雨澤，焦枯愁慘之狀，無一人無處而不聞且見者，是可坐視而不救乎？」（第160頁）

九月，因劾遼東總兵杜松遭科臣質疑，謂與松有「讎嫌」，二十二日，上《辭勘邊事疏》，請求迴避。

《按遼疏稿》卷三《辭勘邊事疏》「查得《大明會典》一款，凡監察御史追問公事，中間如有雠嫌之人，並聽移文陳說迴避。若懷私按問，所問雖實，亦以不應科斷。科臣以臣重在斥松，是雠嫌也，臣應迴避。獨蒙皇上選差，而不得其專勘之職，臣殊慚負耳。伏乞敕下兵部，通查前後疏揭，逐一從實擬議，覆請容臣下手御史，專勘歸結，毋行督、撫會同，上變祖制，下壞臺綱，則邊事早得完報，而職掌不致紊亂矣。」（第 140 頁）此疏尾署：「萬曆三十七年九月二十二日」。

十二月十一日閱視完畢，上《閱視疏》交差。

《按遼疏稿》卷四《閱視疏》：「臣遵奉簡命，朝夕冰兢，自寧前、廣寧、遼、瀋、開、鐵以至金、復、海、蓋等處，無處不遍焉。自錢糧、險隘、兵馬、器械、屯田、鹽法，以至胡馬、逆黨等事，無事不核焉。自督、撫、鎮、道、副、參以下諸臣，無臣不察焉。」（第 167 頁）《閱視疏》尾署：「萬曆三十七年十二月十一日」。

【作品繫年】

《與海防李同知》「僕初入遼時」（正月十七日前若干日）

按：書云：「僕初入遼時……以為海禁當嚴……比欲作疏，而海運沿革之由未得其詳，且未審於地方果否裨益，人情果否欣從。足下職海防者也，其考故實，問父老，而從其長者詳確以對。」（第 807 頁～808 頁）廷弼公言「比欲作疏」之疏，當指萬曆三十七年正月十七日奏上之《重海防疏》。據此，則此書當撰於萬曆三十七年正月十七日前若干日。

《重海防疏》（正月十七日）

按：此疏明刻本尾署：「萬曆三十七年正月十七日。」（第 26 頁）

《與李峘嶠中丞哈流兔捷功七則》（正月）

按：此疏為廷弼公與巡撫李炳商討「哈流兔捷功」事宜，哈流兔之役，時在萬曆三十六年十二月，至二十八日，公巡閱至遼陽，始聞此訊。從公此書所述觀點來看，與此間公所上《論哈流兔捷功疏》相合。書言：「驗功已久，疏報直待此而發耳。」（第 798 頁）則論捷功疏尚未發而待發，疏奏於萬曆三十七年正月二十四日，故此書必撰於疏奏前數日，暫繫本年正月。

《論哈流兔捷功疏》（正月二十四日）

按：此疏明刻本尾署：「萬曆三十七年正月二十四日。」

《與胡隆宇兵科》「獻歲發春」（正月二十四日）

按：此書與兵科胡嘉棟所議為哈流兔捷功事，言及大帥與寧道不和。書言：「獻歲發春，伏審新禧，與時俱泰，可勝忻慰。」時即本年正月。此書並提及「故小疏不敢以題知完故事。」（第799頁）「小疏」應指公此間所上之《論哈流兔捷功疏》。愚意，與兵科此書與疏應撰於同時，即萬曆三十七年正月二十四日。

《與李霖寰本兵》「遼之不能戰」（正月二十四日）

按：此書與上與兵科胡嘉棟書所議內容同為哈流兔捷功事，此書言及大帥此間之種種非正常舉動。書言：「夫該鎮之捷，一時耳目所驚喜，以為罕見者，恐一見小疏，不察於所以容全該鎮之意，而反以為撓成……故略敘本末，私布之於左右。」（第7頁）「小疏」應指公此間所上之《論哈流兔捷功疏》。愚意，與兵部尚書李化龍寫信說明此疏的寫作情況、動機，是與上司通報情況，意見協同。疏與書應撰於同時，即萬曆三十七年正月二十四日。

《糾劾將領疏》（二月初七日）

按：此疏明刻本尾署：「萬曆三十七年二月初七日。」（第36頁）

《答杜鶴林總戎》（二月十一日前數日）

按：此書為答遼東總兵杜松之書，主要論其與寧道馬拯之關係。杜、馬二人鬧意見，是因「哈流兔之役」，松自許搗巢，而寧道謂殺熟。書言：「麾下杜門浹旬矣，中丞公兩謁不出。」（第801頁）是此書撰時在「哈流兔之役」後一段時間。當時的實際情形是，杜松思想自己啟釁，引達賊節次入犯，官軍多被殺傷，自揣不能支持。於是假詐佯狂，將冠服、旗幟、弓箭燒毀，且尋買棺材，要得自盡（《覆哈流兔捷功疏》）。其「杜門浹旬」，當在此間。杜松接公此書，即復出，其「乘勝長驅，僅獲五級，羞憤以歸」，在萬曆三十七年二月十一日（《辭勘邊事疏》）。愚意，公此書當撰於萬曆三十七年二月十一日前數日。

《勘覆地界疏》（二月十三日）

　　按：此疏明刻本尾署：「萬曆三十七年二月十三日。」（第 56 頁）

《答友人查勘遼地》（二月中旬）

　　按：此書言：「春初，承翰教，語及疆事……屬勘疏未覆，不便裁報。今其疏已上，而後敢一布其愚。」（第 709 頁）「勘疏」，據下文，當指萬曆三十七年二月十三日奏上之《勘覆地界疏》。則此書當撰於「勘疏」奏上後三五日。暫繫本年二月中旬。

《答李峘嶠中丞》「伏承手教」（二月中旬）

　　按：書言：「伏承手教，以毀碑、革賞、復地、絕貢四事下問，展謁惶赧不知所對。自惟小疏當時第據道理以覆。」（第 710 頁）此書所言，為勘地事，「小疏」當指《勘覆地界疏》，故此書亦撰於此疏奏進後若干日，暫繫萬曆三十七年二月中旬。

《請免商稅疏》（二月十九日）

　　按：此疏明刻本尾署：「萬曆三十七年二月十九日。」（第 61 頁）

《又（與李峘嶠中丞）》「哈流兔之捷」（正、二月間）

　　按：此書仍與巡撫李炳論「哈流兔之捷」，並言及讀過了李炳之「大疏」。並說大帥現不待勘便索要全額賞金。此書撰寫時間應在上書之撰時相當，約在萬曆三十七年二月間。

《論遼左危急疏》（二月二十五日）

　　按：此疏明刻本尾署：「萬曆三十七年二月二十五日。」（第 69 頁）

《又（與李霖寰本兵）》「前曾具啟」（二月二十五日前）

　　按：此書與上書俱論「哈流兔之役」。此書云：「（杜松）再出，僅以五級歸。」杜松「乘勝長驅，僅獲五級，羞憤以歸。」（第 801 頁）事在萬曆三十七年二月十一日（《辭勘邊事疏》）。此書所言「待戰於境上之說」的「小疏」，即廷弼公於萬曆三十七年二月二十五日奏上之《論遼左危急疏》。《神宗實錄》卷四百五十六：「（萬曆三十七年三月）甲申，遼東巡按熊廷弼備言遼左危急情形……項自搗巢以來，警報日至，河西急矣，而又有拱兔調兵之報，有宰賽要會奴酋之報，河東益急矣。近當事有兩鎮夾關出剿之議，竊以哈流兔之

役，其勢誠不得下。似宜養積蓄銳，以主待客，以逸待勞，俟虜至一大創之。若今日搗巢。明日報復。虜騎輒嘗重兵屢出，疲憊中國，非計之得也⋯⋯誠願責成部寺諸臣，無急薊緩遼，而致有內潰之禍也。」（第8595頁～8597頁）萬曆三十七年三月壬午朔，甲申為三月三日。此書與兵部尚書李化龍言「哈流兔之役」，及遼東危急情形之關係，並貢獻了自己應對危機的對策，故書與疏應撰於同時，即疏上之二月二十五日。

《寧前道給由疏》（三月十九日）

按：此疏明刻本尾署：「萬曆三十七年三月十九日。」（第71頁）

《與李寧遠》「君侯處北海」（二、三月間）

按：此書言：「君侯處北海，僕處南海，風馬牛不相及也。祇緣朝命，來按茲土，遂得與君家周旋。自疆疏一覆，而吾事畢矣。」（第808頁）「疆疏」，指廷弼公萬曆三十七年二月十三日所奏之《勘覆地界疏》。疏奏入朝，「疏上，不下」。（《神宗實錄》卷四百五十五萬曆三十七年二月辛巳）此疏君王看過，卻不下閣部議處。同時，公又「頗聞此輩揚言」如此這般。在這種情況下，公直接與事主李成梁寫此書，曉之以理，動之以情，試圖合理解決這一問題。其撰書時間，應與上疏時間相距不遠，約為萬曆三十七年二、三月間。

《答石副憲開道》「瀋陽道中」（三月二十日前）

按：書云：「瀋陽道中，得那酋物故報，不勝驚駭。」（第711頁）《酌東西情勢疏》云：「今三月初五日，東虜奴兒哈赤差部夷干骨里、牧牛二夷，齎印信公文二角，俱為下情事⋯⋯及二十日，臣閱視至瀋陽。」（第71頁～72頁）《查參大勝堡失事疏》云：「三月初十日，虜陷大勝堡，殺虜軍民⋯⋯奴酋聞那酋死，即日焚香謝天，椎牛數百頭，大犒部落，領兵而北⋯⋯以逼開原。」（第82頁～85頁）那酋，即那林孛羅。據此疏，其死在萬曆三十七年三月二十日前。此書云「今春」，當亦撰於本年春，似應為本年三月二十日前。

《酌東西情勢疏》（三月二十二日）

按：此疏明刻本尾署：「萬曆三十七年三月二十二日。」（第75頁

《與杜通判》「前月二十一日夜」（三月）

　　　　按：此書為廷弼公交待杜通判「密密查實以報」者，為義州所
　　殺「五首」是否有「漢級」或「報信熟夷」問題。書言：「彼一虜枉
　　死尚如此，況百數十人如杜弇所為者。」（第 807 頁）杜弇，指杜
　　松。所殺「百數十人」，指哈流兔殺熟夷冒功事。書言此為去年事，
　　則「今年為此惹禍，至今未結，又復挑之，可恨如此。」義州殺熟
　　夷「又復挑之」，在萬曆三十七年哪一月，未見記載，其時似在大勝
　　堡失事前，約本年正、二月間。廷弼公分付杜通判「密密查實以報」，
　　在事發次月，約萬曆三十七年三月。

《論捷功異同疏》（四月初八日）

　　　　按：此疏明刻本尾署：「萬曆三十七年四月初八日。」（第 82 頁）

《與徐耀玉職方》「大勝堡之役」（四月）

　　　　按按：廷弼公在《推舉邊道疏》云：「竊見兵部職方司郎中、見
　　推江西參政徐鑾，為人明敏通練，急公不顧私，任事不避難，而又
　　心思入細，機用合宜。每與臣商確建酉事體，緩急疾徐，操縱尤為
　　得法。」（第 212 頁）公每與徐鑾「商確建酉事體」，是因其時徐鑾
　　以郎中管兵部事。書云：「杜弇本悍鷔，不可使……每欲更議，而內
　　外扶之者眾，優容至今，直待草青馬肥，寇屢臨門，而始不得不易
　　也，懊悔何及？」（第 713 頁）其時杜松已經去任。「勒杜松解任回
　　籍」在萬曆三十七年四月甲子（十三日）（《神宗實錄》卷四百五十
　　七），公與徐鑾寫此信當在四月十三日後若干日，或與公於萬曆三十
　　七年四月八日奏進之《論捷功異同疏》同時所撰。

《又（答王霽宇制府）》「奴酋狡詐莫測」（四月）

　　　　按：廷弼公於萬曆三十七年三月二十二日奏進《酌東西情勢疏》
　　云：「今三月初五日，東虜奴兒哈赤差部夷干骨里、牧牛二夷，齎印
　　信公文二角，俱為下情事……等情到臣。」（第 71 頁～72 頁）此書
　　言：「前月干骨里等，復持印文來送。」（第 717 頁）則此書撰於萬
　　曆三十七年四月間也。

《與王霽宇制府》「日者，東西虜情」（五月前）

　　按：書云：「日者，東西虜情，不自揣量，一再言其略……錦州、中後所、大勝堡，一連三役。」（第792頁）萬曆三十七年三月二十二日，廷弼公奏上《酌東西情勢疏》，談論「東西虜情」。夷虜拱兔等於萬曆三十七年二月初四日，犯搶錦昌堡；三月初五日，犯搶中後所；初十日，攻克大勝堡；凡三戰，而殺我官軍二百有零，虜我軍民且踰八百（《覆哈流兔捷功疏》）。《明史・神宗紀》：「（萬曆）三十七年春三月辛卯，拱兔陷大勝堡，游擊於守志戰於小凌河，敗績。」（第287頁）則此書撰時當在其後。書與王象乾討論開原修工之事，書又言：「宰酋不款，則開原五月及八、九月間，必再受蹂躪。」（第793頁）則其時尚在本年五月前。

《查參大勝堡失事疏》（五月初四日）

　　按：此疏明刻本尾署：「萬曆三十七年五月初四日。」（第86頁）

《議留賢將疏》（五月十九日）

　　按：此疏明刻本尾署：「萬曆三十七年五月十九日。」（第88頁）

《答戴通判》「遼邊自虹螺失守」（四、五月間）

　　按：據《神宗實錄》，萬曆三十七年十一月戊寅朔，乙巳（二十八日）前，禮科給事中戴章甫出供職，復被太倉、京營二巡差（卷四百六十四）。其代金州海防廳事岫岩通判任當在此前。而據廷弼公集，萬曆三十七年三月至五月間，戴章甫已經在岫岩通判任（《查參大勝堡失事疏》）。廷弼公萬曆三十七年十一月十六日奏《請蠲免疏》，內言：「據代金州海防廳事岫岩通判戴章甫呈，稱會同金州衛掌印指揮福將，率領各所千戶周永祚等並軍餘徐疲兒等，親詣本衛被災處所踏勘。」（第156頁）則十一月十六日前，戴章甫仍在岫岩通判任。此書約撰於萬曆三十七年四、五月間。

《與五道》「頃，聖天子留意孤邊」（五、六月間？）

　　按此書云：「本兵兩月以來，為遼區畫者，疏且六七上。」（第758頁）據《神宗實錄》，兵部尚書李化龍以少保兵部尚書回部管事在萬曆三十七年正月辛丑（十八日）。上疏言遼事者最集中的時間在萬曆三十七年三、四月。此書與五道所言之主要事情為「召募」，李

化龍疏「募敢勇」在本年四月，「覆議先募一萬應急」也在本月，故廷弼公撰此書與遼東五道討論「召募」之事，疑在萬曆三十七年五、六月間。

《與馬大參寧道》「援兵出關遠戍」（六月三日前後）

按：《神宗實錄》卷四百五十九：「（萬曆三十七年六月壬子）豐潤縣地塌一穴，有聲，順天巡撫劉四科以聞。因言胡虜猖獗，鎮軍饑羸，頃，薊兵援遼，到彼並無升糧束草，軍丁無不垂涕，郊甸土崩，或者示兆。於此乞發帑，以播特恩養軍，以遏狂虜，不報。」（第 8654 頁）萬曆三十七年六月庚戌朔，壬子為六月三日。廷弼公與寧前道馬拯討論援兵事宜，應在萬曆三十七年六月劉四科上疏前後。

《與謝大參守道》「得來教」（六月十八日前若干日）

按：書云：「得來教，不勝驚駭。何物奴酋，敢以五千騎壓我邊關，賊氛亦太惡矣。」（第 715 頁）廷弼公萬曆三十七年六月十八日，奏進《議增河東兵馬疏》云：「乃旬日前，奴酋又領精兵五千騎，箚撫順關上，挾索參價矣……時地方洶洶，守道謝存仁星夜馳潘，以赴其急。會邊吏犒之以牛酒，侑之以蟒段，甘言厚幣，委曲與約而後去。不出月餘，連以重兵壓我近郊，略無顧忌，彼日中豈有遼耶？」（（第 92 頁～93 頁））據此，公此書約撰於萬曆三十七年六月十八日前若干日。

《又（答石副憲開道）》「奴酋與北關講婚」（六月十八日前若干日）

按：此書言：「遼屬營堡，缺少馬匹，擬差左都閫往宣府、張家口市買。」（第 712 頁）《兌寺馬疏》云：「臣聞人言，宣府、張家口夷馬蕃庶，即差左都司前去易買」（第 90 頁）疏奏進於萬曆三十七年六月十八日，此書既言「擬差」，似應撰於疏奏前若干日。

《又（答王霽宇制府）》「奴酋之必為遼患」（六月十八日前）

按：書云：「承教，欲徵兵討餉，預為題請，寧失張皇，毋寧遲誤，誠我桑土先慮。」（第 716 頁）此時廷弼公似在徵求王象乾對上疏徵兵討餉的意見，故此書應撰於奏上《議增河東兵馬疏》之前，亦即萬曆三十七年六月十八日前。

《兌寺馬疏》（六月十八日）

> 按：此疏明刻本尾署：「萬曆三十七年六月十八日。」（第92頁）

《議增河東兵馬疏》（六月十八日）

> 按：此疏明刻本尾署：「萬曆三十七年六月十八日。」（第97頁）

《增科額疏》（六月二十二日）

> 按：此疏明刻本尾署：「萬曆三十七年六月二十二日。」（第102頁）

《與吳曙谷少宗伯》（六月二十二日）

> 按：此書與禮部右侍郎署部事吳道南商酌為遼東增置科舉名額事宜。公此間有《增科額疏》，亦為「懇乞酌增科額」事，疏上於萬曆三十七年六月二十二日。愚意，此書既言「明公行執大政」「惟明公圖之」（第803頁），則與疏同意，故疑此書與《增科額疏》撰於同時。

《又（答石副憲開道）》「承教」（六月下旬）

> 按：廷弼公萬曆三十七年六月二十九日所奏《議留新舊道臣疏》云：「開原兵備副使石九奏，近亦考滿，臣等亦已代題，議加二級，以酬其苦，又議升別邊，以恤其私矣……倘以之經略開原，則玩奴兒於掌股，弄宰賽如泥丸。」（第106頁）則其時石九奏仍為開原道，當在其考滿之前，暫繫本年六月下旬。

《答閻副憲海道》「金、賈二山豪」（夏）

> 按：廷弼公此書與金、復、海、蓋兵備道閻鳴泰討論修工「別處扳扯南衛工夫為不平」之事，則當在萬曆三十七年春後。此書言：「金、賈二山豪，一呼即至。」（第793頁）萬曆三十八年四月二十四日奏上之《常平倉積穀疏》云：「適去秋金、復、寧、前饑，人心洶洶，搶盜群起。馬官兒寨山豪金三塊等三十餘人，招眾打礦，饑民蟻附，聚至萬數千人，官司莫能制，臣與海蓋道副使閻鳴泰商議……而是時臣方以贖銀萬餘兩修築堡臺牆壕，又急無見銀可以發糴。」（第214頁）金、賈「招眾打礦」與廷弼公發贖修工同時，既稱「去秋」，則此書撰時當在萬曆三十七年春後秋前，即本年夏。

《與何虛白餉部》「修工之役」（夏）

按：書言：「修工之役……此事非蒙年丈慨許，春夏二季折色各增一月。」（第791頁～第792頁）廷弼公主持遼東修工之役始萬曆三十七年春。此書與何餉部論此役加餉之事，一致謝，一討秋餉，時約在本年夏。

《開原道給由疏》（六月二十七日）

按：此疏明刻本尾署：「萬曆三十七年六月二十七日。」（第105頁）

《議留新舊道臣疏》（六月二十九日）

按：此疏明刻本尾署：「萬曆三十七年六月二十九日。」（第106頁）

《答王霽宇制府》「頃據邊報」（夏六月）

按：廷弼公萬曆三十七年六月十八日奏進《議增河東兵馬疏》云：「曩見樞臣議待奴酋，當以文告為款，而不知此酋悖驁已久，何知宣諭。曾諭令退地而不聽，諭令改碑而不聽，諭令送還吾兒忽答回寨而不聽。」（第95頁）據此，知奴酋欲殺吾兒忽答在萬曆三十七年六月十八日前。此書既言及奴酋欲殺吾兒忽答，似應撰於本年六月前後。

《與徐耀玉職方》「大勝堡之役」（夏六月前）

按：廷弼公萬曆三十八年正月二十四日奏進《防建夷疏》云：「頃得職方徐郎中書。」（第186頁）萬曆三十八年四月初七日奏進之《推舉邊道疏》云：「竊見兵部職方司郎中、見推江西參政徐鑾，為人明敏通練，急公不顧私，任事不避難，而又心思入細，機用合宜。每與臣商確建酋事體，緩急疾徐，操縱尤為得法。」（第212頁）《神宗實錄》卷四百七十：「（萬曆三十八年四月乙未）留兵部郎中徐鑾仍管部事，從部久任優擢請也。」（第8881頁）萬曆三十八年四月丙子朔，乙未為四月二十日。公與徐鑾「商確建酋事體」，是因其時徐鑾以郎中管兵部事。此書似為此間與徐鑾來往書信之一，約撰於萬曆三十七年四月後。書云：「今一面使人傳諭，

如不聽我，秋間自家到關口，與他講處。」（第 714 頁）其時尚在夏間，暫繫萬曆三十七年夏六月前。

《約諸將》「邊吏之弊」（六月末）

　　按：書言：「目今夏盡秋來，風高馬勁。」（第 752 頁）則時當為六月末；書又言：「自僕出關，八閱月矣。」（第 754 頁）廷弼公萬曆三十六年十月出關，至明年六月整「八閱月」，則此書當撰於萬曆三十七年六月末。

《申明款議疏》（七月十三日）

　　按：此疏明刻本尾署：「萬曆三十七年七月十三日。」（第 121 頁）

《議屯田修邊疏》（七月十九日）

　　按：此疏明刻本尾署：「萬曆三十七年七月十九日。」（第 116 頁）

《與李霖寰本兵修邊六則》（七月十九日）

　　按：書言：「頃，以閱至開原，顧瞻四野，滿眼丘墟，見之慘然。」（第 790 頁）《論捷功異同疏》：「臣閱視至開原，接邸報，見臺臣張爾基，參論遼東總兵杜松，去冬出塞殺款，及今春折傷士馬情節。除屬臣查勘者，臣自秉公執法，務求確當回奏，不敢有所枉縱，以蹈欺罔之罪。」（第 93 頁）據《實錄》，「御史張爾基劾松驕橫殘暴」，在萬曆三十七年三月己酉（二十八日）（《神宗實錄》卷四百五十六）。廷弼公閱視至開原，在萬曆三十七年四月。公萬曆三十七年七月十九日奏上之《議屯田修邊疏》云：「今春，臣亦發贖修築牆壕，自三岔河起至開原、鎮北關六百餘里，牆高一丈，底闊丈二，頂收六尺，壕之深闊一如其牆，近已報竣。」（第 114 頁）此書專論「修邊」，當為奏上《議屯田修邊疏》時向上司官彙報情況，應與《議屯田修邊疏》撰於同時或稍前。

《與徐耀玉職方》「是役也」（七月）

　　按：書云：「是役也，當虜東西大訌、敗氣不振之日，不出三時，重包堡城七座、墩臺九十餘座、牆壕六百餘里，非僕力能及，此道將之功。」（第 794 頁～795 頁）此書是廷弼公在遼東修工工程告竣之日，向上司官之一的兵部職方司徐鑾「告成」。據公萬曆三十七年

七月十九日所奏之《議屯田修邊疏》云:「今春,臣亦發贖修築牆壕,自三岔河起至開原、鎮北關六百餘里,牆高一丈,底闊丈二,頂收六尺,壕之深闊一如其牆,近已報竣。」(第 114 頁)此書所言之「小疏」,即《議屯田修邊疏》。愚意,公上《修邊疏》之同時,便與徐鑾寫此信說明相關情況,並一同差人送進京,時即萬曆三十七年七月十九日。

《與葉相公屯田四則》(七月)

按:廷弼公奏上《議屯田修邊疏》,在萬曆三十七年七月十九日,此書言:「頃者,恭誦明旨,屯田佐餉真得贍遼第一義。」(第782 頁)據《神宗實錄》卷四百五十九,萬曆三十七年六月庚戌朔,神宗下旨:「仍著各該撫鎮巡官,著用心整理邊備,訓練士伍,設法修復屯田,以助糧餉,不得因循怠玩,專靠增添,違者重究。」(第8670 頁)此與葉向高相公書,約與《議屯田修邊疏》撰於同時。

《與分守開原二道營務七則》(七月中)

按:書言:「昨兌馬疏,當事者似無難意,而增兵疏分布事宜亦復如議實行。」(第 744 頁)「兌馬疏」,指《兌寺馬疏》;「增兵疏」指《議增河東兵馬疏》,二疏同奏進於萬曆三十七年六月十八日。後疏奏「買馬、製器、繕甲、編伍」等事,見於萬曆三十七年七月十三日奏進之《申明款議疏》:「今雖議募萬人,遼左人稀,豈能一呼即應?即應矣,買馬、製器、繕甲、編伍,豈能一時取辦?」(第 120 頁)此書又言:「今秋到不覺」,故此書應撰於萬曆三十七年立秋後不數日,暫繫七月中。

《答李峒嶠中丞》「分布兵馬事」(七月下旬)

按:此書所云二事,曰增兵,曰買馬。書言:「分布兵馬事,小疏雖詳。」「小疏」,當指廷弼公六月二十二日奏上之《議增河東兵馬疏》。萬曆三十七年六月十八日,公還奏進了《兌寺馬疏》,買馬回當在其後。《按遼疏稿》卷四《請蠲免疏》:「時臣巡閱,六月在金、復,七月、八月在寧前。」(第 160 頁)書既言「定於八月初二三日,會於鎮城。」(第 760 頁)則此書必撰於萬曆三十七年七月下旬。

《又（答王霽宇制府）》「拱、歹二酋連入」（七月間）

按：書言：「至近日長嶺山堡得全」（第764頁），長嶺山堡遭搶得全，事在萬曆三十七年七月。書言「近日」，則廷弼公此書似應撰於萬曆三十七年七月間。

《答王霽宇制府》「日，虜犯正急」（七月中下旬）

按：書中提及「河流之役」，指萬曆三十六年十二月，朵顏部賴暈大，與其從父莽吉爾率部潛入薊鎮，大掠河流口事。既言此事為「去冬」，則書當撰於萬曆三十七年。書又言：「言者右戰左款，高坐空談，為好聽耳……今只藉重掌科一位監戰，以觀其成，不審毅然肯應來否？」（第763頁）據《實錄》，本年七月，「丁亥，兵科都給事中宋一韓言遼左戰款機宜，大略言遼中恃款忘戰久矣，戰則禍小，而速款則禍遲而大。」「乙巳初，兵科都給事中宋一韓極言河西款虜非宜。」（第8682頁）書所言「右戰左款，高坐空談」當指此。廷弼公於萬曆三十七年七月十三日，奏進《申明款議疏》。本年七月庚辰朔，丁亥為七月八日，乙巳為七月十六日。此書既言及款事，故當撰於本年七月中下旬。

《與趙太室納言戰款五則》（七月末）

按：此書云：「頃，小疏申明款議。」（第727頁）「小疏」指《申明款議疏》，此疏為廷弼公萬曆三十七年七月十三日奏進，則此書撰於其疏奏進後不多時，暫繫本年七月末。

《駁兵科疏》（八月十一日）

按：此疏明刻本尾署：「萬曆三十七年八月十一日。」（第128頁）

《議留開原道候代疏》（八月十七日）

按：此疏明刻本尾署：「萬曆三十七年八月十七日。」（第130頁）

《催王總兵赴任疏》（八月十七日）

按：此疏明刻本尾署：「萬曆三十七年八月十七日。」（第132頁）

《與李峒嶠中丞援兵六則》（五至八月）

按：書言：「前閱開原時，宰酋、暖酋俱獻馬稱款，意可寧帖。」（第732頁）公閱開原在萬曆三十七年四月（《論捷功異同疏》）。此

書約撰四月後一段時間。又言：「此與杜將軍在日不同。」杜將軍，
遼總兵杜松。《神宗實錄》卷四百五十七：「（萬曆三十七年四月甲
子）勒杜松解任回籍。」（第 8619 頁）杜松去任，以王威代之。時
杜松已解任回籍，王威尚未到任。王威本年八月尚未到任，則此書
約撰於萬曆三十七年五至八月間。

《又（與五道）》「遼左營伍」（七、八月間）

按：廷弼公萬曆三十七年七月十三日奏上之《申明款議疏》云：
「誠使宣諭得法，款撫得宜，當此劻攘之時，覓一閑暇之會，以練
我士馬，精我器械，葺我城堡，修我險阨。清屯鹽以佐餉，飭馬政
以資軍，收拾驛遞，以無累營伍，拊恤窮民，以漸培本根。」（第 118
頁）「飭馬政以資軍，收拾驛遞」是此間要務之一。此書與五道討論
「馬政」及與之緊密相連的「驛遞」，當在此疏進奏前後，約萬曆三
十七年七、八月間。

《答戴通判》「承條議」（七、八月間）

按：《神宗實錄》卷四百六十四：「（萬曆三十七年十一月）乙巳，
命禮科給事中戴章甫出供職。初吏部擬以章甫例轉湖廣僉事，久之
不得旨。復被太倉、京營二巡差。」（第 8767 頁）實際情形是，戴
章甫萬曆三十七年三至五月間，便已在岫岩通判任（《查參大勝堡失
事疏》）。《經世文編》卷四八一錄文題下有「馬政」二小字注，廷弼
公與戴章甫討論馬政，當在萬曆三十七年七、八月間。

《議覆增兵事宜疏》（八月二十二日）

按：此疏明刻本尾署：「萬曆三十七年八月二十二日。」（第 134
頁）

《與李霖寰本兵召募利弊》（八月二十二日）

按：廷弼公萬曆三十七年六月十八日奏上《議增河東兵馬疏》，
續於八月二十二日，又奏《議覆增兵事宜疏》。此書言：「召募之役，
去春臺議，聚精銳以屯要害，至善也。」（第 761 頁）又言：「小疏
欲行地方酌議，實為明公忠計。」（第 762 頁）此「小疏」，似指公
所奏《議覆增兵事宜疏》。此書既與兵部尚書討論「召募利弊」，似
與《議覆增兵事宜疏》撰於同時。

《與閣副憲代守道》「召募之議」（八月二十二日後）

　　按：此書所談召募及新舊餉問題。書言：「召募之議，原為遼陽、開原、寧前三道而設。」（第760頁）廷弼公萬曆三十七年六月十八日奏上《議增河東兵馬疏》，續於八月二十二日，又奏《議覆增兵事宜疏》。此書撰寫時間，約在萬曆三十七年八月二十二日後不久。

《辭勘邊事疏》（九月二十二日）

　　按：此疏明刻本尾署：「萬曆三十七年九月二十二日。」（第140頁）

《與五道馬政六則》（本年秋）

　　按：萬曆三十七年六月十八日奏上《兌寺馬疏》云：「我則問軍，軍少；問馬，馬缺；問器械，器械朽敝；而問錢糧，錢糧又匱乏。地方道將，束手無聊，奄奄欲盡。而增兵之議，當事大臣，一彼一此，智且出胡、越人下。臣於此焦心蒿目，莫知所措。不得已，權將見在軍馬器械，苟且收拾，以支撐目前秋冬之急。」（第89頁）廷弼公與五道論馬政，是為「支撐目前秋冬之急」，故應在此疏奏上後一段時間，暫繫本年秋。

《又（答戴通判）》「夏間，僕南巡金、復」（本年秋）

　　按：書言：「夏間，僕南巡金、復。」（第805頁）廷弼公萬曆三十七年六月在金、復。卷四《請蹕免疏》云：「時臣巡閱，六月在金、復。」（第160頁）此書當撰於公巡閱金、復後不久，暫繫萬曆三十七年秋。

《與王振宇總戎》「前承教制」（秋末）

　　按：廷弼公萬曆三十七年八月十七日奏《催王總兵赴任疏》，時王威尚未到任，其赴總兵任當在萬曆三十七年九月間。公萬曆三十七年七月十九日奏《議屯田修邊疏》，此書與總兵王威論屯田修邊事，應在王威到任不久，暫繫萬曆三十七年秋末。

《與王振宇總戎》「嘗考典籍」（九、十月間）

　　按：此書云：「前小疏議同督、撫，圖上方略，刻成書冊，遍詢地方官軍人等，內有『制演火器』一款。」（第746頁）此書所謂之

「小疏」，似指萬曆三十七年八月十一日所上《駁兵科疏》，內云：「又約諸將策應者，專用火器結陣，臺營而前，且打且追，以圖堵禦。諸如此類，列款分段，刻成書冊，給散將吏，使知遵行。」（第123頁）若是，則此書當撰於三十七年八月十一日後。又廷弼公萬曆三十七年八月十七日奏《催王總兵赴任疏》，時王威尚未到任，其赴總兵任當更在其後，約撰於萬曆三十七年九、十月間。

《亟處貪將疏》（十月初六日）

按：此疏明刻本尾署：「萬曆三十七年十月初六日。」（第144頁）

《催勘疆事疏》（十月初十日）

按：此疏明刻本尾署：「萬曆三十七年十月初十日。」（第146頁）

《答瀋陽王游戎修屯》（十月）

按：《神宗實錄》卷四百六十二：「（萬曆三十七年九月己卯朔）丙戌，議修遼屯，時上有修復屯田之命。遼東巡按熊廷弼上其議……上曰自古養兵，多取給屯田；我祖宗專以屯政實邊，轉輸甚少。自屯政漸壞，軍餉日增，以致今日庫藏空虛，內外窘急……這所奏，於邊務有裨，該部便詳細看議具奏，通行九邊，一體修復……上仍命兵、工二部，各詳細條議來說。」（第8715頁）癸卯，「兵部李化龍條言修復屯田十二事，謂先遼左，而後可以及各邊。」（第8724頁）萬曆三十七年九月己卯朔，丙戌為九月八日，癸卯為九月十八日。廷弼公與瀋陽游擊王紹芳言修屯事，應在萬曆三十七年九月十八日後若干日，暫繫本年十月。

《備述各將首辯文詳四駁兵科疏》（十一月初六日）

按：此疏明刻本尾署：「萬曆三十七年十一月初六日。」（第154頁）

《與徐耀玉職方》「前具疏迴避」（十一月初六日）

按：書云：「前具疏迴避，已絕口不復談殺降事。不謂參浙帥者，復帶此語，何其不須臾忘遼也。」（第802頁）廷弼公奏上《辭勘邊事疏》，「具疏迴避」在萬曆三十七年九月二十一日，則此書撰時當在其後。浙江總兵楊宗業，以倭之直犯台、溫也，曾經定海，居民

惶竄。浙江總兵楊宗業聲言出剿，反酣飲普陀岩上，坐視賊舟被風衝突。兵科給事中朱一桂，於十月乙亥具疏劾之（《實錄》卷三六三）。疏內言：「杜松庸勇，一嫉功害能之道臣，足以扼之。」（《實錄》卷三六四）萬曆三十七年十月己酉朔，乙亥為十月二十七日。故廷弼公撰此書，必在此日後若干日。公十一月初六日奏上《備述各將首辯文詳四駁兵科疏》，此疏有一段與此書文字內容相同，疑此書及疏撰於同時。徐鑾亦為公之上司官，寫此信與之，亦為向上司通報與此疏相關之情況。

《請蠲免疏》（十一月十六日）

按：此疏明刻本尾署：「萬曆三十七年十一月十六日。」（第161頁）

《答閻副憲海道》「馬官兒寨事」（十一月十六日前後）

按：此書乃廷弼公與海蓋道閻鳴泰商議酌處「馬官兒寨事」（第802頁）。公萬曆三十八年四月二十四日所奏《常平倉積穀疏》云：「如去秋馬官兒寨饑民礦徒，嘯聚山谷，臣亟檄海蓋道議蠲議賑，盡查革藏錢糧，雖搭放軍餉之類，亦暫留賑濟，並處借春間牛種，其後民心始定，礦黨始解。假使臣不權宜區處，直待百姓盡奔山寨，而後議招議剿，豈不更費餉部處分？」（第218頁）馬官兒寨饑民礦徒，嘯聚山谷在萬曆三十七年秋。公萬曆三十七年十一月十六日奏上《請蠲免疏》，此書亦言「蠲、賑二事，所以寨投塞（似應為「塞投寨」）之路，而消其逆黨，今日一大急務也。」（第219頁）似此書撰於此疏奏上前後。

《答高僉憲開道》「承教」（十一月前後）

按：此書云：「以此，查參疏末附以情、法、機、勢四說，為收拾張本，而斷之以兩言曰：『待漢法不得不嚴，不處如楠，則邊將不肯用命，而以縱虜為常事；……而貽邊境以深憂。』」（第722頁）書所言「查參疏」，指萬曆三十六年十二月十一日所奏《查參開原失事疏》。書後所引「兩言」，亦見於此疏。據《神宗實錄》卷四百六十：「（萬曆三十七年七月癸卯）升開原道副使石九奏為江西參政，以新升大同左衛參政馬拯仍為寧前道，新升寧前僉事高折枝調為開

原道，從遼東撫按請也。」（第8689頁）高折枝何時到任，據廷弼公文，當在本年九至十一月間。此書約是高上任後，即與公寫信，說明情況，請教問題，公即撰書以答，時約萬曆三十七年十一月前後。

《查錄理學名臣疏》（十一月二十八日）

按：此疏明刻本尾署：「萬曆三十七年十一月二十八日。」（第162頁）

《五駁兵科疏》（十二月初二日）

按：此疏明刻本尾署：「萬曆三十七年十二月初二日。」（第167頁）

《與李峏嶠中丞修守六則》（十一月上旬）

按：此書言：「曩小疏屯田修邊，蒙旨會議，計已有定畫矣。」（第773頁）廷弼公萬曆三十七年七月十九日奏上《議屯田修邊疏》。同年九月，議修遼屯，神宗隨即下達「修復屯田之命」，「於是戶部覆言行之」（《神宗實錄》卷四百六十二萬曆三十七年九月丙戌）。書又言：「自部覆距今兩月矣」（第774頁），部覆為萬曆三十七年九月丙戌（八日），則此書撰於此後兩月之十一月上旬。

《又（與五道）》「國資於戎」（十二月三日前約數日）

按：書言：「今時將進九，寒氣盛矣。」（第768頁）農曆以冬至後第一個逢壬日為三九起點，即「進九」。萬曆四十七年冬至在農曆十一月丙申，十一月庚辰朔，丙申為十一月十七日。冬至後第一個壬日為壬寅（23日），此書既言「時將進九」，故廷弼公撰此書當在本年十一月二十三日前約數日。

《閱視疏》（十二月十一日）

按：此疏明刻本尾署：「萬曆三十七年十二月十一日。」（第170頁）

《修邊舉劾疏》（十二月十三日）

按：此疏明刻本尾署：「萬曆三十七年十二月十三日。」（第178頁）

《劾自在州疏》（十二月二十八日）

> 按：此疏明刻本尾署：「萬曆三十七年十二月二十八日。」（第
> 183頁）

明神宗萬曆三十八年　庚戌（1610）　四十二歲

【時事】

一部分朝臣請參用外僚入閣，意在鳳陽巡撫李三才，引起朝中爭論。東林黨領袖顧憲戒致書首輔葉向高、吏部尚書孫丕揚，推薦三才；御史多人上章劾三才。時攻擊東林者有齊、楚、浙三黨。

十一月，因軍餉缺乏，詔諭朝臣籌劃足國長策，但同時規定「不得請發內帑」（《明史·神宗紀》）。

【行年】

在賜進士出身（承事郎？）浙江道御史巡按遼東任。

正月初九日，冒雪親勘長定堡。巡道孫敦化、守道謝存仁，倉卒來與同勘。勘畢，上《查參長定堡失事疏》，向朝廷反映長定堡失事的真實情況，神宗震動很大。

> 《查參長定堡失事疏》：「去年十二月二十八日，虜犯遼陽，已
> 經撫、鎮塘報訖。臣惟遼陽無地不蹂躪，獨離城四五十里西南一區，
> 數十年不見虜，土沃民眾，村屯攢集，不搶則已，搶必席捲無遺，
> 心憂甚。尋據陸續稟報，皆稱虜見我兵驟至，不敢開營散搶，彼此
> 相持，中時出境，俱無所獲而去。及問該協將領與地方各官人等，
> 皆以無所失事對也。臣頗以為幸……遼左凤套，搶千報百，殺百報
> 十，上下相蒙，牢不可破。細看此番情景，若為晏然無恙者，而臣
> 思有以破之矣。忽於今月初九日，出其不意，冒雪親勘。而是日巡
> 道孫敦化適至，同守道謝存仁皆倉卒與俱焉。」（第187頁）

五月十六日，上《請告疏》，以思家病重為由，請求免代回家省親養病，未允。

> 《請告疏》：「數日以來，飲食不思，晝夜不寐，心火上沖，頭
> 暈目眩，喘嗽大作，遍體發熱，精神恍惚，如喪魂魄。醫官周騰蛟

等咸謂臣病在心，難以藥治。隻身絕塞，自病自憐，寡母孤兒，轉想轉懼。臣不懼死在邊疆無以歸，獨懼臣死而無如孀母何耳！」（第223頁）

十月十二日，上《再請告疏》，再次以思家病重，請求放歸省親養病，仍不允。

《再請告疏》：「臣記入臺時，改自部曹，即明實授……遊歷三冬，受諸苦楚……獨以臣病之故，遠繫孀母之心於地北天南之外……伏乞皇上哀鑒，早放臣還，全臣母子相依微命，臣無任泣懇迫切待命之至。」（第250頁）

【作品繫年】
《與李峘嶠中丞援兵六則》（上年末或本年初）

按：書言：「前閱開原時，宰酉、暖酋俱獻馬稱款，意可寧帖。」（第762頁）公閱開原在萬曆三十七年四月（《論捷功異同疏》）。此書約撰四月後一段時間。書又言：「此與杜將軍在日不同。」杜將軍，遼東總兵杜松。《神宗實錄》卷四百六十五：「（萬曆三十七年十二月戊申朔，乙卯）兵部覆言杜松搗巢之罪……遼民怨松，皆入骨髓，宜著罷職不敘。至於壓買貂參、扣減功銀，仍專令巡按御史覆勘。從之。」（第8773頁）則杜松去任，在萬曆三十七年十二月乙卯（八日）後。此書約撰於萬曆三十七年末或本年初。故繫本年初待考。

《防建夷疏》（正月二十四日）

按：此疏明刻本尾署：「萬曆三十八年正月二十四日。」（第186頁）

《查參長定堡失事疏》（正月二十四日）

按：此疏明刻本尾署：「萬曆三十八年正月二十四日。」（第190頁）

《又（約諸將）「論為將者」》（二月）

按：書言：「哈流兔、大勝、長定諸役之欺詐，更何曾有一事瞞得人過。」（第756頁）長定堡失事在萬曆三十七年十二月二十八

日。書既稱之為「近事」，則當撰於此後不多時，暫繫萬曆三十八年二月下待考。

《回正安李游戎》「屯田本為遼計」（二月前）

按：朝廷下達修復屯田之命在萬曆三十七年九月。《神宗實錄》卷四百六十七：「（萬曆三十八年二月壬戌）兵部尚書李化龍言：皇上有感於按臣之言，謂明旨申飭無用，令臣部設法處治。此振作吏治、計安邊境盛心也。臣謂欲法之行，惟嚴責成，繼密考成，即如召買軍馬、查勘邊情、修理城堡、修復屯田，一切邊計軍情，關係緊急事務，撫按督行，司道定以期限，如不能即完，寧稍寬其限，務以必完為主。限既及矣，有過限一月者行催，兩月者急催，至三月不完，竟以不職議參。輕則罰調，重則降黜，必無所貸。如此。何威令之不行。人心之不儆哉，報可。」（第8813頁～8814頁）萬曆三十八年二月丁未朔，壬戌為二月十六日。廷弼公與正安游擊李向日討論屯田事宜，中論及對李游擊參與不參問題，似當在上年冬末至本年二月十六日間，暫繫二月前待考。

《六駁兵科疏》（二月二十九日）

按：此疏明刻本尾署：「萬曆三十八年二月二十九日。」（第194頁）

《留撫鎮疏》（三月初一日）

按：此疏明刻本尾署：「萬曆三十八年三月初一日。」（第196頁）

《催巡撫上任疏》（三月十六日）

按：此疏明刻本尾署：「萬曆三十八年三月十六日。」（第198頁）

《又（與王振宇總戎）》「前使者還」（三月中旬）

按：此書言：「去春改復三大營時，初到地方，未想及此。秋間亦曾與李峋老議及，而後亦寢。」（第750頁）廷弼公疏請改復三大營在萬曆三十六年十二月（十二月十七日《請並營伍疏》），實施當在三十七年春。今書言「去春」，則書似應撰於萬曆三十八年春。書又言：「大勝堡之事，何可一再見也。」（第750頁）《查參大勝堡失事疏》云：「三月初十日，虜陷大勝堡，殺虜軍民。」（第82頁）書既言及大勝堡失事，且在布置清查，則必撰於此後數日。

《與孫少參巡道》「撫賞之當」（春）

　　　　按：書言：「不謂因循至今，復有長定之役。」（第771頁）廷
　　弼公《再論修屯疏》云：「三十七年三月，五千入大勝，陷之。七月，
　　五千攻長嶺。十二月，三千搶長定。」（第236頁）虜以三千人搶長
　　定堡，在萬曆三十七年十二月二十八日。書又言：「當此時，再言撫
　　賞，誠難張口……久望撫臺會稿，竟不至，再候旬日，當圖所以完
　　此局也。」（第771頁）據此，公撰此書當在「搶長定」後一兩月，
　　暫繫萬曆三十八年春。

《舊撫鎮侵沒邊儲疏》（閏三月十九日）

　　　　按：此疏明刻本尾署：「萬曆三十八年閏三月十九日。」（第204
　　頁）

《又（答王霽宇制府）》「初過遼河」（春）

　　　　按：書言：「時寧道告急，而懷忠久以科言故，閉門稱病。」（第
　　722頁）《神宗實錄》卷四百六十二：「（萬曆三十七年九月壬午）科
　　臣宋一韓論遼左戰款，中謂建酋與成梁誼同父子，教之和則和，教
　　之反則反，誅成梁而建酋自不敢動。又言義州參將李懷忠，無故小
　　歹青私會，確有顯跡。」（第8714頁）書所謂「科言」，指科臣宋一
　　韓劾李成梁與李懷忠之言，時在萬曆三十七年九月後；書言「懷忠
　　久以科言故，閉門稱病。」這個時間，就是從科言至廷弼公撰此書
　　的間隔時間。書言小歹青「去年助拱西犯搶長嶺一帶」，長嶺山等堡
　　遭搶在萬曆三十七年七月，則書撰於「今年」小歹青等「聲言挾搶」
　　「寧道告急」之時，約萬曆三十八年春。

《答麻西泉總戎》「今談邊事者」（三月末）

　　　　按：《神宗實錄》卷四百六十八：「（萬曆三十八年三月戊寅），
　　敕遣寧夏總兵蕭如薰以原官鎮守薊州永平、山海；敕遣總兵麻貴，
　　掛印鎮守遼東。」（第8824頁）此書應為麻貴奉調來遼不久所答。
　　萬曆三十八年三月丁丑朔，戊寅為三月二日。麻貴至遼，約在三月
　　中下旬。此書約撰於本年三月末。

《酌議撫賞疏》（閏三月二十八日）

    按：此疏明刻本尾署：「萬曆三十八年閏三月二十八日。」（第211頁）

《推舉邊道疏》（四月初七日）

    按：此疏明刻本尾署：「萬曆三十八年四月初七日。」（第213頁）

《答王振宇總戎》「虜之糾合」（四月十五日前）

    按：《神宗實錄》卷四百七十：「（萬曆三十八年四月庚寅）時虜酋狡兒兔、歹青等聚眾數萬，住牧爛蒲河，意犯遼陽。按臣熊廷弼擬留總兵王威，以原官統領自己見在戰丁，駐防河東，專聽督臣調度，以禦西虜、防東夷，俟邊情大定，別行推用。部如議請從之。」（第8876頁～8877頁）四月丙子朔，庚寅為四月十五日。廷弼公萬曆三十八年四月十五日所奏之《七駁兵科揭帖》云：「比時未曾起稿，今就威索其原簹，內云：據報達虜萬數，細問探子，實止六七千人。然見協守兵到，彼此相持，並未開營。申時出境，彼豈甘心回巢，度明日必再來，或再搶別處。但前報五萬，又云煙互五十里。今只止此數。」（第676頁）公此答書當撰於萬曆三十八年四月十五日前。

《又（答王振宇總戎）》「日者，長定之役」（三四月間）

    按：此書言及萬曆三十七年十二月長定堡失事，謂為「去年」，書中又言「三月間虜馬正弱、邊警少緩之時……河冰新薄，大舉或緩。」（第742頁）書當撰於萬曆三十八年三四月間。

《七駁兵科揭帖》（四月十五日）

    按：此疏明刻本尾署：「萬曆三十八年四月十五日。」（第678頁）

《又（答王霽宇制府）》「長勇之役」（四月中）

    按：此書言及「長勇之役」，廷弼公萬曆三十八年五月二十八日所奏《中協副將患病疏》云：「四月初六日，長勇之役，秉忠不介馬而馳。」（第142頁）則此書撰時當在四月六日後。書言：「今天氣新熱，青蠓新起。」（第765頁）故此書應撰於萬曆三十八年四月中。

《答王霽宇制府邊務五則》（四月）

按：書言：「則初六日，賊從長勇堡北入犯。」（第 765 頁）按：此「初六日」，為萬曆三十八年四月初六日。廷弼公萬曆三十八年五月二十八日所上《中協副將患病疏》云：「又於四月初六日，忽報大虜入犯長勇等堡地方。」（第 165 頁）此書言四月事僅言「初六日」，則撰書時為本年四月可知。

《又（答王霽宇制府）「先是春初」》（四月）

按：書言：「而官秉忠等則居中四應，相機堵截。」（第 739 頁）官秉忠萬曆三十八年三月至遼東，到任三月，即以病乞休。見廷弼公萬曆三十八年五月二十八日所上《中協副將患病疏》。據此，則此書當撰於萬曆三十八年，官秉忠初至遼東不久，暫繫四月。

《與馬大參寧道》「小歹青聲言」（夏初）

按：《神宗實錄》卷四百六十：「（萬曆三十七年七月癸卯）「陞開原道副使石九奏為江西參政，以新升大同左衛參政馬拯仍為寧前道，新升寧前僉事高折枝調為開原道，從遼東撫按請也。」（第 8689 頁）此書稱馬拯為「寧道」，則應在萬曆三十七年七月癸卯（二十八日）後。因「丙家屯」未見，竊賊「連犯三夜」之史實亦未見記載，難斷此書具體撰寫時間。但小歹青聲言犯搶，寧道告急，在萬曆三十八年夏初。此書大約是寧道告急書前後所與之書。

《又（答王霽宇制府）》「初過遼河」（夏初）

按：書言：「時寧道告急，而懷忠久以科言故，閉門稱病。」（第 722 頁）《神宗實錄》卷四百六十二：「（萬曆三十七年九月己卯朔壬午）科臣宋一韓論遼左戰款，中謂建酋與成梁誼同父子，教之和則和，教之反則反，誅成梁而建酋自不敢動。又言義州參將李懷忠，無故小歹青私會，確有顯跡。懷忠，成梁孫也。成梁在鎮四十餘年，廷臣爭言棄地媚虜，結連建州，妄意朝鮮，以圖世守。上下成梁所辯疏，而勘疏竟不發。」（第 8714 頁）書所謂「科言」，指科臣宋一韓劾成梁與懷忠之言，時在萬曆三十七年九月後；書言「懷忠久以科言故，閉門稱病。」這個時間，就是從科言至廷弼公撰此書的間隔時間。長嶺山等堡遭搶在萬曆三十七年，此為「去年」事，則書

撰於「今年」小歹青等「聲言挾搶」「寧道告急」之時，約萬曆三十八年夏初。

《常平倉積穀疏》（四月二十四日）

按：此疏明刻本尾署：「萬曆三十八年四月二十四日。」（第219頁）

《與葉相公常平七則》（四月二十四日）

按：書言「常平」問題，並將「疏揭呈覽」於葉相公，當然是希望得到相公的推贊。廷弼公論「常平」問題的疏揭應該是《常平倉積穀疏》，此疏奏於萬曆三十八年四月二十四日。這也應該是此書的撰寫時間，疏與此書應是同時送進京師。

《縱虜內地圍獵疏》（五月初七日）

按：此疏明刻本尾署：「萬曆三十八年五月初七日。」（第222頁）

《請告疏》（五月十六日）

按：此疏明刻本尾署：「萬曆三十八年五月十六日。」（第224頁）

《回邵泰宇兵部》「百病皆可捱」（五月中）

按：書言：「比得家信，老母促歸愈急，那能一刻安於塞下也。」（第804頁）廷弼公萬曆三十八年五月十六日奏上之《請告疏》云：「忽今月初，臣母在籍訛聞達虜反亂，不知臣身消息，終日在家哭泣，特遣一家人到京問信。臣鮮兄弟，止有九歲一兒，纔學寫仿。其家信乃是臣母口授，臣兒手書，句不成句，字不成字，卻是一句一痛，一字一淚。臣讀未竟，不覺放聲大哭，嘔血數盌，暈死在地。」（第223頁）「比得家信」，即指五月初收到的九歲兒所書之信，此書當撰於萬曆三十八年五月中，約與《請告疏》同時或稍後。

《又（答王霽宇制府）》「頃，皇上發帑」（五月中）

按：書云：「頃，皇上發帑，大賑饑民。」（第765頁）《神宗實錄》卷五百十七載戶科給事中官應震因災條奏蠲賑之疏云：「臣讀三十八年四月內聖諭：今歲各處災傷，朕承聖母慈諭，發銀二十萬，差官齎解各處賑濟，以稱聖母與朕賑恤元元至意。其畿輔災民，還發京倉及附近倉米三十萬石，一併給賑。」（第9741頁）明談遷《國

榷》卷八一「萬曆三十八年四月」:「辛丑,發金十五萬、粟三十萬,賑畿內、山東、山西、河南,留四川、福建今年稅,賑其旱饑。」（第5020頁）則廷弼公此書當撰於四月辛丑後不久。書又云:「轉盼秋防且至」（第765頁）,則在本年六月前,暫繫五月中。

《與五道》「遼東米糧」（五月中）

按:萬曆三十八年四月二十四日,廷弼公奏上《常平倉積穀疏》,當月即奉聖旨:「常平倉非似備歉,亦可濟邊。熊廷弼積穀許多,具見實心任事……著戶、兵二部查催,明白說來。」（第219頁）五月「己酉,先月,上諭戶部齎解官,即會同各處撫按,商議賑濟,所有罪贖銀兩,盡行買穀濟荒。至是部覆,以選委官止應齎付銀兩,設法惠民,必在專任,似不如獨責撫按之便。其罪贖銀兩,除照舊解部濟邊外,其餘盡行買穀。」（《神宗實錄》卷四百七十一第8889頁）廷弼公與遼東五道討論「常平」問題,當在五月己酉（五日）部覆後若干日,暫繫萬曆三十八年五月中。

《答王霽宇制府》「頃,承以一切」（五月十六日後）

按:書言:「獨計算西北大虜,自得去歲大勝、長定之利,秋冬間必大舉入犯,擇利而往,必中遼、海無疑。」（第776頁）西北大虜得去歲大勝、長定之利在萬曆三十七年,書既稱其為「去年」,則必撰於萬曆三十八年;「秋冬間必大舉入犯」,指今年而非去年,則此書必撰於本年秋前。書又言:「灰心已久,非承問,不敢瑣瑣。」（第777頁）似應撰於奏上《請告疏》之萬曆三十八年五月十六日之後。

《中協副將患病疏》（五月二十八日）

按:此疏明刻本尾署:「萬曆三十八年五月二十八日。」（第226頁）

《答石副憲開道夷情十九則》（五月）

書云:「以宰賽近託北關,謝罪求賞,願還所掠。」（第705頁）《縱虜內地圍獵疏》「宰酋聞之感動,即歸所奪北關馬百四,仍遣通夷來告,並送進前秋所掠人口,乞求款賞,而臣以為此復老邊者機也。」（第220頁）此疏署「萬曆三十八年五月初七日」,則公答石開道當在此前後,暫繫五月。

《又（與五道）》「常平倉」（五月）

按：書言：「且瓜期已及，急急欲報完。」（第787頁）廷弼公於萬曆三十九年四月十三日奏上《再報常平倉積穀疏》，就「常平」事向朝廷「報完」。此書當撰於本年四月疏上前後，暫繫五月下待考。

《答麻西泉總戎》「前閱瀋陽火牌」（五月前）

按：書云：「惟沿河諸虜粆花父子，恃其強盛，結連諸營，每春深草長，悉眾牧馬於兩河間，居我肘腋，日夜窺伺……故春夏則三月至五月，秋冬則十月至次年元宵，皆屬極緊月分。」（第743頁）此書當是提醒麻氏，現正處「極緊月分」，不可大意。故此書當撰於本年三至五月間。據《神宗實錄》卷四百六十八，萬曆三十八年三月戊寅，總兵麻貴始掛印鎮守遼東。故此書當撰於萬曆三十八年五月前。

《又（與五道）》「嘗竊觀九邊」（五、六月）

按：書言：「近乃有以糴買稱難於僕者，私竊惑之。」（第786頁）此書應是廷弼公按照朝廷的旨意，先發五千贖金，布置各道建常平倉糴買新穀，有人向公說難辦，實有意推阻。公遂撰此書與五道講清道理。書既稱「近」，則去五月五日部覆時間不遠，亦當在萬曆三十八年五六月間。

《論援兵疏》（六月二十一日）

按：此疏明刻本尾署：「萬曆三十八年六月二十一日。」（第228頁）

《與麻西泉總戎》「昔晁錯畫禦戎之策」（六月末）

按：書言：「此鎮自寧遠公重來，占種教場，不操一軍，各路尤而傚之，十年於此矣。」（第752頁）據《神宗實錄》卷三百五十七，萬曆二十九年三月「戊午，命寧遠伯李成梁以原官掛印，鎮守遼東。」（第6674頁）距此十年，則為萬曆三十八年，此書撰於萬曆三十八年中可知，具體月日難定，暫繫六月末待考。

《與閻副憲海道》「宣、大、張家口」（夏末）

　　按：書言：「去秋，差左都司往買八百餘匹。」（第 772 頁）廷
弼公萬曆三十七年六月十八日奏進之《兌寺馬疏》云：「臣聞人言，
宣府、張家口夷馬蕃庶，即差左都司前去易買。」據此，則此書撰
於萬曆三十八年。書又言：「轉盼夏盡秋來」，則此書當撰於萬曆三
十八年夏末。

《與王大參守道》「謝太玄不習為吏」（六、七月間）

　　按：書言：「去歲遼陽工程，此君實竭一番心力。」（第 787 頁）
廷弼公主持修邊在萬曆三十七年，則此書當撰於三十八年。公萬曆
三十八年四月初七日奏上《推舉邊道疏》，後附該兵部覆：「奉聖旨，
是。徐鑾准留用，王興已奉旨著催他上緊赴任，不得推延。」（第 213
頁）則本年四月初，王興尚未至遼赴任。萬曆三十八年四月二十四
日，廷弼公奏上《常平倉積穀疏》。王參政上任約在五月間，公與分
守道王參政論「常平倉」事，約在萬曆三十八年六、七月間。

《再請撫賞疏》（七月二十二日）

　　按：此疏明刻本尾署：「萬曆三十八年七月二十二日。」（第 233
頁）

《答楊滄嶼中丞》「建酉貢事」（七月二十二日後若干日）

　　按：《神宗實錄》卷四百六十九：「（萬曆三十八年閏三月丙辰）
起升原任經理朝鮮都察院右僉都御史楊鎬為右副都御史敕遣巡撫
遼東。」（第 8859 頁）《再請撫賞疏》云：「准巡撫遼東地方贊理軍
務兼管備倭都察院右副都御史楊鎬會稿，該臣以六月初六日蒞廣
寧。」（第 229 頁）又公於萬曆三十八年九月十三日所奏《請停修屯
辯撫院疏》云：「惟自六月以來，竊見今撫臣楊鎬銳意修守，與之往
復……故復具疏，拈出緩急先後次序，以便措手。」（第 242 頁）此
書當為廷弼公萬曆三十八年六月以來與楊撫往復之書信之一。此書
又言：「前小疏雖就渠姑置此，而先許起貢之議以立論。」（第 727
頁）「前小疏」，當指萬曆三十八年七月二十二日奏上之《再請撫賞
疏》，此書或撰於疏奏後若干日。

《答麻西泉總戎》「日者，瀋陽之役」（七月前）

　　按：書言：「日者，瀋陽之役，道路喧傳，似不止於所報，聞之寒心。」（第735頁）瀋陽之役，似指萬曆三十八年五月瀋陽長營堡之役。《神宗實錄》卷四百七十一：「（萬曆三十八年五月）戊申，薊遼保定總督王象乾以虜殺掠長營堡，參處守堡指揮僉事黃應選、委官副千戶聶良祖、掌瀋陽中衛印指揮同知周思孔、中軍王牧民、游擊王紹芳，分別重輕究治。」（第8888頁～第8889頁）萬曆三十八年五月乙巳朔，戊申為五月四日。書又言：「僕不談地方事久矣」，此書似應在萬曆三十八年五月十六日廷弼公上《請告疏》後一段時間，暫繫本年七月前。

《恭慰疏》（八月初五日）

　　按：此疏明刻本尾署：「萬曆三十八年八月初五日。」（第477頁）

《再論修屯疏》（八月十八日）

　　按：此疏明刻本尾署：「萬曆三十八年八月十八日。」（第242頁）

《官軍仰荷恩賞陳謝疏》（八月十九日）

　　按：此疏明刻本尾署：「萬曆三十八年八月十九日。」（第478頁）

《欽承敕諭謝恩疏》（八月十九日）

　　按：此疏明刻本尾署：「萬曆三十八年八月十九日。」（第480頁）

《恭謝疏》（八月二十五日）

　　按：此疏明刻本尾署：「萬曆三十八年八月二十五日。」（第481頁）

《答王霽宇制臺》「僕一從度遼」（八月十八日後若干日）

　　按：清查繼佐《罪惟錄·列傳》卷十一下《經濟諸臣·熊廷弼》：「因備陳修邊築堡之利十有五，以為用守為戰，所以存遼。而復有三幸五懼之設，微侵撫臣。於是與楊鎬交相駁，議遂寢。」〔註11〕

　　按：此書言：「今中外人情，小疏言『三幸五懼』之狀，已見大意。」（第781頁）「三幸五懼」，並見廷弼公萬曆三十八年八月十八日奏上之《再論修屯疏》。此書當撰於此疏奏進後若干日。

─────────────────

〔註11〕清查繼佐《罪惟錄》卷十一下《經濟諸臣·熊廷弼》，浙江古籍出版社1986年版，第1771頁。下引《罪惟錄》均出此，僅注頁碼。

《與王少參守道》「月來，寧前」（八月十八日後若干日）

按：王少參守道，當指時任分守遼海東寧道兼理邊備屯田山東布政使司右參議王興。王興萬曆三十八年四月初尚未至遼赴任（《推舉邊道疏》附兵部覆）。此書與分守遼海東寧道王興談修邊防虜事，當本年五月後。此書談到：「以此，近日小疏復理前言。」（第796頁）此「小疏」當指公萬曆三十八年八月十八日所奏《再論修屯疏》，公既稱此疏近日奏，則撰書時應在疏奏後若干日。

《與閻副憲海道》「在遼兩年」（秋八月前後）

按：此書與海蓋道閻鳴泰言「常平」事宜。廷弼公於萬曆三十八年四月二十四日，奏上《常平倉積穀疏》。此書言：「近日以來，天氣漸涼。」（第788頁）則應撰於萬曆三十八年秋八月前後。

《與楊滄嶼中丞》「僕嘗讀《漢書》」（八、九月間）

按：廷弼公萬曆三十八年九月十三日所上《請停修屯辯撫院疏》云：「臣之貽書撫臣也，言漢光武時，諸將請出塞，曰：『誠能舉天下之半以滅大寇，豈非大願。苟非其時，不如息人。』」（第246頁）語見此書，則書當撰於九月十三日前。此書又言：「精衛之勞日拙，狗馬之病日沉，入山決矣，何更問人家安攘事？聊存此一段議論，以備同心之採擇，而實不自知其嘵嘵也。小疏呈覽，伏惟裁教。」（第732頁）此書所言之「小疏」，似指萬曆三十八年八月十八日所奏之《再論修屯疏》。此疏云：「今撫臣習遼事，出關之日，即巡寧前一帶邊堡，嚴儆各道，衝暑查邊，一以修守為急。臣病中聞之而起……於是力疾屬草，免強披陳，而庶幾同志者，為杞人竟其所未竟焉。」（第241頁）此書似草於疏上後一兩日。

《發帑充餉陳謝疏》（九月初一日）

按：此疏明刻本尾署：「萬曆三十八年九月初一日。」（第482頁）

欽賞犒軍戶部抵餉疏 （九月初一日）

按：此疏明刻本尾署：「萬曆三十八年九月初一日。」（第485頁）

《再請告疏》（九月初六日）

按：此疏明刻本尾署：「萬曆三十八年九月初六日。」（第487頁）

邊事查報異同疏》（九月初九日）

按：此疏明刻本尾署：「萬曆三十八年九月初九（李校誤作七）日。」（第 489 頁）

《請停修屯辯撫院疏》（九月十三日）

按：此疏明刻本尾署：「萬曆三十八年九月十三日。」（第 249 頁）

《又（與楊滄嶼中丞）「頃，不揣闇劣」》（九月十三日前後）

按：此書言：「頃，不揣闇劣，復言修守事宜。」（第 780 頁）廷弼公奏上《再論修屯疏》在萬曆三十八年八月十八日，此書當撰於疏上之後；書言：「僕敢不知罪，請自是不復言地方事矣。」（第 781 頁）據此，則此書似撰於萬曆三十八年九月十三日公上《請停修屯辯撫院疏》前後。其時楊鎬上疏相詆，遼中督撫或公開對抗，或消極怠工，朝中上至皇帝，下至閣部科道大臣，也多持反對壓制態度。公此書及《請停修屯辯撫院疏》，就是在這種背景下撰寫。

《奴酋大舉入犯疏》（九月十四日）

按：此疏明刻本尾署：「萬曆三十八年九月十四日。」（第 498 頁）

《大帥風痰陡發疏》（九月十四日）

按：此疏明刻本尾署：「萬曆三十八年九月十四日。」（第 504 頁）

《朝廷迭遭大故疏》（九月十八日）

按：此疏明刻本尾署：「萬曆三十八年九月十八日。」（第 505 頁）

《病臣罪深孽重疏》（九月二十日）

按：此疏明刻本尾署：「萬曆三十八年九月二十日。」（第 481 頁）

《又（與楊滄嶼中丞）》「陸宣公有言」（九月十三日後數日）

按：廷弼公萬曆三十八年九月十三日所上《請停修屯辯撫院疏》云：「臣之貽書撫臣也，言漢光武時，諸將請出塞……臣又以書復曰：『昔周家盛時，不廢掌固司險之備。而其命將率伐獫狁，不曰：城彼朔方，則曰：至於太原。夫得人而南仲、吉甫，而終止於薄伐，止於城守。』小疏大氐不出此意。」（第 246 頁）語見此書，則書當撰於萬曆三十八年九月十三日疏奏後數日，時與上書相差約一旬左右，與上《病臣罪深孽重疏》約略同時。

《再請告疏》（十月十二日）

> 按：此疏明刻本尾署：「萬曆三十八年十月十二日。」（第250頁）

《復將領冠帶疏》（十二月初三日）

> 按：此疏明刻本尾署：「萬曆三十八年十二月初三日。」（第252頁）

《考選軍政疏》（十二月初四日）

> 按：此疏明刻本尾署：「萬曆三十八年十二月初四日。」（第260頁）

《奏繳新餉疏》（十二月？日）

> 按：此疏明刻本尾署：「萬曆三十八年十二月某日。」（第267頁）

明神宗萬曆三十九年　辛亥（1611）　四十三歲

【時事】

春，河南大雨。夏，京師、廣東大雨，廣西積雨五個月（《明史·五行志二》）。

六月，通惠河決。七月，京師大水，南畿江西、河南俱大水。八月，山東、廣西、湖廣俱大水。九月，遼東大水（《明史·五行志一》）。

御史徐兆魁疏劾東林講學諸人，自是諸臣益相互攻訐，議論紛呶，帝一無所問，則益植黨求勝，朝端哄然（《明史·神宗紀》、《明史·孫丕揚傳》）。

李之藻等根據傳教士利瑪竇、龐迪莪、熊三拔等所傳西法修曆（沈起煒《中國歷史大事年表》繫上年，改繫本年）。

十月癸酉，葉向高疏請補閣員。其獨主內閣四年，請枚卜，疏且百上，不報（談遷《國榷》卷八一第五〇三八頁）。

【行年】

在賜進士出身（承事郎？）浙江道御史巡按遼東任。

夏日，編按遼四年所撰《遼中書牘》二卷，並自撰序言。

> 《遼中書牘》序言：「予在遼，首尾四年，心肝嘔盡矣。瀕行時，

檢焚筍槁，而不忍盡委之灰燼，因存其什一，以付梓氏。辛亥夏日，熊廷弼漫識。」（第 705 頁）「辛亥」為明萬曆三十九年（1611）。

六月，改任南直隸提督學政。

《性氣先生傳》：「四十三，改差南直隸提督學校。」（卷八第19 頁）

《神宗實錄》卷四百八十四：「萬曆三十九年六月己巳朔……辛卯，差御史陳宗器提督北直隸學政，熊廷弼提督南直隸學政。」（第 9128 頁）

《江南通志》卷一百十二：「熊廷弼，字飛百，江夏人。萬曆間，督學南畿，嚴明有聲舊《通志》。」（第 510 冊 294 頁）

《明史》卷六九《選舉志一》：「正統元年，始特置提學官，專使提督學政。南北直隸，俱御史，各省參用副使、僉事。景泰元年，罷提學官，天順六年復設。各賜敕諭十六條，俾奉行之。直省既設提學，有所轄……口外及各都司衛所土官，以屬分巡道員。直隸、盧、鳳、淮、揚、滁、徐、和，以屬江北巡按。」（第 1687 頁～1688 頁）

《明史》未標明提督學政之提學官為何品級，既以御史充當，則其實職官階當仍為正七品。本年六月，廷弼公任御史已滿三年，更兼又改換新職，故其文散階按規定似應升文林郎。

六月二十五日入關，清風載道。

《性氣先生傳》：「先生入關，衣箱一、書箱一、床箱一，清風載道，討薦者大書批回，當參字立麾去，人莫敢復潤。」（卷八第 17 頁）

七月初七，過都門不得入。

《沿途流亡疏》言：「臣奉命改差南直督學，前月二十五日入關，一路雨水阻滯，今月初七日始過都門……拘例，不得入城隍見。」（第 315 頁）

本年秋間還鄉省親。約秋八月，由江夏赴南直隸提督學政任。

祠堂本卷九《邑南堤橋記》：「辛亥秋，自遼還，謀之郡司理新安唐公文季，公唯唯。無何，公榷黃州稅，得羨五千餘金，請於當事者為堤費。正議興舉間，而公以憂去，予亦以勘罪，事遂寢。」（第 1165 頁）

【作品繫年】

《營驛窮軍受害疏》（二月十六日）

按：此疏明刻本尾署：「萬曆三十九年二月十六日。」（第269頁）

《與楊滄嶼中丞》「修屯之說」

按：此書言：「修屯之說，見於去秋疏中。」（第778頁）此處所言「去秋疏」，指廷弼公萬曆三十八年八月十八日所奏之《再論修屯疏》。此書中言及今春二月事，故此書當撰於萬曆三十九年二月間。

《謹敍東夷歸疆起貢疏》（三月十七日）

按：此疏明刻本尾署：「萬曆三十九年三月十七日。」（第273頁）

《與葉相公》「善馭戎者」（三月十七日）

按：書云：「三年以來，為此一事，日夜籌算至熟。」（第725頁）廷弼公萬曆三十六年十月入遼，至萬曆三十九年，即有三個年頭。書云：「所以小疏復有『以奴酋所算，還算奴酋』之說。久病求歸，猶復沾沾及此，亦一念不敢忘地方之意也。」（第725頁）「小疏」當指萬曆三十九年三月十七日所奏之《謹敍東夷歸疆起貢疏》，中有「以奴酋所算，還算奴酋」一段。廷弼公萬曆三十八年五月至十月間，曾兩疏以病求歸，故此書應撰於此後一段時間，約與疏同時。

《與李霖寰本兵》「遼中夷情」（三月十七日或後一二日）

按：書云：「小疏略引其端，以候裁酌，而其所重，尤在『以奴酋所算，還算奴酋』一段。蓋三年以來，日夜計慮，所以制伏此酋，就我條繖，而不敢逞，全賴此法。」（第726頁）「小疏」當指《謹敍東夷歸疆起貢疏》，中有「以奴酋所算，還算奴酋」一段。故此書撰時，即小疏奏進之萬曆三十九年三月十七日，與上葉相公書約同時。

《又（與五道）》「常平倉」（三月末或四月初）

按：書言：「且瓜期已及，急急欲報完。」（第786頁）廷弼公萬曆三十九年四月十三日奏上《再報常平倉積穀疏》，就「常平」事向朝廷「報完」，此書當撰於本年四月疏上前不久，約三月末或四月初。

《與杜通判》「常平事」（四月）

　　按：廷弼公於萬曆三十八年四月二十四日奏上《常平倉積穀疏》，七月間批准實施。萬曆三十九年四月十三日奏上《再報常平倉積穀疏》云：「據此，計算前次本利銀，合今次所發銀，買完新糧及存剩未賣糧，共二十五萬八千六百八十七石五斗八升六合四勺四抄九撮四圭二粟九粒，教場子粒一萬九千七百九十七石六斗五升四合。以上兩項通共二十七萬八千四百八十五石二斗四升四勺四抄九撮四圭二粟九粒，俱交納各常平倉收貯訖。」（第 276 頁）此書云：「常平事，仗諸公力，積糧至二十八萬石。」（第 789 頁）則此書亦為「各常平倉收貯訖」後所撰，時約萬曆三十九年四月。

《再報常平倉積穀疏》（四月十三日）

　　按：此疏明刻本尾署：「萬曆三十九年四月十三日。」（第 277 頁）

《（遼中書牘）序》（四月？日）

　　按：序云：「因存其什一，以付梓氏。辛亥夏日，熊廷弼漫識。」（第 705 頁）據此繫本年夏四月。

《覆哈流兔捷功疏》（五月二十日）

　　按：此疏明刻本尾署：「萬曆三十九年五月二十日。」（第 300 頁）

《舉兵備疏》（六月某日）

　　按：此疏明刻本尾署：「萬曆三十九年六月。」（第 301 頁）

《舉有司疏》（六月某日）

　　按：此疏明刻本尾署：「萬曆三十九年六月。」（第 302 頁）

《舉首領疏》（六月某日）

　　按：此疏明刻本尾署：「萬曆三十九年六月。」（第 303 頁）

《舉教職疏》（六月某日）

　　按：此疏明刻本尾署：「萬曆三十九年六月。」（第 304 頁）

《舉遷謫疏》（六月某日）

　　按：此疏明刻本尾署：「萬曆三十九年六月。」（第 305 頁）

《舉將領疏》（六月某日）

按：此疏明刻本尾署：「萬曆三十九年六月。」（第 307 頁）

《舉將材疏》（六月某日）

按：此疏明刻本尾署：「萬曆三十九年六月。」（第 311 頁）

《舉廢閒疏》（六月某日）

按：此疏明刻本尾署：「萬曆三十九年六月。」（第 313 頁）

《舉援兵官疏》（六月某日）

按：此疏明刻本尾署：「萬曆三十九年六月。」（第 315 頁）

以上九篇舉薦之疏，均尾署「六月」，為巡按解任之規定動作，應撰於同時先後、且同時所奏上者。

《沿途流亡疏》（七月初七日或八日）

按：此疏後無年月之明署。疏言：「臣奉命改差南直督學，前月二十五日入關，一路雨水阻滯，今月初七日始過都門。」（第 315 頁）則此疏當上於過都門之七日或次日。

明神宗萬曆四十年　壬子（1612）　四十四歲

【時事】

二月乙亥，雲南大理、武定、曲靖地大震，次日又震，緬甸亦震。五月戊戌，雲南大理、曲靖復大震，壞房屋（《明史·五行志三》）。

八月，河決徐州（《明史·神宗紀》）。

本年，努爾哈赤敗烏拉部之兵，首領布占泰謝罪（《滿州實錄》卷三）。

【行年】

在賜進士出身（承事郎？）監察御史南直隸提督學政任。重建南直隸試院。

《江南通志》卷九十一《學校志·試院》云：「一在句容縣治東南舊書院址。始，督學駐省城，諸生就試。明萬曆二十三年，督學陳某即其地建試院。四十年，督學熊廷弼復因舊基重建。」

在南直隸提督學政任，一憑數行墨自高下，請託不得入。日閱二百卷，妍媸一經目，錙銖不爽。所拔皆名士，所進皆寒微，所黜皆鄉紳津要子弟，東林子弟居多。

《性氣先生傳》：「諸生聞先生來，皆畏形避影，怖不敢出門戶。先生謂：『諸生不看性鑒，無實學。』每試必書經論四篇，無論者一等，無幫補、無經者，文雖工，置五等。卷櫃號簿不入院，一憑數行墨自高下，請託不得入。日閱二百卷，妍媸一經目，錙銖不爽。所拔皆名士，所進皆寒微，所黜皆鄉紳津要子弟，而東林子弟居多。人妄擬先生有意摧東林，至此禍不可解。」（卷八第17頁）

冬，因整飭學風，以事杖責諸生芮永縉等；不久，永縉死於獄，遂遭劾。南北臺諫，各執一端。

《明史》卷二三六《孫振基傳》：「會熊廷弼之議亦起，初，（湯）賓尹家居，嘗奪生員施天德妻為妾，不從，投繯死。諸生馮應祥、芮永縉輩訟於官，為建祠，賓尹恥之。後永縉又發諸生梅振祥、宣祚朋淫狀，督學御史熊廷弼，素交歡賓尹，判牒言此施湯故智，欲藉雪賓尹前恥；又以所司報永縉及應祥行劣，杖殺永縉。巡按御史荊養喬，遂劾廷弼殺人媚人，疏上，遽自引歸……時南北臺諫，議論方囂，各有所左右……疏凡數十上，振基及諸給事御史，復極言廷弼當勘斥，應震等黨庇。自是，黨廷弼者頗屈。帝竟納瑋言，令廷弼解職。」（第6154頁）

清毛奇齡《西河集》卷六十七《重建宣城徐烈婦祠碑記》：「萬曆二十七年，郡太守張君德明請於督學御史，陳君子貞操，江都御史耿君定力旌之，建烈女祠。未幾，督學御史熊君廷弼者，翰林門下士也。其按宣城，則盡反前事，毀祠，褫諸生之左施徐者而棰之，人凡六易棰。棰竟，內之獄，有瘐死者。」〔註12〕

【作品繫年】

《秋日題釣灘》（本年秋末）

詩云：「一蓑秋雨釣微陂，打動浮泡快引絲。水冷魚肥酒初熟，醉來朗誦季鷹詩。」（第1208頁）詩以晉張翰自擬，季鷹有詩云：「三千里兮家未歸，恨難禁兮仰天悲。」〔註13〕則公時似在三千里

〔註12〕清毛奇齡撰《西河集》卷六十七，文淵閣《四庫全書》本，上海古籍出版社1987年版，第1320冊第607頁下。
〔註13〕逯欽立撰《先秦漢魏晉南北朝詩‧晉詩》，中華書局1998年版，第1冊第738頁。

外某地，但如張季鷹一般思歸，且「恨難禁兮仰天悲」，似應在三勘中的某一次。釣灘，指嚴子陵垂釣處，地在浙江桐廬以西約三十里之富春江北岸，則作者時人在南直隸提督學政任。暫繫萬曆四十年（1612）秋末。

《詠史》（？月）

詩云：「拍案疾聲呼賊檜，分明非與岳家仇。東窗計定金牌去，斷送南朝二百秋。」（第1207頁）詩中廷弼公有感於明之朝政，顯以南宋事影射當下政局，似應為有感於自己或某個重要人物被誣事而作，或作於一次被勘前。暫繫萬曆四十年（1612）下待考。

《祭郭明龍文》（七月）

按：《東林列傳》卷十五《郭正域傳》，云郭正域萬曆四十年卒。《神宗實錄》卷四百九十五：「（萬曆四十年五月甲午朔，丁巳）給事中麻僖上言，納諫用人，請舉枚卜；補大僚，起淪棄，下考選。並言沈鯉、郭正域，當及時簡用。」（第9334頁）同上卷四百九十六：「（萬曆四十年六月六月甲子朔）甲申，禮科左給事中週日庠疏言：今日可以肩大任者，郭正域、顧憲成、黃輝等其人也。大小臣工，累疏乞用，奈何轉圜無期，卒令齎志以沒。」（第9349頁）據《實錄》，郭正域當卒於萬曆四十年（1612）五月後，六月前。萬曆四十年六月甲子朔，甲申為六月二十一日。郭正域當卒於六月二十一日前不多日，廷弼公此文當撰於萬曆四十年（1612）郭正域去世後不久，暫繫本年六月。

明神宗萬曆四十一年　癸丑（1613）　四十五歲

【時事】

韃靼卜失兔與忠順夫人三娘子成婚，明詔封卜失兔為順義王。三娘子旋死，卜失兔勢少衰，所制止山、大二鎮外十二部。其部長五路、素囊及兀慎臺吉等，兵力皆與順義相當（《明史·韃靼傳》）。

炒花糾合虎墩兔等三擾遼東。虎墩兔居插漢兒（即察哈爾，蒙古語『邊』），亦稱插漢兒王子，即林丹汗（《明史·韃靼傳》）。

七月甲子，兵部尚書掌都察院事孫瑋拜疏自去。九月庚辰，吏部尚書趙煥拜疏自去（《明史・神宗紀》）。

六月，通惠河決。七月，京師大水。南畿江西、河南俱大水。八月，山東、廣西、湖廣俱大水。九月，遼東大水（《明史・五行志一》）。

約本年，南京太僕寺少卿李之藻向朝廷上西洋曆法（《明史紀事本末・修明曆法》）。

【行年】

在賜進士出身（承事郎？）監察御史南直隸提督學政任。

本年二月，芮永縉瘐死、杖死之事，朝中仍相持不下。左都御史孫瑋，請革養喬任，而勘廷弼，神宗以為是，遂令廷弼公解職。巡按應天御史徐應登核狀以聞，置不問。

　　　《神宗實錄》卷五百五：「萬曆四十一年二月己丑朔……庚寅……宣城縣生員梅振祚等，以奸宦媳徐氏，為生員芮應元、芮永縉等所舉發，前巡按御史王國禎劾奏捕治，振祚等賄匿，獄久不結。巡按御史荊養喬，與提學御史熊廷弼，素以意見相牴牾，不能相下，及治是獄，互有輕重。養喬劾廷弼不斥振祚等，而反斃永縉於杖，為殺人媚人。謂永縉先以事與原任諭德湯賓尹有郤，賓尹中之，故云。拜疏投劾去。廷弼恚甚，再疏辯。謂永縉之杖，本以行劣，非以發奸故。章俱下所司議。左都御史孫瑋，請革養喬任，而勘廷弼，上是之。時南北科道，議論正囂，給事中李成名、孫振基、麻僖、陳伯友等，御史李邦華、馬夢禎、魏雲中、劉策、崔爾進、李若星、潘之祥、翟鳳翀、徐良彥等，持勘議甚力。給事中官應震、姜性、吳亮嗣、梅之煥、亓詩教、趙興邦等，御史黃彥士等，南給事中張篤敬、御史周達等駁之，章凡數十上，瑋不自安，求去。而亮嗣、應震，攻瑋尤急，上俱置不問。已而，巡按應天御史徐應登核狀以聞，謂振祚奸淫，按臣訪挐會參，司府問明，徒杖招詳。廷弼批行，兄弟聚塵，恨不手刃其同黨。梅宣祚等甌破，至此勿留辯寶。及養喬會審，大都亦批，振祚等一徒，未盡厥辜；宣祚等名教難容，其後先事詞，詳在別本，情偽難欺。此二臣批駁之大概也。乃馮應祥、蘇海望等，當時遍告操撫屯倉，按江諸院，攫金行私，公論見唾。

未幾郡邑有歹生之報，蘇海望、李茂先、馮應祥、芮永縉四人，遂以渠魁見舉矣。應祥先逃，而蘇海望等三名，遂各擬徒解院。此廷弼罪革諸犯之大概也。比入院杖治，惟海望為首杖，數獨多，永縉、茂先，皆次之。而永縉物故，據報死期，距解審已二十日久矣，此永縉獲罪而自死之大概也。至於行媚湯賓尹一節，指亦多端，查賓尹原與奸案無干，其於永縉生平，又絕無纖芥之隙也。然則廷弼殺永縉，賓尹其任受怨乎？其一時同杖若蘇海望輩，又將誰媚之乎？然廷弼則有所以取之矣。蓋其居恒以力挽頹風為己任，故斤斤三尺，不少假借，期於一懲百儆，而不虞其藉死標題，蜚謠造謗，大肆其反噬之毒也。養喬實耳聞其說，又別因職事相左，偶乘去位，感激形諸論列，亦或居常見廷弼才情氣魄，咄咄逼人，如科臣張延登等所言，心疑其易己而然乎？職常反覆思維，往伏推究，參照得學臣廷弼，豪爽英邁，凡事擔荷，不疑故法，常主於救弊，而持之不得不重；非獨據贓罪革重也，即駁奸亦重也。按臣養喬，溫雅潔清，凡事精詳，不苟獨言，有激於風聞，故居之不能無疑，非獨殺人媚人疑也，即庇奸亦疑也。總之，此一役也，事當以明白直截為斷，而牽纏曖昧者，可勿論；人當以生平本末為斷，而意氣註誤者，可勿論。則廷弼之心跡自明，而養喬之生平亦在。外此，可都無苛求，急需後效，以成二臣平日之品者也。」（第9589頁～9590頁）

約本年三月，聽勘解職回到江夏，與孫鵬舉等故人，頻頻歡聚如往昔。家居踰年，不一出見官府。

《朱譜》：「萬曆四十一年癸丑（公元1613年）45歲，一月，熊廷弼聽勘回籍。」（第233頁）

孫鵬舉《祭芝岡熊先生文》：「癸丑，君以聽勘歸里，頻頻過從，稍為歡聚如曩時。而我復以老困名場，北道奔走。」（附錄第26頁）

《性氣先生傳》：「先生既家居踰年，不一出見官府。」（卷八第18頁）

【作品繫年】

《再辯芮永縉之杖疏》（文佚，題暫擬）（二月）

《神宗實錄》卷五百五：「萬曆四十一年二月己丑朔……庚寅，

宣城縣生員梅振祚等，以奸宦媳徐氏，為生員芮應元、芮永緝等所舉發，前巡按御史王國禎劾奏捕治，振祚等賄匿，獄久不結。巡按御史荊養喬，與提學御史熊廷弼，素以意見相牴牾，不能相下，及治是獄，互有輕重。養喬劾廷弼不斥振祚等，而反斃永緝於杖，為殺人媚人……廷弼恚甚，再疏辯。謂永緝之杖，本以行劣，非以發奸故。章俱下所司議。」（第 9589 頁～9590 頁）

《采石磯》（二月）

詩云：「江心一片石，獨力風濤久。有時觸其怒，能作蛟龍吼。」（第 1210 頁）按：祠堂本此詩末有小字注曰：「先生提學南畿時，過磯留題，至今碑碣巍然。吾鄉吳玉輅南遊歸，傳經目覩云。」（第 1210 頁）詩若為廷弼公「提學南畿時，過磯留題」，則不是去時，就是回時。據公仕歷，提督南直隸學政令下在萬曆三十九年六月辛卯（十三日）（《神宗實錄》卷四百八十四）。六月二十五日入關，七月七日，「始過都門」（《沿途流亡疏》）。秋間，回鄉省母。到任似在本年八九月。但據詩意，似應作於萬曆四十一年（1613）二月聽勘回籍前。

《祭鄂王廟記》（？）

按：此文撰年難以確考。記言：「大孝不求諒，大忠不求信，大義不求名，惟行其所是，由其所安而已。」（第 1260 頁）則可能是廷弼公不為朝廷所信之時有感而作，故暫繫一勘二勘間。

《忠奸論》（？）

按：此文撰年難以確考。可能是為郭正域辯護時所寫，也有可能是為自己辯護時所作。暫繫萬曆四十一年（1613）後待考。

明神宗萬曆四十二年　甲寅（1614）　四十六歲

【時事】

福王常洵（神宗子）赴洛陽就國。初定給莊田四萬頃，因廷臣之請，減半；中州腴土不足，取山東、湖廣田益之。乘傳出入河南北、齊、楚間，所至騷動（《明史·福王常洵傳》）。

福建稅監高寀，居閩十餘年，廣肆毒害。四月，萬眾洶洶，欲殺寀。寀率甲士二百餘人，入巡撫袁一驥署，露刃劫之（《明史‧梁永傳》）。

是年，帝久倦勤，輔臣葉向高辭職去官，方從哲獨柄國政，碌碌充位。（《明史‧夏嘉遇傳》）

【行年】

太夫人卒，廷弼公居太夫人憂，哀慟數絕。自是多鄉居，謝賓客，不見官。

> 《性氣先生傳》：「甲寅，居太夫人憂，哀慟數絕，日乘驟往來鄰邑山水間卜葬地。既殯，自是多鄉居，謝賓客，官府無得見其面。間回城，則坐園中種樹蓺魚，與棋客手談而已。一切除目、邸報，不入目者七年。」（卷八第 20 頁）

> 《李表》：「萬曆四十二年甲寅（一六一四）四十六歲　居太夫人憂。」（第 1210 頁）

【作品繫年】

《題畫（五首）》（？）

> 按：此詩不涉時政，約為萬曆四十一年（1613）聽勘回籍在家閒居之初所作，暫繫本年下待考。

《祭張勉吾文》（？）

> 按：本文作年難以確考。約撰於首次聽勘回籍鄉居初期。今暫繫萬曆四十二年（1614）下待考。

明神宗萬曆四十三年　乙卯（1615）　四十七歲

【時事】

五月，張差持棍入太子（光宗）宮，打傷太監。時人疑幕後指使為鄭貴妃（福王母），意在謀殺太子。此即史所謂「梃擊案」，旋以殺張差結案。神宗不見朝臣已二十五年，因此案牽涉貴妃、太子，癸酉，始於慈寧宮召見廷臣（《明史‧神宗紀》）。

八月，河套韃靼各部大舉攻擾廷綏，官軍御之，敗績，副總兵孫弘謨被執（《明史‧神宗紀》）。

努爾哈赤正式建立八旗制度。按：每三百人立一牛錄額真，五牛錄立一甲喇額真，五甲喇立一固山額真，固山額真左右各立梅勒額真（額真一作厄真，甲喇一作扎攔，梅勒一作美凌）。固山即旗，原有黃、紅、白、黑四旗，復易黑為藍，增鑲黃、鑲白、鑲藍、鑲紅，共為八色，謂八旗（《皇清開國方略》卷四）。其成丁約有六萬之眾。

　　　　《清史稿‧太祖紀》：「是歲，釐定兵制，初以黃、紅、白、黑
　　　四旗統兵，至是增四鑲旗，易黑為藍。」〔註14〕

閏八月，努爾哈赤長子褚英幽死。

　　　　《清史稿‧褚英傳》：「褚英屢有功，上委以政。不恤眾，諸弟
　　　及群臣訴於上，上浸疏之。褚英意不自得，焚表告天自訴，乃坐咀
　　　咒，幽禁，是歲癸丑。越二年，乙卯閏八月，死於禁所，年三十六。」
　　　（第 8966 頁～8967 頁）

【行年】

在家丁憂守制。

約本年始，在家鄉與嘉魚光祿寺卿李憼等共同倡議，並襄贊修築嘉魚、蒲圻、咸寧、江夏四縣長堤。

　　　　《朱譜》：「萬曆四十三年乙卯（公元 1615 年）47 歲　夏，在
　　　家鄉開始主持修築金口長堤（後稱四邑公堤）。」（第 233 頁）

　　　　　按：遊士任《長堤碑記》：主是役者「多載熊直指記中，無容贅
　　　也。」〔註15〕卷二三熊廷弼《嘉魚蒲圻咸寧江夏長堤記》：「予嘗觀
　　　嘉魚老堤，自馬鞍山至簰洲艾家墩，蜿蜒百里，古木蒼蒼，連霧列
　　　蓋，居然江山一長城也。」（第 1163 頁）文又見同治《嘉魚縣志》
　　　卷九《藝文記》，同上卷八《疏》下錄明李憼《請築長堤疏》，疏言
　　　「若江夏縣經略熊芝岡、咸寧縣文選司趙邦柱、蒲圻學道魏說諸臣，
　　　久思群哀，鳴於皇上。」（第 244 頁上）若「丙辰歲」不誤，則修長
　　　堤不得早於萬曆四十三年乙卯。據公記，修長堤為廷弼公與嘉魚李
　　　光祿共同倡議，並襄贊其事，主持者主要是嘉魚葛縣令、江夏徐縣

〔註14〕清趙爾巽等撰《清史稿》卷一《太祖紀》，中華書局 1977 年版，第 2 冊第 8
　　　頁。下引《清史稿》均出此，僅注頁碼。
〔註15〕清鍾傳益等修纂同治重修《嘉魚縣志》卷九《藝文記》，《中國方志集成‧湖
　　　北府縣志輯 30》，江蘇古籍出版社 2001 年版，第 267 頁下。

令等。據李懋疏，奔走呼號者還應有「咸寧縣文選司趙邦柱、蒲圻學道魏說諸臣。」

【作品繫年】

《祭任伯甫文》（春）

　　按：任家相萬曆十六年戊子（1588），舉京闈，始出仕。文云：「以公之官，十載清華，隨行逐隊，青鬢未蒼，遽然長逝……猶記今春，奉使還里；笑謔話言，酒茗之裏。」則此文當撰於萬曆二十六年（1598）後。同治《江夏縣志》卷六《人物‧文苑》：「任家相，字白甫……乙卯，卒於官。」（第793頁）乙卯為明萬曆四十三年（1615），則此文當撰於本年春。

《路引》（？月）

　　按：祠堂本此文末有小字注曰：「萬曆壬子大水，撫臺徐兆魁改路紙坊驛，邑侯徐日久平治道路、民田，有不便者，公捐千金另買以易，民甚便之。」（卷九第14頁上）「萬曆壬子」為明萬曆四十年（1612）。引云：「仍以三年修整為例。」（第1162頁）則此文應撰於萬曆四十三年（1615）前後。

明神宗萬曆四十四年　後金（清）太祖努爾哈赤天命元年　丙辰（1616）　四十八歲

【時事】

正月，努爾哈赤在赫圖阿拉（今遼寧新賓）稱汗，年號天命，國號金，史稱後金。

　　《清史稿‧太祖紀》：「天命元年春正月壬申朔，貝勒代善、貝勒阿敏、貝勒莽古爾泰、貝勒皇太極率群臣尊太祖為覆育列國英明皇帝。太祖焚香告天，即皇帝位，行元旦慶賀禮，建元天命。」（第9頁）

　　《清史稿‧褚英傳》：「褚英死之明年，太祖稱尊號。」（第8967頁）

是春，畿內、山東、河南、淮、徐大饑（《明史‧神宗紀》）。

六月壬寅河套諸部犯延綏，總兵官杜文煥御卻之。秋七月乙未河套部長吉納犯高家堡粂將王國興敗沒（《明史‧神宗紀》）。

六月丁卯，河決祥符朱家口，浸陳、杞、睢、柘諸州縣。是月陝西旱，江西、廣東水，河南、淮、揚、常、鎮蝗（《明史‧神宗紀》）。

本年，河南、山東等地，反對朝廷的「盜賊」大起（《明史‧神宗紀》）。

【行年】

在家丁憂守制。本年，嘉魚、蒲圻、咸寧、江夏四縣長堤工程竣工，廷弼公撰《嘉魚蒲圻咸寧江夏長堤碑記》以記其事。

> 《朱譜》萬曆四十四年丙辰（公元 1616 年）48 歲……長堤竣工，熊廷弼又開始主持修築大閘、邑南堤橋，改驛道等。」（第 233 頁）

> 《嘉魚蒲圻咸寧江夏長堤碑記》：「（李）光祿屬予為記曰：『諸公之德意，邑長之勤勞，役民之成例，後來之勸規，皆於是在，子不可以無言。』予謝不敏，屢以讓云。頃者，公作古人矣，傷哉！於是，略次其事之本末。」（第 1164 頁）

多年前，廷弼公就已有修築邑南堤橋的規劃。本年在四縣長堤工程竣工的同時，舊事重提，廷弼公又開始籌劃邑南堤橋的修建工程。

> 《邑南堤橋記》「正議興舉間，而公以憂去，予亦以勘罪，事遂寢。」（第 1165 頁）公首次被勘在甲寅春前。又言：「乃因四縣堤竣，復有江堤、路堤之議，而以張公渡一帶橋堤謀於徐侯，請動前項，以勒公惠。其不足者，則請府折湊之，直指錢公一一如侯議。」（第 1165 頁）

本年前，與文學巨匠湯顯祖曾有書信往來。顯祖向廷弼公推薦郴州奇士陳元石。

> 明湯顯祖《與熊芝岡》書云：「讀大疏，始知巨人在邊不在庭也。玉光劍氣，時有白虹上見於天。行召公矣。郴州有奇士，曰陳元石，願一趨風門下。與談必有當也。天下士須有氣力者承之。幸強食自愛。」〔註16〕又見明賀復徵編《文章辨體彙選》卷二百六十五《尺牘七》。

〔註16〕徐朔方箋校《湯顯祖集》卷四七《玉茗堂尺牘之四》，中華書局上海編輯所編輯，中華書局 1962 年 7 月第 1 版，第 1341 頁。

按：祠堂本《熊襄愍公集》卷十《李侍御孟白督餉至》題下小字注曰：「（袁）瓛戊午過太倉，訪王岵雲師。時遼事方萌，瓛座中起語曰：『必得吾鄉芝崗先生為經略、孟白先生督餉、吾師岵雲先生為大司馬，此事方可結局。』時吾友陳元石有志請纓，為岵雲師所推重……元石以書生上疏，不竟其用，而終可勝扼腕。」（第4頁）據袁瓛此段記載，陳元石以書生上疏，朝廷不用，在「戊午之春」，時廷弼公尚家居未起。湯顯祖卒於本年，其卒前家居近二十年。寫此信時，當與廷弼公一樣在家賦閑。但他卻預言「時有白虹上見於天，行召公矣。」謂朝廷一定要召起廷弼公。由此知湯顯祖對廷弼公也很欽佩，故而向他推薦有用人才。

約本年前後，將家搬至東園。

參下《新卜東園（二首）》考證。

【作品繫年】

《嘉魚蒲圻咸寧江夏長堤碑記》（秋）

記云：「（李）光祿屬予為記曰：『諸公之德意，邑長之勤勞，役民之成例，後來之勸規，皆於是在，子不可以無言。』予謝不敏，屢以讓云。頃者，公作古人矣，傷哉！於是，略次其事之本末。」（第1164頁）

按：李光祿，為光祿寺卿李憭。《神宗實錄》卷五百四十六云：「（萬曆四十四年六月壬戌），光祿寺卿李憭卒。憭，湖廣嘉魚人，己丑進士。縣推官、南吏部主事，歷令官禮部。覆謂：本官倖有清操，兼深問學，志行端方，人倫模範。而三品俸未滿一年，議給祭，減半葬。從之。」（第10355頁）萬曆四十四年六月庚子朔，壬戌為六月二十三日。此記當撰於李憭去世不久，暫繫萬曆四十四年（1616）秋。

《堤閘小引》（？）

小引言：「四年以來，為此焦腸削體，鬻產傾家，備諸窘辱，亦良苦矣。」（第1163頁）廷弼公萬曆四十一年聽勘解職回籍，第四年即四十四年丙辰（1616）。

《李馬橋張家橋合記》（？）

此記云：「方居民往來行使，而又以歲儉民貧，莫從辦者，則為之躊躇四顧，而惟予所募之閘金可挪也。於是言於徐侯，如數付張、俞兩首事者……僅半歲而逾，各以完報，凡過斯橋，無不稱便而誦佛者。」（第1167頁）則此二橋既動用的是廷弼公所募集之「閘金」，則其動工當與建閘時間相當，半年後竣工，其時亦當在萬曆丙辰（1616）前後。參上《堤閘小引》解題。

《新卜東園（二首）》（？）

詩云：「為愛池塘好避喧，新開別業向東原。」（第1210頁）祠堂本《熊襄愍公集》卷末附明魏廷謨撰《襄愍公論》：「萬曆末年，先生再出日，余從西陵黃侍御飲於東園，時詔書迫切，勒以嚴程，坐不敢定。」（第50頁）據此，東園應為廷弼公第一次聽勘回籍後新開之別業。公在《堤閘小引》中言：「四年以來，為此焦腸削體，鬻產傾家，備諸窘辱，亦良苦矣。」廷弼公萬曆四十一年（1613）聽勘解職回籍，第四年即萬曆四十四年丙辰（1616）。此前一直在為四縣之堤橋路閘奔忙，為了籌集相關費用，「焦腸削體」不說，還「鬻產傾家」。他大約是把江夏的祖產賣了，一部分補貼了工程花銷，一部分就用來兌了這個新別業。時應在萬曆四十四年（1616）前後。

《同親家黃武皋遊木蘭山阻雨》（？）

詩云：「偶過名山一徑幽，無端風雨妒同遊。浮雲莫蔽中天日，待我看山到上頭。」（第1210頁）此詩作年難以確考，約是第一次被勘回籍，家居賦閒時作，暫繫萬曆四十四年（1616）。

《邑紳公祭靈泉張監察先生文》（？）

按：《湖廣通志》卷四十七《鄉賢志》：「佟卜年，字觀瀾，養直子。萬曆丙辰進士。」（第533冊第20頁上）「萬曆丙辰」為萬曆四十四年（1616），祭文既稱佟卜年為進士，則此文當撰於丙辰當年或本年後，暫繫本年下待考。

明神宗萬曆四十五年　後金（清）太祖天命二年　丁巳（1617）

四十九歲

【時事】

本年考察京官，盡斥東林。時言官多屬齊、楚、浙三黨，專以攻東林為事（《明史・夏嘉遇傳》）。據四十年戶部主事李樸疏，言宦官勾結貴戚、近侍，廣納賂遺，結黨逞威，挾制百僚，排斥正人（《明史・李樸傳》）。

方從哲為首輔，迎合帝意，無所匡正。內外缺官日增，吏、兵兩科無人掌印，官員數千人領文書不得，無法赴任（《明史・方從哲傳》）。

是年兩畿、河南、山東、山西、陝西、江西、湖廣、福建、廣東災（《明史・神宗紀》）。

【行年】

本年在家賦閒。主持修建張公渡一帶橋堤，本年江堤、路堤工程竣工。

> 《邑南堤橋記》曰：「乃因四縣堤竣，復有江堤、路堤之議，而以張公渡一帶橋堤謀於徐侯，請動前項，以勒公惠。其不足者，則請府折湊之，直指錢公一一如侯議。於是丈地定區，簡眾分任，近民趨事，遠人赴工，旬日之間，雲集響應，一年而堤成，兩年而橋成。」（第1165頁～1166頁）「四縣堤竣」在萬曆丙辰歲（1616），此後「一年而堤成」，則邑南江堤、路堤工程竣工，約在萬曆四十五年丁巳（1617）秋前後。

主持修建蕎麥灣子堤。

> 《湖廣通志》卷七《山川志・武昌府・江夏縣》：「蕎麥灣：城南五里。每江漲成淵，里人以為患，謀棄地徒居他所。故大司馬熊廷弼，為建子堤護之，時蕎麥正盛，因以名灣。」（第531冊第202頁下）按：蕎麥灣子堤，亦應為此間主持修建，暫附本年下待考。

【作品繫年】

《嘉魚長堤》（約春夏間）

> 詩云：「百里長堤拂路塵，自嗟身世等浮蘋。繞江楊柳隨風舞，何日息肩忙里人。」（第1210頁）《嘉魚蒲圻咸寧江夏長堤碑記》記云：「（李）光祿屬予為記…頃者，公作古人矣，傷哉！」（第1164頁）

按：李光祿，為光祿寺卿李憬。據《神宗實錄》卷五百四十六，李憬卒萬曆四十四年六月壬戌。本年六月庚子朔，壬戌為六月二十三日。記當撰於李憬去世不久之萬曆四十四年（1616）秋。此詩約撰於堤竣之次年，即萬曆四十五年（1617）春夏間。

《園中秋夜感雨霽（二首）》

詩云：「夢到高堂天正寢，十年衰颯鬢毛擊。」（第1211頁）這個「十年」，似指他不見天顏之時間。萬曆四十七年（1619）五月二十一日上《宣慰請敕書關防疏》云：「臣鄉往遼，別無可由之路，勢必經過國門。自戊申歲，仰奉特旨，往勘遼疆，不得望見闕廷十有二年矣。」（第320頁）故此詩當撰於萬曆四十五、六年，暫繫本年秋。

明神宗萬曆四十六年　後金（清）太祖天命三年　戊午（1618）
五十歲

【時事】

二月，努爾哈赤以「七大恨」誓師告天，興兵反明。分兵左四旗趨東州、馬根單二城，下之。親帥右四旗兵趨撫順。四月，克撫順城，千總王命印死之。總兵官張承允帥師援撫順，敗沒（《明史·神宗紀》）。撫順游擊李永芳降，努爾哈赤使任總兵官。五月，復伐明，克撫安等五堡，毀城，以其粟歸。七月，入鴉鶻關，明將鄒儲賢等戰死（《清史稿·太祖紀》）。

閏四月，明以楊鎬為兵部左侍郎兼右僉都御史，經略遼東（《明史·神宗紀》）。

因遼餉缺乏，加田賦，除貴州有苗變外，其浙江十二省、南北、直隸，每畝加徵三釐五毫，合銀二百萬三十一兩有奇（《神宗實錄》卷五百七十四）。

六月二十五日，京師地震（《明史·神宗紀》）。六月二十九日，寧遠堡東北地辰，紅崖堡地震二次，有聲如雷。八月十三日，遼東寬甸、海、蓋間地震（《神宗實錄》卷五百七十四）。九月三十日。京師地再震，畿輔、山西州縣一十有七及紫荊關、馬水沿河二口、偏頭、神池，同日皆震（《明史·五行志三》）。

【行年】

本年在家賦閒。

《朱譜》:「萬曆四十六年戊午（公元 1618 年）50 歲　熊廷弼探望恩師邱忠美。」（第 234 頁）

又於保安門外建新橋。

《邑南堤橋記》曰:「乃因四縣堤竣,復有江堤、路堤之議,而以張公渡一帶橋堤謀於徐侯,請動前項,以勒公惠。其不足者,則請府折湊之,直指錢公一一如侯議。於是丈地定區,簡眾分任,近民趨事,遠人赴工,旬日之間,雲集響應,一年而堤成,兩年而橋成。」（第 1165 頁～1166 頁）「四縣堤竣」在萬曆丙辰歲（1616）,此後「兩年而橋成」,則邑南新橋工程竣工,約在萬曆四十六年戊午（1618）秋前後。

《湖廣通志》卷十三《關隘志・武昌府・江夏縣》:「新橋:保安門外。明經略熊廷弼建。」（第 531 冊第 412 頁）

李紅權言廷弼公本年十一月起用為大理寺左寺丞,兼河南道監察御史,宣慰遼東,應誤不取。

《李表》:「萬曆四十六年戊午（一六一八）五十歲　十一月二十一日,升大理寺左寺丞,兼河南道監察御史,宣慰遼東。」（第 1292 頁）

按:《李表》應是誤讀相關史料。《神宗實錄》卷五百七十六:「（萬曆四十六年十一月壬寅）……經略楊鎬奏,請用劉國縉以參贊軍機,起熊廷弼以謀謨廟廊,張懋忠為金海之間督運,以資彈壓。」萬曆四十六年十一月丙戌朔,壬寅為十一月十七日,而非二十一日。此時仍是經略楊鎬的一廂情願。由下兩條材料亦可知。《神宗實錄》卷五百八十:「（萬曆四十七年三月甲午）「兵科署科事給事中趙興邦等言:遼師失利,國勢益危,為目前計……至撐席之不可久孤,左右司馬之不可不下,熊廷弼、劉國縉之不可不允,萬不容緩,伏乞召見閣部大臣,相與商確兵食戰守一切安攘至計,謹呼籲合詞以請。留中。」（第 10989 頁）萬曆四十七年三月甲申朔,甲午為三月十一日。也就是說,至下年三月十一日,神宗均還不想起用廷弼公。又《神宗實錄》卷五百八十一:「（萬曆四十七年四月乙卯）「兵部奏:遵旨會議遼事,奉旨遼事既經多官議定,總兵官依議,命李如楨往

代，李如柏撤回侯勘，楊鎬本當逮問，但虜情正急，備禦無人，姑令戴罪管事。該部便速催堪任經略一人來用，熊廷弼嚴催星夜前來。其各條議，俟朕詳覽簡發。」（第 11031 頁）萬曆四十七年四月甲寅朔，乙卯為四月二日。此時還只是說「熊廷弼嚴催星夜前來」，至於來幹什麼，給什麼職銜，似還未定。何來上年十一月起左寺丞之事？

【作品繫年】

《邑南堤橋記》（夏秋間）

此記曰：「乃因四縣堤竣，復有江堤、路堤之議，而以張公渡一帶橋堤謀於徐侯，請勤前項，以勒公惠。其不足者，則請府折湊之，直指錢公一一如侯議。於是丈地定區，簡眾分任，近民趨事，遠人赴工，旬日之間，雲集響應，一年而堤成，兩年而橋成。」（第 1165 頁～1166 頁）「四縣堤竣」在萬曆丙辰歲（1616），此後「一年而堤成，兩年而橋成」，則邑南堤橋竣工當在丙辰後兩年之戊午歲（1618）此記約撰於戊午夏秋間。

《正鄉賢祀典與邑侯徐日久書》（？）

《崇祀記》（？）

按：此二文撰年難以確考。據江夏縣令徐日久仕歷，其令江夏，在萬曆四十年（1612）至四十六年（1618）間。時廷弼公被勘鄉居，因修江堤橋閘等事務，與徐氏來往甚密。當時情況應是，廷弼公先與徐令寫信，談鄉賢祀典問題，徐同意公的看法，便約請公代撰一記。故暫繫此一書一記於萬曆四十六年（1614）下待考。參《路引》一文解題之考證。

明神宗萬曆四十七年　後金（清）太祖天命四年　己未（1619）

五十一歲

【時事】

二月乙丑，經略楊鎬誓師於遼陽，總兵官李如柏、杜松、劉綎、馬林分道出塞。三月甲申，杜松遇後金兵於吉林崖，戰死。乙酉，馬林兵敗於飛（一作斐）芬山，兵備僉事潘宗顏戰死。庚寅，劉綎兵深入阿布達裏岡，戰死（《明史・神宗紀》）。努爾哈赤乘勝取開原、鐵嶺，滅葉赫（在開原以北葉

赫河一帶），海西女真之扈倫四部至是亦為後金所滅。

十二月，再加天下田賦，每畝三釐五毫（《御定資治通鑒綱目三編》卷三十一）。

【行年】

在原籍家中賦閒。

約本年春前後，「新有家庭骨肉之慘」（約是廷弼公妾張氏或李氏中一人亡故）。

> 《宣慰請敕書關防疏》：「該四月十二日，臣於原籍接得兵部差官王世臣送到吏、兵兩部照會各一道……臣於是時，新有家庭骨肉之慘。」（第 319 頁）

三月丙午（二十三日），起升為大理寺左寺丞兼河南道監察御史，宣慰遼東。

> 《神宗實錄》卷五百八十：「（萬曆四十八年三月）丙午，命原任御史熊廷弼，起升大理寺左寺丞兼河南道監察御史，宣慰遼東，從吏部等衙門連疏奏請也。」（第 11007 頁）萬曆四十七年三月甲申朔，丙午為三月二十三日。明談遷《國榷》卷八三略同。

四月十二日，廷弼公於原籍接到兵部差官王世臣送到吏、兵兩部照會各一道，令星夜馳赴遼東，宣慰軍民。

> 《宣慰請敕書關防疏》：「該四月十二日，臣於原籍接得兵部差官王世臣送到吏、兵兩部照會各一道……奉聖旨：『是。熊廷弼起升大理寺左寺丞、兼河南道監察御史，星夜馳赴遼東，宣慰軍民，不得遲延誤事。欽此。』」（第 319 頁）
>
> 《明史·職官志二》：「大理寺卿一人，正三品；左右少卿各一人，正四品；左右寺丞各一人，正五品。」（第 1736 頁）同上《職官志一》：「從四品初授朝列大夫，升授朝議大夫，加授朝請大夫。正五品初授奉議大夫，升授奉政大夫，從五品初授奉訓大夫，升授奉直大夫。」（第 1781 頁）故此時廷弼公之官職應署為：賜進士出身奉議大夫大理寺左寺丞兼河南道監察御史。

四月十七日，從家起程趕赴北京，每日晝夜兼馳二百餘里。行至信陽，又接兵部差官陳文志照會一通，著催星夜前來。

《宣慰請敕書關防疏》：「臣於是時，新有家庭骨肉之慘，誼重國家，不得私顧。當即束裝就道，於十七日兼程前來。行至信陽，復準兵部差官陳文志照會，為遵旨會議事。奉聖旨：『遼事既經多官議定，總兵官依議……該部便速推堪任經略的一人來用，熊廷弼還催他星夜前來……欽此。』」（第 319 頁）

四月二十一日，過恨者關，是日宿信陽。

卷十七《寄里中士大夫親友》：「二十一日過恨者關，閱昔年所修路，了一心願。是日宿信陽。」（第 812 頁）

行至保定，即擬改經略遼東。

《神宗實錄》卷五百八十三云：「（萬曆四十七年六月壬子朔）癸酉，命熊廷弼為兵部右侍郎兼都察院右僉都御史經略遼東。」（第 11103 頁）《明史·神宗紀》：「（萬曆四十七年）六月丁卯，大清兵克開原，馬林敗沒。癸酉，以大理寺丞熊廷弼為兵部右侍郎兼右僉都御史，經略遼東。」（第 292 頁）萬曆四十七年六月壬子朔，癸酉為本月二十二日。《三朝遼事實錄》：「上超擢熊廷弼為兵部右侍郎兼僉都御史，賜上方劍代（楊）鎬經略。」〔註17〕並將此事繫於六月十五日後，二十七日前。《朱譜》：「（萬曆四十七年）六月，任命熊廷弼為大理寺丞兼河南道御史，經略遼東。」（第 234 頁）

《李表》：「萬曆四十七年己未（一六一九）五十一歲……六月二十二日，擢為兵部右侍郎兼右僉都御史，經略遼東。」（第 1293 頁）

按：徵之廷弼公集，以上諸處記載似皆值得商榷。

卷十七《寄里中士大夫親友》：「承江上餞送，徘徊中流，幾不忍分手。別後天氣晴霽，二十一日過恨者關，閱昔年所修路，了一心願。是日宿信陽，又奉嚴旨催促，兵部差官及舊役持各衙門相知書至。拆視之，忽見有九卿科道會議欲代經略之說，使人錯愕，進退失據。」（第 814 頁）據此，朝中議以公代經略之說，公於信陽道中已聞其訊，時在四月下旬。四月二十七日撰《與李玄白中丞》書，

〔註17〕明王在晉《三朝遼事實錄》，《四庫禁燬書叢刊》影印本，北京出版社 1997 年版，卷一第 17 頁。下引《三朝遼事實錄》均出此，僅注卷頁。

仍言「職在宣慰」，則此時經略之命仍未下。己未五月初五日撰《與王總兵威》，書中即言：「初謂止宣慰，及行至保定，見推經略，而肩頭擔子重矣。」（第 812 頁）五月二十一日撰《宣慰請敕書關防疏》首即自稱：「欽差經略遼東等處軍務兵部右侍郎兼都察院右僉都御史臣熊廷弼」（第 319 頁），則其「見推經略」必在五月五日前，至少在五月二十一日前，似不待六月也。《神宗實錄》等史書所記，與廷弼公《宣慰請敕書關防疏》之尾署時間，相差一月餘，這中間造成的原因是什麼，很耐人尋味。

每日晝夜兼馳，熱毒大發，扶病入城，於五月十六日見朝，十七日謝恩。

《宣慰請敕書關防疏》：「臣益不勝急切，每日晝夜兼馳二百餘里。行過真定，熱毒大作，自頭面以至腰腹，疔癤遍生，復因解毒涼藥，傷及脾胃，大致尪憊，此廷臣所共見者，而臣不敢言病也……是以扶病入城，恭於本月十六日見朝，十七日謝恩。」（第 320 頁）

五月二十一日，在京待命，上《宣慰請敕書關防疏》，留中不報。

按：此疏下，底本原有「奉聖旨」三字，但無內容，說明此疏上，神宗皇帝沒有指示。這等重要之事情，皇帝竟然沒有批示，似是遊戲！

朝廷遲遲不賜敕書關防，公在京一呆就是月餘，遂又於六月二十七日，上疏再請敕書關防。

朝廷為何遲遲不賜敕書關防？公《再請敕書關防疏》僅言：「前月具疏躬請（敕書關防），未蒙批發，迴與前日兩次嚴旨，緩急不侔，一似以臣為可有可無之官，而不必於設。」（第 321 頁）實際情形應為內閣與皇帝意旨相左。且公職為「欽差經略遼東等處軍務」，但閣部與其下達的任務似為「此行，不但宣布朝廷德意，且與經略、撫、按諸臣，商確一切戰守事宜。」（第 319 頁）並不曾將「經略遼東」的重任付公。後公再上疏請敕書關防，才將這層窗戶紙捅穿。閣部不得已才予公經略遼東之敕書關防。

七月初五日，奏《河東諸城潰陷疏》，請求恢復開原。

《河東諸城潰陷疏》云：「惟是兵餉有無遲速，實係遼鎮存亡、京師安危急務。乞皇上省覽臣疏，亟敕廷臣會議，開原地方，應否

恢復？如不當棄，便須急急處辦；兵馬、器械、錢糧、芻豆等項，勒限齊備，毋缺少以窘臣用，毋延捱以緩臣期，毋中格以沮臣氣，毋旁議以掣臣肘，毋交擔於臣、不相照管，而獨遺臣以難，以致誤臣、誤遼、誤國而並誤諸臣之身家，則宗社幸甚，諸臣幸甚，臣愚亦幸甚。」（第 326 頁）

初六日，陛辭。初七日，離京至通州。

《鐵嶺潰陷疏》：「臣受命經略於遼左危亡之日，以本月初六日陛辭，初七日至通州，適口外水發，阻住三日不得行。」（第 330 頁）

《赴邊甚急疏》：「頃以奴賊猖獗，皇上從群臣之請，授臣經略，並賜臣劍，使得便宜行事。臣感聖恩之深，且體聖懷之急，擬於初三日恭領敕劍，而適逢惠王就邸，有免朝之例，只得改於初六日陛辭，初七日長行。」此疏尾署「萬曆四十七年七月初七日」。

十七日，抵山海關。二十四日五鼓出關，二十七日，疾馳至十三山驛。聞鐵嶺破，即夜趨廣寧，與撫臣周永春教場一會。

《鐵嶺潰陷疏》：「十七日，抵山海關……二十三日，榆林兵馬始到，路遠困乏，兼多亡失。當日即選其馬兵稍壯者四百名，並摘前挑東協兵四百名，跟隨於次，二十四日五鼓出關。二十七日，疾馳至十三山站，而賊克鐵嶺之報至矣……過廣寧，僅與撫臣周永春教場一會，連夜即行。而所隨八百人馬，疲困不前，只得暫留廣寧，餵養一二日，得撫臣盡遣標兵有馬者一千名護送，始克東行。而經略如臣，亦狼狽甚矣。」（第 330 頁）

八月初二日，到海州，與前任經略楊鎬交代。

按：《恭報代期疏》云：「今月初二日，行至海州教軍場，與舊經臣楊鎬交代。隨將原領欽發關防、令旗、令牌並付於臣，臣接受任事。」（第 331 頁）

初三日（《朱譜》作初二），入遼陽城，延見文武吏士。初四日，巡城。

《恭報代期疏》：「初三日，入遼陽城，延見文武吏士……初四日，巡城。城上舊用川兵，搭棚住守，臣以為示弱，且強兵不以禦賊於外，而為嬰城自守之計，非策也；撤令營於城下，亟編民兵之壯者，分垛守之。」（第 332 頁）

同日，閱視兵馬，自將官以下，皆犒賞有差，以慰其勞。

　　《恭報代期疏》：「初三日，入遼陽城……因而閱視兵馬，自將
　官以下，皆犒賞有差，以慰其勞。」（第332頁）

廷弼公還自具金幣，特別為地方拜謝遼東將官賀世賢，以示優異。

　　《恭報代期疏》：「初三日，入遼陽城……不動官銀，自具金幣，
　為地方拜謝賀世賢，以示優異。」（第332頁）　賀世賢後於天啟二
　年率部與後金兵作戰，身被十餘創，部下勸其撤退猶不退卻，最終
　殉職。

初六日，斬逃將劉遇節、王文鼎、王捷等三將，並躬祭死事軍民。

　　《遵旨斬逃將疏》言：「到任甫五日，即會監軍御史陳王庭、部
　道諸臣單崇、劉國縉、閻鳴泰、韓原善於都司衙門，繫三將於庭
　下……遂縛出駢斬之。是日設六壇，祭死事總兵道將軍民人等，逐
　壇舉哀，大哭畢，即將三首遍獻各壇，以快死者之心，而雪生者之
　憤。」（第341頁）公二日與前經略楊鎬交待，即表示已經到任，其
　第五日為本月六日。《恭報代期疏》詳四日前事，而五至八日事，粗
　看為四日下混言，「數日之間，諸凡可以收拾人心，激勵士氣，羈縻
　夷虜，及一應軍中急切事宜」，「無不舉行。」（第332頁）《國榷》
　卷八三繫三日，《朱譜》繫四日，均未細研也。

九月初三日，奏上《收集兵力固遼疏》，決計三鎮總聚遼陽，四面設伏，為
背城借一之計。

　　《精選援兵疏》：「自北關一陷，防瀋官軍皆哭泣埋怨，逃者踵
　接，而遼城益不勝其驚恐矣。此臣之所以不得不從部、道、鎮將，
　及鄉官士民之請，而並兵於遼者，一以救瀋陽二萬官軍之命，一以
　安遼陽數十萬生靈之心。」（第356頁）《收集兵力固遼疏》：「凶聲
　動地，烈焰漫天，民安得不怕？軍安得不逃？總兵諸將，安得不膽
　落？部道諸臣，安得不色戰？今即總聚遼陽，四面設伏，為背城借
　一之計。」（第355頁）

自初七日起，至初十日止，一連四日，椎牛市酒，大饗三軍。

　　《精選援兵疏》：「且欲大集三軍，挑選精銳、示若進討者以疑
　賊，使不敢來，即來而吾力稍厚，或有以待之，非徒而已也。於是

椎牛數百頭，市酒數千壇，蒸胡餅數十萬個，集官軍於教場。自初七日起，至初十日止，一連大饗四日，風聲頗盛。」（第356頁）

九月十七日，貪將陳倫伏誅，先斬後奏。

《朱譜》：「八月初二日，熊廷弼進入遼陽……八月初四日，熊廷弼巡視遼陽，斬逃將劉遇節、王文鼎、王捷。八月初五日，熊廷弼斬貪將陳倫。」（第234頁）按：《朱譜》謂初五斬陳倫誤。廷弼公九月十五日奏上之《遵旨調補將領疏》云：「又臣標下左翼營游擊陳倫，酒色之徒，貪淫無度，應以大同東路參將張聰補之。」（第359頁）此時陳倫仍未誅。

《斬貪將疏》，專為斬陳倫而奏上，署九月十七日。疏云：「臣偵而得之，於十五日各將作揖之期，鎖娼婦及其歌家，面質倫以辱之。」則十五日似還未誅。疏又言「臣聽未竟，不覺發豎皆裂，而立欲割刃於倫之腹中矣。於是會監軍部、道、鎮於都司衙門，數其罪而縛之，遣中軍官捧上方劍，以斬之於西門之外……此臣之所以仰遵先斬後奏之旨，而不敢姑息，以惠貪者也。」（第364頁）則斬陳倫在九月十五各將作揖之期後一兩日。九月十七日，或公會監軍部、道、鎮於都司衙門，數其罪而縛之，遣中軍官捧上方劍，以斬之於西門之外之具體日期。《斬貪將疏》尾署「九月十七日」之後，祠堂本《襄愍公集》此下尚有「具奏本月二十四日」八字，則此疏上奏在九月二十四日。《神宗實錄》卷五百八十六云：「（萬曆四十七年九月戊申）貪將陳倫伏誅。初，倫為標下左翼營游擊，盜軍餉三千二百四十兩，包娼奸宿，經臣熊廷弼廉得其實，遂斬以徇。」（第11237頁）明談遷《國榷》卷八三「神宗萬曆四十七年」：「（九月）戊申，熊廷弼誅左翼營游擊陳倫，以盜餉三千餘金。」（第5142頁）萬曆四十七年九月庚辰朔，戊申為本年九月二十九日。此應為朝廷收到《斬貪將疏》之日期，二書均記作貪將陳倫伏誅之日，似亦未妥。

十一月二十四日，題請發兵二萬，分別駐守鎮江與朝鮮之義州。

《朱譜》：「十一月，熊廷弼提出了對奴爾哈赤實行『坐困轉蹙』的戰略設想。十二月，智闖撫順。」（第234頁）

【作品繫年】
《春日過長虹橋》（本年春）

按：《邑南堤橋記》云：「乃因四縣堤竣，復有江堤、路堤之議，而以張公渡一帶橋堤謀於徐侯，請勤前項，以勒公惠。其不足者，則請府折湊之，直指錢公一一如侯議……旬日之間，雲集響應，一年而堤成，兩年而橋成。」（第 1165 頁～1166 頁）「四縣堤竣」指江夏嘉魚蒲圻咸寧四縣長堤，此工程竣工在萬曆丙辰歲（1616）。此後「一年而堤成，兩年而橋成」，則邑南堤、橋竣工，當在丙辰後兩年之戊午（萬曆四十六年，1618）。詩云「春日」，又云「無復意封泥」，則此詩當撰於次年（萬曆四十七年，1619）春。

《張相吾文序》（本年三月前）

按：《湖廣通志》卷四十一《名宦志》：「劉觀光，號蘿徑，南海人。萬曆末，分守武昌，署提學道。憐才愛士，諸生如彭光祀、劉映震等，皆被其賞拔。」（第 532 冊第 599 頁上）據劉觀光提學時間，其賞拔張梅當在「萬曆末」。序言：「予眼老筆荒」，廷弼公序其文，亦應在此時。暫繫萬曆四十七年鄉居後期，經略遼東前。

《德安柯頌功傳》（本年三月前）

按：此文撰年難以確考，文敘及萬曆戊戌後事，約撰於萬曆四十一年至四十七年賦閒家居間。

《八分山石洞》（本年三月前）

按：八分山在今江夏紙坊鎮西約一里。此詩見《熊襄愍公集》卷七，當為家居時作。詩云「門外何人迷舊路。」（第 1208 頁）據此，似廷弼公時已經不住修賢里一里，而移居修賢三里多時。詩約為出仕多年後舊地重遊時所作，姑繫萬曆四十七年（1619）聽勘回籍起經略前。此詩又見明萬曆四十年史記事刻明郭正域《合併黃離草》卷十一，題同，詩正文「繞」作「轉」，「崆峒」作「空同」，「把」作「把」，「叫」作「教」，「入」作「出」餘同。廷弼公此詩均見之請刻，郭正域集為明刻，據此，詩似應為郭撰。不知廷弼公集編者所據，附此待考。

《與徐海石公祖》（四月二十一日後一兩日）

　　書云：「瀕行迭承教愛，銜德而往，衝泥冒險，已踰關而走申陽道中矣。」（第813頁）此關指恨者關，申陽，河南信陽之別稱。卷十七《寄里中士大夫親友》：「二十一日過恨者關，閱昔年所修路，了一心願。是日宿信陽。」（第812頁）

《與李玄白中丞》（四月二十七日）

　　按：此書《書牘》題下注：「己未四月二十七日。」（第813頁）此署當為此書之撰日。書言：「頃者，迫於嚴命，輕裝倍道，已踰大河，歷新鄉，回首大梁，可勝悵結。」（第813頁）是亦可證此書撰於奉命急趨赴京途中，所署撰日可信。

《宣慰請敕書關防疏》（五月二十一日）

　　按：此疏重刻本尾署「萬曆四十七年五月二十一日。」（第320頁）

《再請勅書關防疏》（六月二十七日）

　　按：此疏重刻本尾署「萬曆四十七年六月二十七日。」（第321頁）

《辨丁默所太史用人朦朧疏揭》（七月初一日）

　　按：此揭明刻本尾署「萬曆四十七年七月初一日。」（第679頁）

《發抄周毓陽中丞以遼守遼書揭》（七月三日）

　　按：此揭重刻本尾署「萬曆四十七年七月初三日。」（第681頁）

《河東諸城潰陷疏》（七月五日）

　　按：此疏重刻本尾署「萬曆四十七年七月五日。」（第326頁）

《急救遼陽疏》（七月六日）

　　按：此疏重刻本尾署「萬曆四十七年七月初六日。」（第328頁）

《赴邊甚急疏》（七月初七日）

　　按：此疏重刻本尾署「萬曆四十七年七月初七日。」（第330頁）

《糾劾將領疏》（七月初十日）

　　按：此疏重刻本尾署「萬曆四十七年七月初十日。」（第576頁）

《鐵嶺潰陷疏》（七月二十九日）

　　按：此疏重刻本尾署「萬曆四十七年七月二十九日。」（第331頁）

《塞外》（七月末）

　　詩云：「白雲慘慘浮，一望入凝眸。千古傷心地，何人淚不流。」
（第1209頁）按：此詩作年難以確考，約是經略遼東時作，暫繫萬
曆四十七年（1619）入山海關後作。

《恭報代期疏》（八月初九日）

　　按：此疏重刻本尾署「萬曆四十七年八月初九日。」（第333頁）

《請發近鎮兵將疏》（八月十三日）（第334頁）

《議置道將疏》（八月十三日）（第336頁）

《請發軍器疏》（八月十三日）（第338頁）

　　按：以上三疏，重刻本均尾署「萬曆四十七年八月十三日。」

《議覆增兵事宜疏》（八月二十二日）

　　按：此疏重刻本尾署「萬曆四十七年八月二十二日。」（第134頁）

《糾劾府佐疏》（八月二十二日）

　　按：此疏明刻本尾署「萬曆四十七年八月二十二日。」（第571頁）

《主帥不堪疏》（八月二十三日）（第340頁）

《遵旨斬逃將疏》（八月二十三月）（第342頁）

　　按：二疏重刻本尾署「萬曆四十七年八月二十三日。」

《急缺將材疏》（八月二十五日）

　　按：此疏重刻本尾署「萬曆四十七年八月二十五日。」（第349頁）

《攻陷北關疏》（八月二十六日）

　　按：此疏重刻本尾署「萬曆四十七年八月二十六日。」（第350頁）

《遼糧交卸法疏》（八月二十八日）

　　按：此疏重刻本尾署「萬曆四十七年八月二十八日。」（第573頁）

《遼左大勢久去疏》（八月二十九日）

　　按：此疏重刻本尾署「萬曆四十七年八月二十九日。」（第353頁）

《收集兵力固遼疏》（九月初三日）

　　按：此疏重刻本尾署「萬曆四十七年九月初三日。」（第355頁）

《精選援兵疏》（九月十五日）（第 358 頁）

《遵旨調補將領疏》（九月十五日）（第 359 頁）

《酌調土兵疏》（九月十五日）（第 361 頁）

《事急需人疏》（九月十五日）（第 363 頁）

按：以上四疏，重刻本尾署「萬曆四十七年九月十五日。」

《斬貪將疏》（九月十七日）

按：此疏重刻本尾署「萬曆四十七年九月十七日。」（第 365 頁）

《申明還兵情由疏》（九月二十八日）（第 370 頁）

《請勅科臣出關疏》（九月二十八日）（第 355 頁）

《朝鮮貢道添兵疏》（九月二十八日）（第 374 頁）

按：以上三疏，重刻本均尾署「萬曆四十七年九月二十八日。」
（第 331 頁）

《詠松》（本年秋末）

詩云：「隕罷嚴霜雪未闌，群華雜樹盡凋殘。惟憐嶺上孤松挺，
獨有芳心耐歲寒。」（第 1209 頁）按：此詩作年難以確考，約是經
略遼東時作，暫繫萬曆四十七年（1619）秋。

《遼陽落花》（秋末或冬中）

詩云：「落紅已盡棲芳草，空羨春光九十殘。遼水遼山繞北塞，
世人莫作等閒看。」（第 1209 頁）按此詩作年難以確考，約是經略
遼東時作，暫繫萬曆四十七年（1619）秋末或冬中。

《敬陳戰守大略疏》（十一月初十日）（第 377 頁）

《歸併征虜印務疏》（十一月初十日）（第 379 頁）

按：二疏重刻本尾署「萬曆四十七年十一月初十日。」

《三帥軍馬無食疏》（十一月十三日）（第 382 頁）

《添設官員疏》（十一月十三日）（第 384 頁）

按：二疏重刻本尾署「萬曆四十七年十一月十三日。」

《部調紙上有兵疏》（十一月二十六日）（第 388 頁）

《留官暘初掌科鑄錢揭》（十一月二十六日）（第 682 頁）

　　　　按：二疏重刻本尾署「萬曆四十七年十一月二十六日。」

《款虜犯搶堵殺非宜揭》（十二月十五日）

　　　　按：此揭重刻本尾署「萬曆四十七年十二月十五日。」（第684頁）

《李侍御孟白督餉至（二首）》（十二月七日後不久）（第1211頁）

　　　　按：《神宗實錄》卷五百七十九：「（萬曆四十七年二月）丙子，
　　敕戶部右侍郎兼都察院右僉都御史李長庚，專督遼餉。」（第10966
　　頁）萬曆四十七年二月乙卯朔，丙子為二月二十二日。廷弼公己未
　　十二月初七日《答李孟白督餉》書云：「連奉手札及疏揭三道，知臺
　　下所以區畫遼餉、處置牛車船運者，甚詳，甚苦。然弟前日所以欲
　　懇臺駕出關，親臨河東者，非徒欲知道里之遠近、海陸之難易、軍
　　民之情狀也……今臺駕歷山海與軍門議，抵廣寧與撫院議，而擔子
　　有交割處矣。若惠邀玉趾過河，使各營見臺下奉旨而來，如此其重
　　且急也，當更是一番警玩新機。」（第911頁）李孟白督餉至遼東，
　　當在萬曆四十七年己未（1619）十二月七日後不久。

《駁黃大司馬出關兵數疏揭》（十二月二十七日）

　　　　按：此揭重刻本尾署「萬曆四十七年十二月二十七日。」（第686
　　頁）

《除夕感懷兼示文武僚佐》（除夕）

　　　　按：據詩及題，廷弼公時應為遼東經略。公經遼前後只有萬曆
　　四十七年（1619）與天啟元年（1621）兩年除夕是在遼東過，今暫
　　繫萬曆四十七年除夕。

明神宗萬曆四十八年　光宗朱常洛泰昌元年　後金（清）太祖天命五年　庚申（1620）五十二歲

【時事】

再加田賦二釐。三次共加丸釐，合銀五百二十萬兩，惟畿內、貴州不加（《明史・食貨二》）。

《明史・李汝華傳》：「明年，覆議益兵，增賦如前，又明年四月，兵部以募兵市馬、工部以制器，再議增賦，於是畝增二釐，為銀百二十萬。先後

三增賦，凡五百二十萬有奇，遂為歲額。當是時，內帑山積，廷臣請發，
率不應。」

七月，神宗（1563 一）薨。皇太子用遺詔名義罷礦稅、榷稅及監稅中官（《明
史‧光宗紀》）。

八月，皇太子常洛即位，是為光宗，宣布明年改元泰昌（《明史‧光宗
紀》）。

光宗病，服太監崔文升藥，更重；又服鴻臚寺丞李可灼所進紅丸。九月朔，
光宗薨，時人疑鄭貴妃指使下毒（《明史‧鄭貴妃傳》）。朝中意見不一，乃
將崔、李二人謫戍，是稱「紅丸案」（《明史‧方從哲傳》）。

九月庚辰，熹宗即皇帝位，詔赦天下，以明年為天啟元年（《明史‧熹宗
紀》）。

泰昌元年十二月庚戌，命鑄欽差遼東會勘關防給兵科給事中朱童蒙（《熹
宗實錄》卷四）。令赴遼東，覆勘遼瀋形勢及熊廷弼經遼功罪。十二月甲辰
朔，庚戌為十二月七日。

【行年】
新年剛過，正月初四始，連續二十多天，與朝廷、與方相、與內閣、與兵
部科道、與周永春及各道鎮，上上下下，交涉商量春賞、防守、書信往來，
調撥、轉運、修築等重大事情。

> 正月初四日上《議添援兵馱馬疏》、正月初六日書《與楊楚璞少
> 司馬》、正月初八日《與方相公》、正月初九日《與黃梓山大司馬》
> 《與內閣兵部科道》、《與職方解郎中》、正月初十日《與軍門撫院閱
> 科》、其中，與周永春毓陽一人，就有五書。

二月，遼東形勢更加危急。廷弼公雖然一開年即於朝廷上上下下奔走呼號，
似無多大結果。

> 二月初四日《與京師諸公》書云：「今二月初旬矣，本月分折色
> 無一文，本色無一粒，連人帶馬十數萬之餓軍，誰肯甘心受死，遼
> 陽鄉城十數萬之怨民，誰肯甘心受奪，不有軍變，必有民變，而奴
> 賊又其緩耳。今金錢尚在太倉一千六百里之外，而大司農不見慨予；
> 米豆尚在山海關、三岔牛八九百里之外，而地方官未能猝運。眼見

軍逃、馬死、民受強奪，而官求自盡，此是何等光景，即欲不愁死恐死，亦何可得！」

三月十四日，接見朝鮮使臣李廷龜。

《李表》：「明萬曆四十八年（一六二〇）……三月十四日，接見朝鮮使臣李廷龜。」（第 1293 頁～1294 頁）

《神宗實錄》卷五百九十三：「萬曆四十八年四月戊申朔……丙子……朝鮮國王李暉遣陪臣李廷龜等七十三員名，謝恩來朝貢方物，宴賞如例。」（第 11387 頁）四月戊申朔，丙子為四月二十九日。三月十四日，當是朝鮮使臣李廷龜來朝途經遼東之時間。李廷龜，字聖徵，號月沙。其先世蓋隴西李氏入高麗者。

四月十三日，過鞍山。十五日，回到鞍山。

庚申四月十七日《答周硫陽中丞》：「運事之誤也，實緣各官不肯上緊。如弟十三日過鞍山，糧尚堆積萬有餘石。及十五日回，僅存四五百石。」

四月二十四日，至虎皮驛。

庚申四月二十四日《答周毓陽中丞》：「二十三日，得該鎮請留之詳，極其懇切，弟即批令照前牌行。二十四日，至虎皮驛，纔坐定，即以此兵為言，且手本會兩監軍道轉達，其情詞甚迫。」

四月二十九日，在瀋陽，與總兵賀世賢一道閱視瀋陽東城。

庚申五月初二日《答周毓陽中丞》又一封：「前月二十九日，與賀帥並轡而閱瀋之東城。忽平虜堡探子報，西虜二千餘騎入犯，備禦官領兵與虜對敵。」

五月初三日，夜至虎皮驛，雖已一更盡，困倦之極，仍點燈與監軍道邢慎言寫信，商量瀋陽、虎皮驛等地的駐守問題。

庚申五月初三日《與監軍道邢參議慎言》書云：「連日細窺諸帥伎倆，直是使人放心不下……夜至虎皮，已一更盡，困倦之極，復燒燭寫此，只是放心不過，不得不以煩門下。」（第 994 頁～995 頁）

川軍五月十三日賽會，窮工極巧，搬盡花樣。

庚申七月十八日《與監軍道高參政》：「川將好大言欺人，凡應

對文移皆井井條理，遠邁北將，而實殊不然……五月十三日賽會，而心竊厭之，其好弄虛文大都若此。」（第 1055 頁）

五月二十一日，廷弼公病情惡化，衄血數升，旋又吐血。

《病勢十分沉篤疏》：「五月二十一日，陡患衄血病症，旋吐紫血，成塊而出。參將張名世、部解朝鮮賞銀經歷程命皆曰：『鼻入口吞下餘血，無妨也。』越數日，所吐血色愈鮮，且雜痰交下，而臣始懼矣。」（第 461 頁）

六月初一日，雖然病勢仍很沉重，但為安撫兵將，勉強出堂視事。坐談間數數唾血，皆慘然不忍視。

《病勢十分沉篤疏》：「顧猶伏枕而思，古人在軍中雖病，而猶示無病以安眾，臣何敢杜門不出，滋外間驚惑。勉強於六月初一日出堂視事。時按臣及部、道、鎮臣皆來看視，坐談間數數唾血，皆慘然不忍視。」（第 461 頁）

六月初四日，往視奉集堡。初五日，閱視清、寬一帶。初八日，至寬奠，已覺難以支撐。

《病勢十分沉篤疏》：「復勉強於初四日往奉集堡，指授諸將守禦方略。初五日，自奉集堡往咸寧營，至發喇河而大瀉如傾矣。逼近賊穴，不敢停留，不得已，挨命前往。再三日始至寬奠，前瀉不止，吐血更甚，而臣不能支矣。」（第 461 頁）

明談遷《國榷》卷八三「神宗萬曆四十八年」：「六月丁未朔，經略熊廷弼以四百騎歷撫順、清河探邊，經歷程崙止之，不納。」（第 5151 頁）

扶病從寬奠復往鎮江，從險山回至鳳凰城，六月十六日，始回到遼陽城。扶病巡邊計地千有餘里，往返十有三日。

《病勢十分沉篤疏》：「緣自奉集東行皆山峽險阨，不能肩輿，遂將轎子發回，專一乘馬。每過陡峻，輒上山下山，同軍士步行十數里，以息馬力。而伏暑本熱，又兼大雨蒸濕，每日親自執傘披氈，背腕為痛。而又時時落水墮泥，為馬所滑墜，至兩臀磨成瘡痛，尤痛不可言。夫以衄吐泄瀉久病之軀，而受諸荼苦，猶不即死於道路者，真幸也。十六日，回遼陽城。」（第 461 頁）

《扶病看邊疏》：「六月初四日，往奉集，會監軍道邢慎言、總
兵柴國柱商量守戰事宜。初五日，由奉集至咸寧，歷靉陽、寬奠，
緣鴨綠江岸抵鎮江城，復迂道看險山舊邊，轉渡夾河，登鳳皇山，
尋莫利支屯兵處，遂從鎮夷、鎮東、甜水站而還，計地千有餘里，
往返十有三日。此經行之大概也。」（第 457 頁）

明談遷《國榷》卷八三「神宗萬曆四十八年」：「（六月）庚申，
熊廷弼歷鳳凰城而還。」（第 5151 頁）按：談遷以六月一日始，故
繫六月庚申（十四日）返，不從。

六月十八日，親巡至鞍山。

《改調州官疏》云：「今年六月十八日，臣親巡至鞍山，見糧車
在鞍山者壅積，牛驢車共計九百二十輛，沙中嘖嘖。」

七月初五日，上《病勢十分沉篤疏》乞還。七月十七日，朝廷接到廷公奏疏，神宗不准辭。丙申，明神宗朱翊鈞薨。病辭事遂不果。

《病勢十分沉篤疏》：「自五月二十一日，至今四十餘日，僅僅
開門三日。」（第 462 頁）

《神宗實錄》卷五百九十六：「（萬曆四十八年七月壬辰）熊廷
弼又以病篤乞還，上曰：覽奏，知爾力疾行邊，積勞積苦，以致諸
病交作，朕心惻然憫念。但今賊眾屯聚關口，凶謀巨測，非經略謝
事之時，爾宜軍中，加意調攝，以俟全愈，以安眾心，用副朝廷倚
任之意，不准辭。」（第 11444 頁）萬曆四十八年七月丙子朔，壬辰
為七月十七日，丙申為七月二十一日。

八月，光宗朱常洛即位，以本年八月以後稱泰昌元年。

《明史·熹宗紀》：「（萬曆四十八年九月）庚辰，即皇帝位，詔
赦天下，以明年為天啟元年。己丑，以是年八月以後稱泰昌元年。」
（第 97 頁）

八月十七日，力疾往瀋陽警督將帥。因而遍閱壕柵，試驗車炮，一連五回，萬炮齊發，聲震數十里。因燒羊市酒，藉草酌諸將帥，並乘興揮毫作《燒羊》詩。

《與京師各衙門》：「自五月廿一衄血後，旋加吐血，已復東

巡⋯⋯勞憊已甚。又於八月十七日間，度賊必犯瀋，力疾往瀋陽，警督將帥，使知堤備，且過路乘馬，示賊以無病。」（第1094頁）

《奴酋大舉入犯疏》：八月中旬，聞建州精騎數萬擬大舉進攻瀋陽，「臣聞而憂之，即日扶病特至瀋陽，時監軍道邢慎言亦至，密同商量相機戰守、村城兩顧事宜。因而遍閱壕柵，試驗車炮，一連五回，萬炮齊發，聲震數十里。臣因燒羊市酒，藉草酌諸將帥。將帥無不摩拳擦掌，恨賊不來城下，一發盡斃而去也。臣亦不覺飛揚，有封狼居胥意。」（第496頁）

二十一日，還至奉集，逢建州精騎五六萬大舉攻瀋，即摜甲馳馬，督軍兵衝圍犯陣（《奴酋大舉入犯疏》）。

《與京師各衙門》：「瀋陽竣事，甫到奉集，而二十一日，賊果大舉圖瀋，弼督各路兵將馳救，幸保無恙。」（第1094頁）

九月，給事中魏應嘉、御史顧慥、馮三元、兵科楊漣等接連上疏參廷弼公，令罷，料理候代。

朱純臣監修《熹宗實錄》卷一：「（光宗泰昌元年九月）戊子，兵科左給事中楊漣疏論遼東經略熊廷弼：邊警日聞，人言屢至，既不能以全副精神，誓清醜虜，即當繳還尚方，席槁侍罪，不宜效近日頑鈍行徑。至於廟堂之上，亦當焦思邊計，傅採群謀，擇一得當之人，寧議而後用，無用之而後議；寧儲人而待用，無停用而尋人。而又請亟正利瓦伊翰、楊鎬、李如楨喪師辱國之罪，以儆後來任事之心。得旨：一併會議。」〔註18〕同上泰昌元年九月，「乙未，罷遼東經略熊廷弼，聽勘定奪，從吏部尚書周嘉謨等會議也。仍令廷弼料理候代，員缺著即日會推添設。兵部侍郎張鶴鳴、祁先宗，並御史張銓，都催刻期到任。」（第59頁）

明王在晉《三朝遼事實錄》卷三：「（庚申八月）遼東按臣陳王庭劾東夷入犯，諸將失事之罪，廷弼言各官功過不掩，於是廷弼思謝事矣。」（卷3第14頁）「太常少卿姚宗文疏云：六月十二日之失

〔註18〕明朱純臣監修，溫體仁等纂修《大明熹宗達天闡道敦孝篤友章文襄武靖穆莊勤悊皇帝實錄》，簡稱《熹宗實錄》，北平圖書館藏紅格抄本；中國臺灣中央研究院歷史語言研究所1962年版，第0050頁。下引《熹宗實錄》均此本，僅注頁碼。

事，村屯一空……閱科疏出，而臺省之參經略者紛紛矣。」（第 14
頁～第 15 頁）九月，御史顧慥、馮三元、兵科楊漣等接連上疏參
之。「御史張修德言：經臣（廷弼）大誤疆事，重負國恩，詭言謝病，
無人臣禮。兵科薛鳳翔、御史張至發、佘合中、俱有疏參經略，於
是廷弼稱病乞歸。」（第 17 頁）

　　明談遷《國榷》卷八四云：「（光宗泰昌元年九月己亥）給事中
魏應嘉劾熊廷弼之罪，命罷廷弼聽勘。」（第 5181 頁）光宗泰昌元
年九月乙亥朔，戊子為九月十四日，乙未為九月二十一日，己亥為
九月二十五日。

**十月戊申，熹宗以遼東巡撫都御史袁應泰為兵部侍郎，經略遼東，著廷弼
公回籍聽勘。**

　　《熹宗實錄》卷二：泰昌元年十月，「戊申，以遼東巡撫袁應
泰為兵部右侍郎兼都察院右僉都御史經略遼東。敕刻期到任，不得
疏辭。」（第 0076 頁）《明史‧熹宗紀》泰昌元年：「十月戊申，
（以）遼東巡撫都御史袁應泰為兵部侍郎，經略遼東，代熊廷弼。」
（第 298 頁）泰昌元年十月甲辰朔，戊申為十月五日。廷弼公泰昌
元年十月初二日上《人言屢至疏》，隨即奉聖旨：「熊廷弼先以病
告，隨以會議著回籍聽勘，其所奏事情，候勘自明，不必再辯。」
（第 525 頁）

**泰昌元年十一月初三，回至京城，不得入都門。上《經過都門謝恩疏》以
謝聖恩。**

　　《經過都門謝恩疏》云：「孤臣經過都門，倍增感愴，謹力疾伏
正陽門外，叩頭哭謝天恩……又何能忍泣而過國門，不向皇上呼天
號地，一訴此無限之悲惆也哉！」（第 551 頁～552 頁）此疏尾署：
「泰昌元年十一月初三日」。

十一月甲戌，命兵科給事中朱童蒙前往遼東，會勘廷弼公之功罪。

　　《熹宗實錄》卷三：「泰昌元年十一月甲戌朔……丁亥……命兵
科給事中朱童蒙前往遼東，會勘經略熊廷弼功罪。」（第 145 頁）泰
昌元年十一月甲戌朔，丁亥為十一月十四日。

十二月十五日，命給事中姚宗文至遼東，勘廷弼公經制虛實。

明談遷《國榷》卷八四云：「（光宗泰昌元年十二月甲辰朔）戊午，周應嘉為南京禮部尚書。命給事中姚宗文往遼東，勘熊廷弼經制虛實。」（第5183頁）

十二月，回籍聽勘，入里門。遂絕意仕宦，入深山密林中，遁避蹤跡。

《壬戌除夕寄示珪璧琮三男》：「論者忽蜂起，謂我欺君王。師老財日匱，聞言但慚惶。臘月入里門，三月遼陽亡。」（第1225頁）

《性氣先生傳》：「自先生入遼後，未遣一家人問，家中日聞訛言，恐不測。及臘月入里門，皆驚疑如再世。念兩遭勘逐，人理所極，遂絕意，入深山密林中，遁避蹤跡。」（卷八第26頁）

【作品繫年】

《議添援兵駄馬疏》（正月初四日）

> 按：此疏重刻本尾署「萬曆四十八年正月初四日。」（第577頁）

《欽限考成疏》（正月初九日）（第393頁）

《新兵全伍脫逃疏》（正月初九日）（第397頁）

《辨人言開鐵糧石不先搬運揭》（正月初九日）（第687頁）

> 按：以上兩疏一揭重刻本均尾署「萬曆四十八年正月初九日。」

《恭謝天恩疏》（正月十三日）（第399頁）

《朝鮮飛報虜情疏》（正月十三日）（第402頁）

> 按：以上兩疏重刻本均尾署「萬曆四十八年正月十三日。」

《道臣告病疏》（正月十九日）

> 按：此疏重刻本尾署「萬曆四十八年正月十九日。」（第405頁）

《錢糧缺乏至極疏》（二月初四日）

> 按：此疏重刻本尾署「萬曆四十八年二月初四日。」（第408頁）

《嚴急招尤疏》（二月初八日）

> 按：此疏重刻本尾署「萬曆四十八年二月初八日。」（第411頁）

《急缺兵備官員疏》「據分巡遼海」（二月初九日）

> 按：此疏重刻本尾署「萬曆四十八年二月初九日。」（第412頁）

《議留賢能餉司疏》（二月二十七日）

　　　　按：此疏重刻本尾署「萬曆四十八年二月二十七日。」（第 414 頁）

《急缺兵備官員疏》「據整飭開原」（三月初二日）

　　　　按：此疏重刻本尾署「萬曆四十八年三月初二日。」（第 416 頁）

《改贊畫為監軍疏》（三月初三日）

　　　　按：此疏重刻本尾署「萬曆四十八年三月初三日。」（第 417 頁）

《糧草罄盡疏》（三月初六日）

　　　　按：此疏重刻本尾署「萬曆四十八年三月初六日。」（第 419 頁）

《火藥全焚疏》（三月十八日）

　　　　按：此疏重刻本尾署「萬曆四十八年三月十八日。」（第 421 頁）

《火災如毀疏》（三月二十日）

　　　　按：此疏重刻本尾署「萬曆四十八年三月二十日。」（第 424 頁）

《亟催各道疏》（三月二十一日）

　　　　按：此疏重刻本尾署「萬曆四十八年三月二十一日。」（第 525 頁）

《給由疏》（三月二十六日）

　　　　按：此疏重刻本尾署「萬曆四十八年三月二十六日。」（第 556 頁）

《恭候萬安疏》（三月二十九日）

　　　　按：此疏重刻本尾署「萬曆四十八年三月二十九日。」（第 427 頁）

《轉運事宜疏》（四月初六日）

　　　　按：此疏重刻本尾署「萬曆四十八年四月初六日。」（第 559 頁）

《土司託病疏》（四月初七日）

　　　　按：此疏重刻本尾署「萬曆四十八年四月初七日。」（第 428 頁）

《恭慰聖懷疏》（四月二十三日）

　　　　按：此疏重刻本尾署「萬曆四十八年四月二十三日。」（第 429 頁）

《議覆管局都司疏》（五月初七日）（第 431 頁）

《遼左將帥同盟疏》（五月初七日）（第 433 頁）

　　　　按：以上二疏重刻本尾署「萬曆四十八年五月初七日。」

《急需將官疏》（五月初十日）

按：此疏重刻本尾署「萬曆四十八年五月初十日。」（第562頁）

《官軍勞苦乞恩慰勞疏》（五月二十四日）（第436頁）

《邊官隱匿邊情疏》（五月二十四日）（第441頁）

《逆榜詬侮疏》（五月二十四日）（第443頁）

按：以上三疏重刻本均尾署「萬曆四十八年五月二十四日。」

《亟補各道疏》（五月二十七日）

按：此疏重刻本尾署「萬曆四十八年五月二十七日。」（第445頁）

《廳官抱病不支疏》（五月二十九日）

按：此疏重刻本尾署「萬曆四十八年五月二十九日。」（第567頁）

《說明朱菊水公祖掛冠揭》（五月？日）

按：此揭重刻本尾署「萬曆四十八年五月　日。」（第688頁）

《贊畫顧守寬饔疏》（六月初二日）（第450頁）

《河東營缺將甚多疏》（六月初二日）（第452頁）

按：以上二疏重刻本尾署「萬曆四十八年六月初二日。」

《衝邊將領患病疏》（六月初四日）

按：此疏重刻本尾署「萬曆四十八年六月初四日。」（第453頁）

《達虜入犯疏》（六月十五日）

按：此疏重刻本尾署「萬曆四十八年六月十五日。」（第597頁）

《大將患病疏》（六月二十五日）（第456頁）

《危遼急缺餉臣疏》（六月二十五日）（第457頁）

按：以上二疏重刻本尾署「萬曆四十八年六月二十五日。」

《箭道歌》（六月前）

按：庚申四月十一日《與黃武臬年兄》書云：「至於一應修城、戰車事宜，千件百件，何不件件從心上想過、口裏說過、筆下寫過。自總兵將官以下，惟只答應『就做就做』，卻未見有做者，須催幾十遍，纔做一件，而苟不提起一件，則此件終無做時。天下豈有與如

此人同事，而得好結果之理！況中外又不同心，各道且不見下教，弟如何做得上來。每堂後捶胸頓腳，而又恐一頓驚殺，枉喪其性命。只得同家丁箭道馳射一回，以自消遣。此苦當向誰行控訴也。」（第981頁～982頁）此歌當是於這種背景下創作，與馳射一般，均為聊抒「孤城孤絕誰堪共」的孤單鬱悶之情，據此暫繫萬曆四十八年（庚申，1620）六月前。

《〈出塞篇〉序》（約六月末）

按：序云：「自衝雪渡遼，過女直，泛鴨綠，登鳳凰、千山，遵海而南，放於旅順而還，極於醫巫閭之勝。」（第1171頁）廷弼公此次巡行在萬曆四十八年（1620）六月。庚申六月十九日《答李孟白督餉》書云：「昨東巡，自奉集過清河，歷寬、靉，至鎮江，從鳳凰城、甜水站中道而歸，徑行千有餘里，何處不見。」（第1032頁）《扶病看邊疏》：「六月初四日，往奉集，會監軍道邢慎言、總兵柴國柱商量守戰事宜。初五日，由奉集至咸寧，歷靉陽、寬奠，緣鴨綠江岸抵鎮江城，復迂道看險山舊邊，轉渡夾河，登鳳皇山，尋莫利支屯兵處，遂從鎮夷、鎮東、甜水站而還，計地千有餘里，往返十有三日。此經行之大概也。」（第457頁）據此，知此序撰於本年六月東巡後不多時，暫繫六月末。

《駁黃大司馬疏稱賊勢緩急功罪揭》（六月末）

按：此揭出《經略熊先生全集》卷五。重刻本尾署「萬曆四十八年　月　日」，其月日均佚。此揭主要針對兵部尚書黃嘉善疏「賊勢緩則經略之功，賊勢急則本兵之罪」等意而發。揭云：「日者，職有嚴急招尤一疏。」據此，知此揭撰於《嚴急招尤疏》奏進之後一些時日。《嚴急招尤疏》尾署：「萬曆四十八年二月初八日」，則此揭寫作時間，當在二月八日後一些時日。又，此揭之上一揭為本年五月所揭，下一揭在本年十月，則此揭之撰時，似應在五至十月間也。暫繫本年六月末待考。

《扶病看邊疏邊堡形勢》（七月初五日）（第460頁）

《病勢十分沉篤疏》（七月初五日）（第462頁）

《改調州官疏》（七月初五日）（第569頁）

  按：以上三疏重刻本均尾署「萬曆四十八年七月初五日」。

《七夕》（七月七日）

  按：此詩當為某年七月七日作。具體作年難定，約是入遼作品，暫繫萬曆四十八年（1620）七月。

《賊眾攻克山城疏》（七月初十日）（第470頁）

《賊夷分頭入犯疏》（七月初十日）（第473頁）

  按：以上二疏重刻本尾署「萬曆四十八年七月初十日。」

《撫臣憂制疏》（七月十一日）

  按：此疏重刻本尾署「萬曆四十八年七月十一日。」（第475頁）

《請告疏》（七月十六日）

  按：此疏重刻本尾署「萬曆四十八年七月十六日。」（第476頁）

《遼地亢旱疏》（七月二十四日）

  按：此疏重刻本尾署「萬曆四十八年七月二十四日。」（第597頁）

《恭慰疏》（八月初五日）

  按：此疏重刻本尾署「萬曆四十八年八月初五日。」（第477頁）

《官民輸助疏》（八月初七日）

  按：此疏重刻本尾署「萬曆四十八年八月初七日。」（第609頁）

《官軍仰荷恩賞陳謝疏》（八月十九日）（第478頁）

《欽承勅諭謝恩疏》（八月十九日）（第480頁）

  按：以上二疏重刻本尾署「萬曆四十八年八月十九日。」

《燒羊》（八月十七日至二十一日間）

  按：萬曆四十八年（1620）八月中旬，聞建州精騎數萬擬大舉進攻瀋陽，「臣聞而憂之，即日扶病特至瀋陽，時監軍道邢慎言亦至，密同商量相機戰守、村城兩顧事宜。因而遍閱壕柵，試驗車炮，一連五回，萬炮齊發，聲震數十里。臣因燒羊市酒，藉草酌諸將帥。

將帥無不摩拳擦掌，恨賊不來城下，一發盡斃而去也。臣亦不覺飛揚，有封狼居胥意。」（《奴酋大舉入犯疏》第 496 頁）八月十七日，力疾往瀋陽警督將帥。二十一日，還至奉集。則《燒羊》詩當撰於八月十七日至二十一日間。

《恭謝疏》（八月二十五日）

> 按：此疏重刻本尾署「萬曆四十八年八月二十五日。」（第 481 頁）

《發帑充餉陳謝疏》（九月初一日）（第 482 頁）

《欽賞犒軍戶部抵餉疏》（九月初一日）（第 485 頁）

> 按：以上二疏重刻本尾署「萬曆四十八年九月初一日。」

《再請告疏》（九月初六日）

> 按：此疏重刻本尾署「萬曆四十八年九月初六日。」（第 487 頁）

《易買馬匹疏》（九月初六日）

> 按：此疏重刻本尾署「萬曆四十八年九月初六日。」（第 612 頁）

《邊事查報異同疏》（九月初七日）

> 按：此疏重刻本尾署「萬曆四十八年九月初七日。」（第 489 頁）

《議添兵將疏》（九月十一日）

> 按：此疏重刻本尾署「萬曆四十八年九月十一日。」（第 618 頁）

《奴酋大舉入犯疏》（九月十四日）（第 498 頁）

《大帥風痰陡發疏》（九月十四日）（第 504 頁）

> 按：二疏重刻本尾署「萬曆四十八年九月十四日。」

《朝廷迭遭大故疏》（九月十八日）

> 按：此疏重刻本尾署「萬曆四十八年九月十八日。」（第 505 頁）

《病臣罪深孽重疏》（九月二十日）

> 按：此疏重刻本尾署「萬曆四十八年九月二十日。」（第 511 頁）

《請賜勘問疏》（九月二十二日）（第 515 頁）

《奏繳尚方疏》（九月二十四日）（第 517 頁）

> 按：以上二疏重刻本尾署「萬曆四十八年九月二十四日。」

《酌議贖罪疏》（泰昌元年十月初二日）（第 521 頁）

《人言屢至疏》（泰昌元年十月初二日）（第 525 頁）

> 按：以上二疏重刻本尾署「萬曆四十八年十月初二日」。

《會議已有定論疏》（泰昌元年十月初八日）（第 527 頁）

《尚義輸助軍興疏》（泰昌元年十月初八日）（第 529 頁）

> 按：以上二疏重刻本尾署「萬曆四十八年十月初八日」。

《議覆勞將原職疏》（泰昌元年十月十一日）（第 531 頁）

《衝邊急缺將領疏》（泰昌元年十月十一日）（第 534 頁）

> 按：以上二疏重刻本尾署「萬曆四十八年十月十一日」。

《援將練兵疏》（泰昌元年十月十二日）

> 按：此疏重刻本尾署「萬曆四十八年十月十二日。」（第 532 頁）

《發抄餉司原報錢糧數揭》（泰昌元年十月十二日）

> 按：重刻本此文所署日期後，尚有「署郎中事主事傅國」八字，廷弼公之意很明顯，此揭非己作，僅為自己「發抄」，其作者為「署郎中事主事傅國」（第 697 頁）。

《駁馮道長參逮揭》（泰昌元年十月十四日）

> 按：此揭出《經略熊先生全集》卷五，重刻本尾署「泰昌元年十月十四日。」（第 690 頁）

《急缺將領疏》（泰昌元年十月十六日）

> 按：此疏重刻本均尾署「泰昌元年十月十六日。」（第 536 頁）

《遼左諸臣獨苦疏》（泰昌元年十月十七日）（第 539 頁）

《援將勞苦異常疏》（泰昌元年十月十七日）（第 546 頁）

《奉旨交代疏》（泰昌元年十月十七日）（第 551 頁）

> 按：以上三疏重刻本均尾署「泰昌元年十月十七日」。

《黃梁祠》（十月下旬）

> 祠堂本此詩末有小字注曰：「黃梁祠在北直廣平府邯鄲縣。先生題是詩，勢正顯赫，墨蹟未乾，而豐碑在望矣。」（第 1218 頁）廷

弼公「勢正顯赫」時，當在萬曆末至天啟元年間。詩或泰昌元年
（1620），被勘回籍路過此地時作，時當為本年十月下旬。

《駁魏掌科參造逆榜揭》（泰昌元年十月二十九日）

按：此揭出《經略熊先生全集》卷五，重刻本尾署「泰昌元年
十月二十九日。」（第691頁）

《駁李大司農留住境上查算錢糧揭》（泰昌元年十一月初一日）（第692頁）

《請魏掌科等三公往勘揭》（泰昌元年十一月初一日）（第693頁）

《駁韓僉事辨揭》（泰昌元年十一月初一日）（第695頁）

按：以上三揭重刻本均尾署「泰昌元年十一月初一日。」

《申明黃大司寇參張名世揭》（泰昌元年十一月初二日）

按：此揭出《經略熊先生全集》卷五，重刻本尾署「泰昌元年
十一月初二日。」（第696頁）

《經過都門謝恩疏》（泰昌元年十一月初三日）

按：此疏重刻本尾署「泰昌元年十一月初三日。」（第552頁）

《發抄祭關聖文》（十一月初四日）

按：此文後無時間題署，但祭文云：「惟泰昌元年十一月初四
日，經略遼東等處軍務、兵部右侍郎兼督察院右僉都御史、今聽勘
熊廷弼，謹以羊豕香醴之儀，昭告於勅封三界伏魔大帝神威遠鎮天
尊關聖帝君。」（第697頁）據此係十一月初四日。

《硯銘》（冬）

按：《性氣先生傳》：「自先生入遼後，未遣一家人問，家中日聞
訛言，恐不測。及臘月入里門，皆驚疑如再世。念兩遭勘逐，人理
所極，遂絕意，入深山密林中，遁避蹤跡。」（卷八第26頁）此詩
似為聽勘回籍前所作，暫繫光宗泰昌元年（1620）冬。

《駁葉向高廷議紛紜疏揭》（十二月十八日後）

《李校》：「本篇輯自《兩朝從信錄》。此揭為《兩朝從信錄》卷
十天啟元年十二月乙酉條『大學士葉向高上言，為廷議紛紜，主持無

力，敬述愚見，以備聖裁』一疏之後所附。」〔註19〕本年十二月戊辰朔，乙酉為十二月十八日。廷弼公撰此文駁之，當在此日後若干日。

明熹宗朱由校天啟元年　後金（清）太祖天命六年　辛酉（1621）
五十三歲

【時事】

三月，後金兵攻陷瀋陽，總兵賀世賢、尤世功等戰死。又陷遼陽，經略袁應泰自殺。遼東城寨多降（《御批歷代通鑑輯覽》卷一百十三）。

四月，以王化貞為右僉都御史，巡撫廣寧（《明史·熹宗紀》）。六月，以張鶴鳴為兵部尚書，王在晉為總理戶工兵三部總理（《三朝遼事實錄》卷五，《熹宗實錄》卷十二作「三部軍需侍郎」）。

十月，葉向高再入閣任首輔（《明史·熹宗紀》）。

【行年】

本年三月之前，在家待勘。

閏二月戊戌，兵科給事中朱童蒙勘熊廷弼功罪回京覆命，疏言熊廷弼雖有被賊殺擄者共二十三處，不為無罪；但其城遼陽、城瀋陽、奉集、虎皮驛，鳩工繕障，開河建閘，曾幾何時，而金湯鼎峙，則不為無功。惟因督責太嚴，致流言載道，言官風聽，遂以入告。廷弼又勝氣相加，遂成今果。熹宗覽奏，當即下旨：「遼事會勘已明，熊廷弼力保危城，功不可泯，因言求去，情有可原。今中外多事，朝廷用人方急，仍議及時起用，以為勞臣任事者勸。」

> 《熹宗實錄》卷七：「天啟元年閏二月癸酉朔……戊戌，兵科給事中朱童蒙勘熊廷弼功罪，言廷弼自萬曆四十七年八月內到任，至泰昌元年十月內解任，其間，奴賊入犯如花嶺等山城、王大人屯及蒲河等處，被賊殺擄者共二十三處，不為無罪；至其城遼陽、城瀋陽、奉集、虎皮驛，鳩工繕障，開河建閘，曾幾何時，而金湯鼎峙，則不為無功。惟是廷弼因督責之太嚴，致流言之載道，言官得之風聽，遂以入告。乃廷弼勝氣相加，殊非大臣之體。得旨：遼事會勘

〔註19〕明沈國元撰《兩朝從信錄》，《四庫禁燬書叢刊》影印本，北京出版社 1997 年版，卷十第 20 頁。下引《兩朝從信錄》均出此，僅注卷頁。

已明，熊廷弼力保危城，功不可泯，因言求去，情有可原。今中外
多事，朝廷用人方急，仍議及時起用，以為勞臣任事者勸。」（第 355
頁～356 頁）天啟元年閏二月癸酉朔，戊戌為閏二月二十六日。

三月丙寅，起復為兵部右侍郎。並令馬上差人守催前來任事，限五十日內到任。

《熹宗實錄》卷八：「天啟元年三月癸卯朔……丙寅，起舊經略
熊廷弼為兵部右侍郎。添注：『馬上差人守催前來任事。』」（第 402
頁）天啟元年三月癸卯朔，丙寅為三月二十四日。

同上「己巳，諭內閣：朕覽文書，見科道條議，請敕馬上差人
催取熊廷弼等來京。今卿等擬進諭箚，只有馬上差官，著彼處地方
官敦趣，無寫敕之議。朕慮張鶴鳴、熊廷弼已催者，未必疾來……
卿等可另擬諭箚，一道將張鶴鳴等五人，各擬敕一道，馬上差官，
守催來京，共濟時艱。」（第 412 頁～413 頁）「（己巳）諭部院：朕
惟朝廷設官，各有職業，豈容曠廢？近來不諳典制，紛紛託故避事，
列名仕版，棲遲家園，成何國體！朕沖齡嗣位，方期大小臣工，靖
共修職；而因循若此，豈朕委任責成之意？你部裏便查升補未任官
員，照疏辭的，通政司不得代為封進本章，致滋瀆擾。其兵部左侍
郎張鶴鳴，代歸已久，屢奉溫綸，止知畏避人言，不顧君臣大義；
兵部右侍郎熊廷弼，功著存遼，朕已洞鑒，朝議僉同，特茲起用。
方今奴首，薦食狂逞，忠臣義士，豈無枕戈擊楫之思！你部裏便馬
上差官齎敕，前諭本官，仍著彼處地方官敦趣，即日就道。如不顧
君命，堅臥託辭，國有憲章，朕不敢貸。並升任尚書許弘綱、侍郎
王在晉、祁伯裕，奉命已久，都著催促前來任事，不得仍前延緩，
故諭。」（第 413 頁～414 頁）此諭又見明沈國元《兩朝從信錄》卷
六「三月」第 52～53 頁。天啟元年三月癸卯朔，己巳為三月二十七
日。

同上「（庚午）敕諭兵部右侍郎熊廷弼：朕惟爾經略遼東一載，
威懾夷虜，力保危城。後以播煽流言，科道官風聞糾論。敕下部議，
大臣又不為朕剖分，聽令回籍，朕尋悔之。今勘奏具明，已有旨起
用。適遼陽失陷，驦爾前功，思爾在事，豈容奴賊猖獗至此！爾當
念皇祖環召之恩，今朕沖年，遘茲外患，勉為朕一出，籌畫安攘。

其即日叱馭前來，庶見君臣始終大義。特命該部遣官齎敕召諭，如敕奉行。」（第 417 頁）天啟元年三月癸卯朔，庚午為三月二十八日。

王在晉《三朝遼事實錄》卷四：「辛酉（天啟元年）三月……欽限各官到京，水程張鶴鳴四十日，祁伯裕二十日，熊廷弼五十日，王在晉已就道，令其疾馳視事。」（第 4 頁）

約四月上旬，廷弼公在家鄉接到朝廷專敕，寫《拜手詔》詩以記其事。

據《熹宗實錄》卷八，天啟元年三月己巳，熹宗諭內閣：「卿等可另擬論箚一道，將張鶴鳴等五人，各擬敕一道，馬上差官，守催來京。」（第 412 頁～413 頁）根據熹宗五人各擬敕一道的旨意，庚午，即擬「敕諭兵部右侍郎熊廷弼：朕惟爾經略遼東一載，威懾夷虜，力保危城，後以播煽流言，科道官風聞糾論。敕下部議，大臣又不為朕剖分，聽令回籍，朕尋悔之……爾當念皇祖環召之恩，今朕沖年，遘茲外患，勉為朕一出，籌劃安攘，其即日叱馭前來，庶見君臣始終大義。特命該部遣官，齎敕召諭，如敕奉行。」（第 417 頁）天啟元年三月癸卯朔，己巳為二十七日，庚午為二十八日。從京城乘快驛至江夏約需八日左右，公接旨並撰《拜手詔》詩，當在天啟元年（1621）四月上旬。

約四月中旬，廷弼公由家鄉出發，日夜兼程。五月十二日，已行近京城。

《兩朝從信錄》卷六「五月」錄（浙江道御史）蘇述《請（並收茅茹）普示包荒疏》云：「今廷弼行且至矣，而大臣寂如也。則不得不言矣。」（卷六第 109 頁）蘇述此疏，李長春纂修本《熹宗皇帝實錄》卷二繫天啟元年五月十二日。

五月十五日後，疾馳至京。十八日，陛見。

明王在晉《三朝遼事實錄》：「差官奉敕諭絡繹於途，九列大臣皆貽簡趣行。中外群情，囂然如沸。（在晉）乃從淮登陸，於五月望日抵京。聞熊公廷弼將至，候三日，而與之同見朝。次日，上御講筵，輔臣道及遼事，謂二侍郎已密布方略。上曰：見兩侍郎至，朕心甚悅。」

按：王在晉作為當事人，其所記應當可信。在晉此次於朝堂見到廷弼公，為十七日，其次日為熹宗御講筵時間。但據《熹宗實錄》卷十：「（天啟元年五月）戊午，上御文華殿講讀。己未……原任經略遼東兵部侍郎熊廷弼赴召陛見。」（第0527頁）天啟元年五月壬寅朔，戊午為五月十七日。次日己未，為五月十八日。《熹宗實錄》與王在晉所記恰恰相反，未知孰正，今暫從《熹宗實錄》。《李表》謂七月抵京師，誤。

陛見之日，廷弼公上疏請求原諒迫使自己回籍聽勘諸臣，無使己有咎言官之名。

《熹宗實錄》卷十：「（天啟元年五月）己未，原任經略遼東兵部侍郎熊廷弼赴召陛見，疏言：先日糾論，科道誤聽風聞，乞免究問。已降郭鞏，乞復原職，無使臣有咎言官名。上不許，仍責該部以奉旨已久，何不回奏？」（第0528頁）天啟元年五月壬寅朔，己未為五月十八日。

五月二十一日，再上《請宥言官以安微臣事疏》，懇請熹宗收回查問處治言官郭鞏等之成命。

李長春纂修《大明熹宗達天闡道敦孝篤友章文襄武靖穆莊勤哲皇帝寔錄》卷二：「（天啟元年五月二十一日）原任遼東經略熊廷弼疏《請宥言官以安微臣事》，內云：臣自以勘歸里，誓不復出。獨痛封疆淪棄，聖心憂焦，二三大臣，皆畏議論，莫敢明目張膽，主持廟謨，一任紛爭，坐長禍亂……是蓋為國，安身不得，不出於此，而非敢矯情，為言官解說也。伏懇天恩，收回前諭，免行查問，並將郭鞏復職，則言官感皇上如天之仁，而微臣亦得以安其位，而行其志。奉聖旨（略）。」（第164頁～165頁）

時議以熊廷弼為經略，張鶴鳴為總督，王在晉為戶、兵、工總理。

《三朝遼事實錄》卷五，六月初：「時議以熊（廷弼）為經略，張（鶴鳴）為總督，（王在）晉為戶、兵、工總理。熊畏張之性嚴，而樂王公之坦易，欲出之，王亦以目不能視，不願任中樞，故自請出鎮，以張公祝部事矣。」（第4頁）

《性氣先生傳》:「時部院、科道皆以為然,獨大拂主撫兼經者意。其同鄉薛兵科鳳翔等紛紛言,設經略撓巡撫權,不便……而是時催起兵部卿貳者,為王霽宇象乾、涂鏡遠宗睿、張鳳臬鶴鳴、祁念東伯裕、王岵雲在晉及先生六人。象乾近,先至,次先生,餘皆家園觀望。象乾老而盲,在部不能覽文書,乞督師薊遼。當事者欲用先生本兵,先生辭,請留以待宗睿,乃用為經略。先生懲言者羹沸,又固辭。而上意定,欲用先生,遂晉先生尚書,賜蟒玉,諭公卿餞郊外,以重其行,縉紳榮之。然主撫兼經、及為先生而斥者,益耽耽先生,而禍從此起矣。」(卷八第 29 頁〜30 頁)

六月初六日,升兵部尚書兼都察院右副都御史駐箚山海關,經略遼東等處軍務。

《熹宗實錄》卷十一:「(天啟元年六月辛未朔,丙子)「升熊廷弼兵部尚書兼都察院右副都御史,駐箚山海,經略遼東等處軍務。」(第 0550 頁)天啟元年六月辛未朔,丙子為本年六月六日。

《明史·熹宗紀》:天啟元年六月,「丙子,朱國祚入閣。熊廷弼為兵部尚書兼右副都御史,經略遼東。」(第 299 頁)按:紀有誤。起熊廷弼在三月丙寅,此據《實錄》,應為陞兵部尚書兼右副都御史之時間。

《三朝遼事實錄》卷五:「(天啟元年六月)熊廷弼陞兵部尚書兼右副都(御史),經略遼東,駐箚山海關。賜尚方劍、麟玉、銀幣,宴都城外。」(第 3 頁)

六月初十日,熊廷弼辭免兵部尚書,熹宗不允。」

《熹宗實錄》卷十一:「(天啟元年六月庚辰)熊廷弼辭免尚書,不允。」(第 558 頁〜559 頁)本年六月辛未朔,庚辰為六月初十日。

六月十四日,鑄經略遼東等處軍務關防給熊廷弼。

《熹宗實錄》卷十一:「(天啟元年六月)「甲申,鑄巡撫登萊等處關防給巡撫陶朗先、鑄經略遼東等處軍務關防給熊廷弼。」(第 0563 頁)天啟元年六月辛未朔,甲申為六月十四日。

六月十六日，上《請復用高出等臣疏》，請求起用高出等原遼東共事舊人。

> 《熹宗實錄》卷十一：「（天啟元年六月丙戌）經略遼東熊廷弼，
> 請復用監軍道高出、胡嘉棟、餉司傅國、同知張文達等，並薄康應
> 乾、牛維曜之罪。且言今日遼官，當分四等。」（第565頁～566頁）
> 天啟元年六月辛未朔，丙戌為本年六月十六日。《李校》繫五月誤。

六月二十七日，上《臨行催請兵馬錢糧器械疏》，欲與三部將兵馬、糧餉、
器械事情，求一實落，但終日講求，竟無一著落。又與熹宗討要尚方之劍。

> 《熹宗實錄》卷十一：「（天啟元年六月丙申）遼東經略熊廷弼疏
> 言：臣到任十有二日矣，所不朝承命而夕戒途者，欲趁此身在內，與
> 三部將兵馬、糧餉、器械事情，求一實落……至於尚方之劍……應否
> 給賜，在皇上裁奪。得旨：（略）。」（第0580頁～581頁）按：本年
> 六月辛未朔，丙申為六月二十七日。熊廷弼本次至京在五月十五日後
> 一兩日，十八日陛見，其上任應在五月中旬。而據《實錄》則在六月
> 十五日始上任，整整差了一個月，未知是誤記還是另有原因。

七月三日，疏請添設遼東各監軍道，改邢慎言西路，錢士晉中路，梁之垣
南路，仍降胡嘉棟二級，監天津軍。

> 《熹宗實錄》卷十二「（天啟元年七月庚子朔）壬寅，經略熊廷
> 弼請添設各監軍道，從之。改邢慎言西路，錢士晉中路，梁之垣南
> 路，仍降胡嘉棟二級，監天津軍，調楊述程於登萊。」（第0587頁）
> 天啟元年七月庚子朔，壬寅為本年七月三日。

七月五日，上諭：除專敕外，加賜敕書一道，尚方劍一把。以啟行有日，
賜大紅麒麟一品服、紵絲四表裏、銀五十兩。仍賜宴都城外，五府、戎政、
部院堂上掌印官陪餞。

> 《熹宗實錄》卷十二「（天啟元年七月）甲辰，上諭：閣臣請以
> 經略尚書熊廷弼奉命專徵，宜重事權，兼隆禮數。除專敕，外加賜
> 敕書一道，尚方劍一把，將士不用命者，副總兵而下，先斬後奏。
> 兵餉額解外，特發帑金，以佐軍需。且啟行有日，賜大紅麒麟一品
> 服、紵絲四表裏、銀五十兩。仍賜宴都城外，五府、戎政、部院堂
> 上掌印官陪餞。其隨行領兵將官，紵絲一表裏、銀二十兩。標下各
> 軍，每名銀二兩，即於前領帑金內給發。」（第0588頁）

臨行前夕，上《請挑選京營精兵隨行入衛疏》（題暫擬）。

　　《三朝遼事實錄》卷五：「（天啟元年六月）熊廷弼題：京營選
鋒及提督協理標下精兵，不下萬人，當於內挑選馬兵五千名，擇用
謀勇將官薛來胤等三員分作標中標左標右三營。各將下中軍、千把、
百總，俱一一擒選驍壯者隨臣標下，以壯軍容其盔甲、兵仗、馬匹
等項，俱要鮮明、堅利、肥壯，使人望而生畏。其本等月糧，給與
家眷食用，在外月糧、草料，照援兵事例，一體從優散給。念時事
急迫，不必覆議，伏乞明旨，即日批允，以便遵行。」（第 6 頁）按：
天啟元年七月庚子朔，此疏當上於臨行前夕。

　　《熹宗實錄》卷十二：「（天啟元年七月庚子朔）乙巳，命簡選
京營兵五千名，馬六千四，及將官薛來胤等，隨經略熊廷弼出關。
各兵於月糧外，加給行糧，照援兵例，從廷弼請也。仍命俟援兵集
後撤回，以實禁旅。」（第 0590 頁）天啟元年七月庚子朔，乙巳為
本年七月六日。公疏似上於此前一二日。

七月十二日，赴遼東，宴都城外，廷臣陪餞。

　　《熹宗實錄》卷十二：「天啟元年七月庚子朔……甲辰，上諭：
閣臣請以經略尚書熊廷弼奉命專征，宜重事權，兼隆禮數。除專敕
外，加賜敕書一道、尚方劍一把……仍賜宴都城外，五府、戎政、
部院堂上掌印官陪餞。」（第 0588 頁）七月庚子朔，甲辰為七月五
日。

　　陳鼎撰《東林列傳》卷末上：天啟元年七月，「辛亥，賜熊廷弼
尚方劍、麒麟服，命百僚餞之都城外。」〔註20〕七月庚子朔，辛亥
為七月十二日。

　　明談遷《國榷》卷八四「熹宗天啟元年」：「敕賜熊廷弼尚方劍、
麒麟服一，幣四，金四十。宴都城外，廷臣陪餞。從行將領幣一、
金二十。標軍人二金。」（第 5192 頁）

　　按：十二日賜宴都城外，五府、戎政、部院堂上掌印官陪餞的
餞別宴，實際是送別古俗遣裝俗的又一生動記載。此俗中古以來一

〔註20〕清陳鼎撰《東林列傳》卷末上，文淵閣《四庫全書》，上海古籍出版社 1987
　　　年版，第 458 冊第 491 頁上。

直盛行。以前讀《晉書・溫嶠傳》：（溫）嶠出為丹陽尹，王敦設筵
為之餞別，「嶠起，行酒至鳳前，鳳未及飲，嶠因偽醉，以手版擊鳳
幘墜，作色曰：『錢鳳何人，溫太真行酒，而敢不飲！』敦以為醉，
兩釋之。臨去言別，涕泗橫流，出閣，復入，如是再三，然後即路。」
對溫嶠在別筵上做出的異樣舉動「臨去言別，涕泗橫流，出閣，復
入，如是再三，然後即路」，不甚理解。實際上，如果試從遙裝俗的
民俗角度對這個故事進行觀照，就非常好理解了，這應該就是所謂
的「小家兒出外也搖裝」之遙裝俗。在古代，某行人在離別某地之
前一天，親朋等要將行人送到離家不遠的送別地「長亭」或「南浦」，
設宴為之餞行。本來打點行裝已經上路，但走不多遠，行人還要從
此地返回家中，第二天一早，再整裝正式出發。有人嫌麻煩，乾脆
遙裝夜一夜不眠，直接等天明出發。這樣一種近似儀式的風俗，就
是「遙裝」俗。它的民俗意義似乎是象徵此次離別，定能如期返家。
此俗明代猶遵，除弼公此例外，明殷奎撰《強齋集》卷七《懷公武》
詩云：「草堂憶得遙裝夜，罷酒篝燈候曉雞。」此詩與唐人項斯《遙
妝夜》可謂異曲同工。

七月十三日，出都門，動身前往山海關。

> 《性氣先生傳》「七月十三日，出都門。明日，接齋臨方侍御震
> 孺疏，言河西不足恃狀，書言河卒病，兩日報死者三百二十人，餘
> 皆半死半生，似人似鬼，哭之外更無別事。」（卷八第 33 頁）

途中，營兵集體嘩變，將金錢、行李盡行卷走。廷弼公抵關，甲仗、馬匹、輜重、行李，皆洗劫一空。以將領扣克，入衛兵逃，公上疏參論。

> 《三朝遼事實錄》卷五：「（天啟元年六月）經臣（熊廷弼）瀕
> 行，與總理（王在晉）索大弓五千，箭若干。晉曰：若用大弓，曷
> 不早言！兩相競。適給霍維華至，謂無弓。當與銀五千兩往彼製造。
> 工部曲處銀付之。彼時經臣如驕子，無求不遂。比至途，則營兵大
> 噪，抵關，甲仗、馬匹，俱去而不返矣。又多用馬千四，駝載輜重、
> 行李，皆付之何有。所給五千金，不可問。」（第 6 頁～第 7 頁）
>
> 《熹宗實錄》卷十二：「（天啟元年七月乙丑）宣大入衛兵之逃
> 也，經略熊廷弼以將領扣克有因，參論之。兵部尚書張鶴鳴言，入

衛逃兵，與援遼逃兵不同。援遼兵原調赴遼，中道而逃，是棄遼也，擬當重；入衛兵原暫駐近畿，事緩即宜發回，不發是滋費也，擬當輕。乞照舊發回，分別首從，梟示貫耳。至馬爌、周大全、張登魁侵克有無，行陽和總督、宣大巡撫究問，如真，即重坐，以為領兵貪殘之戒。得旨：宣兵押回該鎮，督撫官仍遵屢旨，分別首從正法。回奏：馬爌等侵克科斂，搖惑眾心，著嚴查究處。」（第 627 頁）

按：這起事故，似乎是朝中某些人早有預謀。

在路，急上《奏控馭機宜疏》（題暫擬）。

《熹宗實錄》卷十二：「天啟元年七月庚子朔……經略熊廷弼奉敕即發。」（第 0585 頁）同上：「（天啟元年七月庚申）經略熊廷弼題：臣入國門，即逢人言，三岔河不可駐……臣到任後，即馳廣寧……當與撫臣、臺臣，細商而急行之。有旨：（略）。」（第 618 頁～620 頁）天啟元年七月庚子朔，庚申為本年七月二十一日。據《性氣先生傳》：「七月十三日，出都門。明日，接齎恤方侍御震孺疏，言河西不足恃狀，書言河卒病，兩日報死者三百二十人，餘皆半死半生，似人似鬼，哭之外更無別事。」（卷八第 33 頁）此疏約是見到方震孺疏所言河西不足恃之狀後所擬。

七月二十七日，抵山海關，到任，奏進《恭謝疏》。

《不和非關節制疏》：「七月二十七日，抵關到任，僅八日而馳赴廣寧，往回月餘，再住四十五日，而又馳赴右屯。櫛風臥雪，身不帖席。」（第 648 頁）《勸王肖乾中丞》書云：「僕七月二十七到任，八月初四得報捷大疏，初六即出關至廣寧。」（第 1110 頁）《兩朝從信錄》卷八：「（八月）經略熊廷弼報，七月二十日，抵山海關，到任，進《恭謝疏》。」（第 13 頁）《兩朝從信錄》作「二十日，抵山海關」，疑「二十」下脫「七」字，朝廷接此疏，當在八月初。

八月初三日至廣寧，次日下教場，同山右道副使陶珽、總兵官孫顯祖，逐一點驗延綏援兵。

《汰退不堪援軍疏》：「本月初四日，臣下教場，同山右道副使陶珽、總兵官孫顯祖，逐一點驗。除延綏領兵守備何達領定邊營家

丁一百九十餘名，王永祚領安邊鎮靜路家丁一百九十餘員名，賈登科領鎮城、正右、清平三營健丁一百九十餘員名，千總馬登科領塞營內丁六十名，傅良臣領原任總兵尤秉忠內丁七十餘名，寧夏守備周宗克領兩河家丁六百餘名，身材神氣，頗覺精彩，拔十尚可得八……後點薊守備王延祚下官兵一千一十四員名，別是一樣人物……不得已，量退三百九十七名，千總項守程下所領；總兵杜文煥家丁一百名內，量退三十九名。」（第630頁）

《熹宗實錄》卷十三：「天啟元年八月庚午朔……己丑，經略熊廷弼以延鎮兵馬，至關者羸弱不堪，乞將撫臣張之厚重罰，總兵杜文煥革任，其原調未來家丁，及此番汰退軍士，務選精壯，即令伊子杜弘城親領來遼，代父立功贖罪。仍乞敕該部，轉行各督撫鎮道，以後有復以屏弱充數，督撫定議降斥，總兵定行逮繫。」（第676頁）

廷弼公聞撫臣王化貞往三岔河，欲督兵襲海州，遂於初六出關前往廣寧，七日至柳河口。兩日一夜，走三百八十里。

《備述出關情形疏》：「臣抵關未及旬，即於八月初六日出關，聞撫臣往三岔河，欲督兵襲海州，取奴第三子。臣捨輿乘騎，領家丁十餘人，夜從大凌河趨河上以就之。至杜家屯，聞撫臣已歸，而臣仍沖水至柳河口，循河而北，察軍心之安危、防禦之疏密、村屯之稀稠，以便折衷地方之議。蓋兩日一夜，走三百八十里。」（第638頁）

八月十三日，同家丁十餘人間道趨河上以就王化貞。十七日，入廣寧城。大集文武於教場，歃血盟誓。

《遼事是非不明疏》：「臣以八月初六日出關，十七日入廣寧。」（第654頁）

《性氣先生傳》：「比至廣寧，問分布，則滿城皆兵，無一將管；滿城皆將，無一兵管，尚未統屬。問馬，則缺料半倒損。問甲仗，則氈帽布衫，執棍而立。問糧草，則米豆百萬石在南河口，無計搬運。問人心，則被兵馬作踐，急皆持兩端。問軍心，則殘兵聲口不堪。問昌、薊、真、保兵，皆哭求放回守陵、守城。問諸將，則高

坐講加銜、講薪水、講病求去。問提督、鎮、道，皆蹙額愁進兵，懇先生作主。及問化貞，亦云初原指望兵馬器仗，八月必集，西人助兵，八月必趕到，不意至今尚未湊手，何敢輕進，意色甚沮喪……於是立檄王提督威、劉總兵渠等挑選分派，委將立營陣；檄各監軍道汰老幼，去病患，核虛冒；檄廣寧道廳辦車牛轉運，周視城外崗嶺要害，躧定營盤為犄角大軍地；而大集文武於教場，宰馬祭天，歃血盟誓，以期共濟。一時人心頗感憤。」（卷八第 34 頁）

約九月中旬，由廣寧回到山海關，往返一月有餘。

《回王霽宇制府》「伏承臺箚勸和」云：「（臣）七月二十七到關，僅八日而馳赴廣寧，往回月餘，再駐僅四十五日，而又馳赴右屯。」（第 1135 頁）

《恭報出關疏》（原題《辨出關疏》）：「臣到關僅八日，即馳至廣寧而返；月有六日，復到永平、撫寧；計住關實止四十二日耳。」（第 641 頁）

十月　命廷弼公出山海關，進駐右屯。二十七日，聞王化貞進兵。二十八日，出關。

《遼事是非不明疏》：「去年十月二十七日，聞撫臣進兵，二十八日出，止借總兵孫顯祖家丁五百人、參將施洪謨一百五十人、被參副將吳自勉自養家丁五百人、兵部侍郎張經世留下家丁九十餘人隨行。及到右屯，始截留續到之兵，與其先發過遼者，湊聚騎兵萬二千人，內挑萬人，分左右各五哨，而統之以十將，千人發義州戚家堡防西邊，千人作老營駄運炮器。又與撫臣討真、保步兵五千人，演戰車四百輛，每輛十人，分為兩營，各納前騎兵五千人於其中，餘則以為守右屯城之用。」（第 651 頁～652 頁）

十一月初一日，至中後所，得王化貞危疆固守實難一揭。力闢以守待戰之非。廷弼公因而移書閣部大臣，專責而卒成之，意實以阻之也。

明王在晉《三朝遼事實錄》卷六：「（天啟元年）十一月朔，（廷弼）至中後所，得巡撫（王化貞）《危疆固守實難》一揭，力闢以守待戰之非。弼因移書閣部大臣，專責而卒成之，意實以阻之也。」（第 26 頁）

初四日，至松山。亟檄劉渠與巡道高邦佐等，落實守城之一切零碎器具。

> 《遼事是非不明疏》:「記臣去年十一月初四日至松山，接監臣
> （方震孺）一揭帖、一手書，言:『今所急懸者，廣寧城守之事。南
> 城低甚，必須箚一營於城外。西北城在山麓，險不在我，則西山之
> 角亦宜箚一營。至於守城一切零碎器具，如布簷、燈籠、木根等項，
> 煩飛檄責成鎮守、分巡道，以圖實著。』臣歎曰:「城外箚營地方，
> 八月間已親踩定，何以至今不做？』亟檄劉渠與巡道高邦佐舉行
> 之。」（第655頁）

十一月初六日，與方震孺相會於右屯衛。

> 《遼事是非不明疏》:「記臣去年……（十一月）初六日，至右
> 屯衛會監臣（方震孺）。」（第655頁）《與內閣》書云:「遼撫之必
> 斷送河西也，雖三尺之童皆知之。然一時舉朝皆誇詡其功能，弼但
> 一言及，便以為妒而欲害其成。記去年十一月初六日，方監院會於
> 右屯衛，談『遼撫只聽西之間諜與孫弁之哄，不肯收拾兵馬戰守』
> 諸狀至中夜，因而歎曰:『王肖乾不換，必斷送此一塊土。孺這一副
> 骨頭，不知交何所！』」（第1145頁）

十一月十一日，王化貞會廷弼公於西平，一鎮三道皆來聚晤，相與極論遼
東形勢。

> 明王在晉《三朝遼事實錄》卷六:「（十一月）十一日，巡撫王化
> 貞會廷弼於西平，一鎮三道皆來聚晤，相與極論。各道曰:今過河不
> 得，河上督兵，設伏出奇，又不得，事事依公意部署，亦歸到同處矣。
> 弼曰:遲矣。巡撫曰:前實不曾依奉公行，今只當遼陽初失，惟公指
> 教矣。弼曰:河冰阻而攏兵，河冰合而撤退，報賊虛而神飛，聞賊來
> 而意索。今日講河上，明日議西平，又明日而議鎮武；今日撤兵回，
> 明日發兵往，又明日覆議留。無謀人之心，而使人備之，致將南衛遼
> 海百姓北驅殆盡，廣寧滿地奸細，城中聚謀，各立名號，頗繁有徒。
> 未得彼情，先輸我實。況平日諜報賊無兵，賊忙賊急賊怕我，賊斷不
> 來，賊在遼陽者，何曾一驗？故勸公內防而外謝之，一味密密厲兵秣
> 馬，儲糧治械，幹我正經事體，自隱然有不可犯之勢，遼東尚可為也。
> 巡撫唯唯，各道鎮亦首肯，不敢對。」（第26頁～第27頁）

十一月十四日回右屯衛。往返十七日，作《出關見聞述》。

> 明王在晉《三朝遼事實錄》卷六：「（熊廷）弼遂於十一月十四
> 日回右屯衛。往返十七日，作《出關見聞述》。述中所載者，廣寧撫
> 按鎮道將書，亦話言及地方兵馬糧草情形。大意主守不主戰，聞於
> 閣部臺省，明知其示可戰耳。」（第26頁）

十一月二十二日，協理戎政左僉都御史李宗延上疏，言七月間，熊廷弼
選馬六千四十六匹往關。十月朔，據廷弼隨徵副將薛來胤報，此馬倒失
九百三十三匹，僅留發廣寧二千九百三十六匹。京營戰馬，在廣寧斃壞
殆盡。

> 《熹宗實錄》卷十六：「（天啟元年十一月）己未，協理戎政左
> 僉都御史李宗延題：七月間，熊廷弼選馬六千四十六匹往關。十月
> 朔，據廷弼隨徵副將薛來胤報，倒失九百三十三匹，僅留發廣寧二
> 千九百三十六匹。又聞京營戰馬，在廣寧斃壞殆盡……黃花鎮上，
> 馬骨砌廟，可歎也……奉旨特撥，部文借支，則同庫空，屢借不還，
> 滿厄日溢，則空益甚。一輸邊鎮，半入勢要，半入囊橐，閭閻脂膏，
> 徒腥黃沙。」（第0813頁～814頁）天啟元年十一月戊戌朔，己未
> 為十一月二十二日。

十一月三十日，廷弼公病癒閱城。

> 《兩朝從信錄》卷十：「（十一月）三十日，以病癒閱城，忽接
> 其書，言率兵取海州，辭意甚決。」（第19頁）

十二月，御史江秉謙上疏，言目前是化貞節制廷弼，而廷弼公未嘗節制三
方；非經、撫不和，乃好惡經、撫者不和也；非戰守之議論不合，乃左右
戰守者之議論不合也。

> 谷應泰《明史紀事本末·補遺》卷二《熊王功罪》：「（天啟元年
> 十二月）御史江秉謙上言：『廷弼起田間，假以節鉞，疆場之事不從
> 中制，而數月以來，經略不得措其手足。說者曰：經、撫不和，化
> 貞欲戰，廷弼欲守。夫廷弼非專言守，謂守定而後可戰也。化貞銳
> 意進戰，脫有不捷，將何以待之。而化貞無一言不聽從，廷弼無一
> 言令吐氣。彼原不從戰守起見，但從化貞、廷弼起見耳。夫廷弼節
> 制三方，則三方戰守當悉聽其指揮，乃化貞欲進，則使廷弼隨之而

進；化貞欲退，則使廷弼隨之而退；化貞忽進忽退，則使廷弼進不
知所以戰，而退不知所以守，是化貞節制廷弼，而廷弼未嘗節制三
方也。是經略為具官，稟成則無權，坐罪則有主，國家亦安賴此經
略哉。故今日之會議，非經、撫不和，乃好惡經、撫者不和也；非
戰守之議論不合，乃左右戰守者之議論不合也。』」〔註21〕

【作品繫年】

《聽勘回籍》（初春）

按：《壬戌除夕寄示珪璧琮三男》云：「論者忽蜂起，謂我欺君
王。師老財日匱，聞言但慚惶。臘月入里門，三月遼陽亡。」《性氣
先生傳》：「自先生入遼後，未遣一家人問，家中日聞訛言，恐不測。
及臘月入里門，皆驚疑如再世。」（卷八第26頁）廷弼公此次聽勘
回籍在光宗泰昌元年（1620），臘月入里門，此詩云：「數聲燕語破
春愁」，當寫於次年初春。

《春雨東園雜詠十首》（初春）

按：詩云：「新歲連朝未到來，舊花滿地盡移栽。」上海博物館
藏熊廷弼行書《東園十詠》詩軸跋云：「辛酉初春多雨，日在東園中
蒔花移樹，課鳥豢魚，因仿初唐連珠體，偶成十詠。」則此詩撰於
辛酉初春，即天啟元年辛酉（1621）初春。

《夜深聽蛙鳴》（三月清明）

詩云：「正是清明好時節」，則撰於某年三月清明節。廷弼公
一生中，三次聽勘，一在萬曆四十年（1612）後，一在天啟元年
（1621）春前，一在天啟二年（1622）二月後。三次聽勘前後，
朝中眾臣，均大有人曉曉言公之不是。今暫據祠堂本之編次繫天
啟元年清明。

《拜手詔》（四月上旬）

據《熹宗實錄》卷八，天啟元年三月丙寅，起舊經略熊廷弼為
兵部右侍郎。「己巳，論內閣：朕覽文書，見科道條議，請敕馬上差
人催取熊廷弼等來京……卿等可另擬論箚一道，將張鶴鳴等五人，

〔註21〕明谷應泰撰《明史紀事本末‧補遺》卷二，中華書局1977年版，第4冊第
1430頁～1431頁。下引《明史紀事本末》均出此僅注頁碼。

各擬敕一道，馬上差官，守催來京，共濟時艱。」（第 412 頁～413 頁）根據熹宗五人各擬敕一道的旨意，「庚午，敕諭兵部右侍郎熊廷弼：朕惟爾經略遼東一載，咸懾夷虜，力保危城，後以播煽流言，科道官風聞糾論。敕下部議，大臣又不為朕剖分，聽令回籍，朕尋悔之。今勘奏具明，已有旨起用。適遼陽失陷，隳爾前功，思爾在事，豈容奴賊猖獗至此！爾當念皇祖環召之恩，今朕沖年，遘茲外患，勉為朕一出，籌劃安攘，其即日叱馭前來，庶見君臣始終大義。特命該部遣官，齎敕召諭，如敕奉行。」（第 417 頁）天啟元年三月癸卯朔，丙寅為三月二十四日，己巳為二十七日，庚午為二十八日。從京城乘快驛至江夏約需八日左右，公接旨撰《拜手詔》詩，當在天啟元年（1621）四月上旬。

《寄龍泉張五雲先生》（四月中旬左右）

按：書云：「遼已失其大半，空身赴之，外無應援，內無幫助。」（第 1108 頁）則時當在天啟元年（1621）四月。廷弼公約本年四月上旬，在家鄉接到朝廷詔書（參《拜手詔》詩下考證）。其從家鄉應詔出發，大約在四月中下旬。《寄張修吾書》云：「不肖與君家有師弟之誼，有姻戚之親，有骨肉之好。」（第 1151 頁）此書與姻親交待後事，並以「小兒奉託」，當撰於臨行前。廷弼公與張氏之姻親關係，據江夏《熊氏宗譜》，其子女六人，沒有與張氏有姻親關係者，只有公一妾為張氏，其與張五雲的「姻戚之親」「骨肉之好」，當指此一層關係。

《過恨者關》（五月初）

此詩序云：「己未春，予起宣慰，代遼東經略……辛酉春，遼陽陷，蒙璽書召還，念三朝厚恩，義不忍辭。然兩年病中，三渡此關。」（第 1217 頁）己未為萬曆四十七年，辛酉為天啟元年（1621）。萬曆四十七年夏，赴遼經略一過此關；萬曆四十八年冬，被劾回籍聽勘，二過此關；故此詩當作於天啟元年奉詔北上，第三次經過恨者關之時，時應在天啟元年五月初，公五月十五日後一兩日已疾馳至京。參上「五月十五日後兩日，疾馳至京」條考證。

《請原郭鞏諸糾劾言官疏》（五月十八日）

按：本篇輯自《熹宗實錄》卷十一天啟元年五月己未條（第0528頁），篇題代擬。天啟元年五月壬寅朔，己未為五月十八日。

《請宥言官以安微臣事疏》（五月二十一日）

按：本篇輯自李長春纂修《大明熹宗達天闡道敦孝篤友章文襄武靖穆莊勤哲皇帝寔錄》（後簡稱李長春纂《熹宗寔錄》）卷二天啟元年五月二十一日條。

《萬石劉氏重修族譜序》（五月前）

按：序言：「今上御極之元年辛酉，弼以夏官，復承制經略遼東，賜宴金鑾，寵賜劍服，君命難，宿遊郵引望，其於一時士大夫，郵寄魚箋，囑弼大冊高文者，檢收行篋，未獲酬報。越明年，牧人盡區畫之方，制國備形體之法，繕完發函。」〔註22〕尾署時間為「天啟壬戌正月望六之吉。」（第20頁）天啟壬戌即天啟二年（1622）正月十六。但尾署廷弼公職務為「賜進士出身通議大夫兵部右侍郎奉敕經略遼東」（第20頁），尾署時間與職務二者衝突。通議大夫兵部右侍郎，公在萬曆朝已經做到了這個職務。聽勘回籍，天啟元年三月即是這個職務起復，六月初六即升兵部尚書。這個矛盾是怎麼造成的？個人認為，應是此序與劉弘化的信所序時間誤冠而成，因信是「附敘以報」。也許，敘沒有署撰寫時間，但署「賜進士出身通議大夫兵部右侍郎奉敕經略遼東」這個職務，就決定了此序的寫作時間，只能是天啟元年五月前；天啟壬戌正月望六，是給劉弘化寫信並寄出此敘之時間。族譜編者不知，遂誤冠。

《恢復遼左須三方布置疏》（六月初一日）

按：《李校》原自《熹宗實錄》卷十一天啟元年六月辛未條輯出，題「三方布置疏」；今從祠堂本卷八《性氣先生傳》重錄，而以《實錄》者附，篇題重擬。本年六月辛未為本月初一日。

《不必另設經略疏》（六月初一日）

《李校》：「本篇輯自《明熹宗實錄》卷十一天啟元年六月辛未條，篇題代擬。」（第620頁）按：本年六月辛未朔。

〔註22〕湖南攸縣王陸才等撰《萬石劉氏八修族譜》，1999年版，第18頁。

《以杜廟堂經撫不和構生事端疏》（六月十二日）

按：本篇輯自《熹宗實錄》卷十一天啟元年六月壬午下，篇題代擬。天啟元年六月辛未朔，壬午為六月十二日。

《請復用高出等臣疏》（六月十六日）

《李校》：「本篇輯自《三朝遼事實錄》卷五，篇題代擬，《明熹宗實錄》卷十天啟元年五月丙戌條為節選。」（第621頁）天啟元年五月壬寅朔，無丙戌日。六月辛未朔，丙戌為六月十六日。《李校》繫五月誤。

《事本難而視之愈易疏》（六月十七日）

此疏見祠堂本《襄愍集》卷五，但刪改頗多。《兩朝從信錄》卷七所錄者則未刪改。《熹宗實錄》卷十一為節錄。《實錄》繫天啟元年六月丁亥。本年六月辛未朔，丁亥為六月十七日。

《薦舉遼官用遼望以收遼心疏》（六月二十日）

《李校》：「本篇輯自《明熹宗實錄》卷之十一天啟元年六月庚寅條，篇題代擬。」（第625頁）按：本年六月辛未朔，庚寅為六月二十日。

《撫臣言援遼軍兵不堪疏》（六月二十二日）

《李校》：「本篇輯自《明熹宗實錄》卷十一天啟元年六月壬辰條，篇題代擬。」（第626頁）按：本年六月辛未朔，壬辰為六月二十二日。

《臨行請三部落實兵馬錢糧器械等項疏》（六月二十六日）

《李校》：「本篇輯自《明熹宗實錄》卷十一天啟元年六月丙申條，篇題代擬。」（第627頁）按：《李校》原題「臨行催請兵馬錢糧器械疏」，筆者改作今題。本年六月辛未朔。丙申為六月二十六日。

《請精擇京營選鋒疏》（七月初一日）

按：本篇輯自王在晉《三朝遼事實錄》卷五，篇題據《兩朝從信錄》擬。《兩朝從信錄》卷七：「（天啟元年）七月庚辰，孟秋享⋯⋯經略熊廷弼請精擇京營選鋒。」（第24頁）天啟元年七月庚子朔，

無庚辰日。「孟秋享」，據《熹宗實錄》，應為本年七月庚子日，即七月初一日。故此「庚辰」應為「庚子」之誤。

《請添設遼東各監軍道疏》（七月三日）

《熹宗實錄》卷十二「（天啟元年七月）壬寅，經略熊廷弼請添設各監軍道，從之。改邢慎言西路，錢士晉中路，梁之垣南路，仍降胡嘉棟二級，監天津軍，調楊述程於登萊。」（第0587頁）天啟元年七月庚子朔，壬寅為七月三日。按：《熹宗實錄》卷十二僅記篇題，不記疏文。

《遼東控馭機宜疏》（七月二十一日）

按：《李校》：「本篇輯自《明熹宗實錄》卷之十二天啟元年七月庚申條，篇題代擬。」（第627頁）按：《李校》原題「三岔河不可駐兵疏」，與本疏內容似不甚符，故改作今題。本年七月庚子朔。庚申為七月二十一日。

《申明撫臣職掌以重責成疏》（七月二十三日）

《李校》：「本篇輯自《明熹宗實錄》卷十二天啟元年七月壬戌條，篇題代擬。」按：本年七月庚子朔。壬戌為七月二十三日。

《入衛兵逃將領扣克有因疏》（七月二十六日）

按：本疏輯自《熹宗實錄》卷十二天啟元年七月壬寅條，篇題暫擬，文暫缺。天啟元年七月庚子朔，庚申為本年七月二十六日

《三方布置須聯合朝鮮疏》（八月初一日）

《李校》：「本篇輯自《明熹宗實錄》卷之十三元年八月庚午條，篇題代擬。」（第629頁）按：本年八月庚午朔。庚午為八月初一日。

《汰退不堪援軍疏》（八月十日）

《李校》：「本段據明熹宗實錄補。」（第632頁）按：《李校》實從《熊襄愍公集》卷五輯出，誤注。因集本刪改較多，今據《兩朝從信錄》卷八重錄，篇題一仍其舊。《兩朝從信錄》卷八：「（天啟元年八月）經略熊廷弼奏：『汰退不堪援軍，發回另補，並從實參處，以警欺玩，以救危亡。』」（第14頁）《熊襄愍公集》卷五尾署：「天

啟元年八月」。《熹宗實錄》卷十三：「（天啟元年八月）己丑，經略熊廷弼以延鎮兵馬，至關者羸弱不堪，乞將撫臣張之厚重罰，總兵杜文煥革任，其原調未來家丁，及此番汰退軍士，務選精壯，即令伊子杜弘城親領來遼，代父立功贖罪。仍乞敕該部，轉行各督撫鎮道，以後有復以孱弱充數，督撫定議降斥，總兵定行逮繫。」（第0676頁）天啟元年八月庚午朔，己丑為八月十日。

《辨收復鎮江為奇捷疏》（八月末）

按：此疏輯自《熹宗實錄》卷十四天啟元年九月癸丑下。《明史》卷二五九《熊廷弼王化貞傳》錄文經過了譁改。《熹宗實錄》卷十四：「（天啟元年九月癸丑）初毛文龍收復鎮江，王化貞自謂發縱奇功，便欲乘機進取。熊廷弼言：三方兵力未集，而文龍發之太早……目為奇捷，乃奇禍耳。移書都中，力詆化貞之謬。」（第0704頁）天啟元年九月己亥朔，癸丑為本月十五日。毛文龍收復鎮江在八月，據《明史》卷二五九《本傳》，此疏似上於天啟元年（1621）九月前，故暫繫本年八月末待考。

《與方孩未監院》「昨邢道稟」（八月末或九月初）

按：《熹宗實錄》卷十三：「天啟元年八月庚午朔，以貲恤御史方震孺監遼東軍，改遼東南路監軍道梁之垣為行監軍道。」（第0637頁）「乙未，遼東巡撫王化貞揭報情形言：奴自得遼陽後，掺括民間米粟牛羊，俱置新寨……因奴遣人編兵，令其婦女北徙，望兵至不啻眼穿……虎酋恨奴甚，又殺奴殊銳於我，秒花狡悍，亦來求款……廣寧之人，懼奴慘虐，有死戰心，昨一聞鎮江之復，將士皆摩拳擦掌，願一當奴偏俾（裨），而下投遞供結，請以父母妻子為質，歃血神前……奴兵分御，遼陽遂空，海州止真夷二千，河上止遼兵三千，若潛兵夜襲，破之必矣。奴南防之兵必狼狽而歸，吾據險以擊其惰，可大殲也。兵部尚書張鶴鳴，據揭以聞，並述大同塘報言，奴差喇麻與素囊，送盔甲器械、金銀段疋，誘其會合入犯，詳遼撫以上之情形，與奴結素囊之之（疑衍之字）塘報，料敵決策，惟此時為然。乞嚴敕經撫及當事諸臣，日夜臥薪嚐膽，同心同謀，以圖進止。得旨：據奏，進取機宜，便行與經撫各官，參酌情形，決策制勝，仍

作速會疏密奏。」（第682頁～684頁）天啟元年八月庚午朔，乙未為八月二十六日。廷弼公此書當撰於八月末或九月初。

《請督臣移駐關上疏》（九月初四日）

《李校》：「本篇輯自《明熹宗實錄》卷十四天啟元年九月壬寅條，篇題代擬。」（第638頁）按：天啟元年（1621）九月己亥朔。壬寅為九月初四日。

《回王肖乾中丞》「來教謂：連日人心大奮」（約九月上旬）

按：《熹宗實錄》卷十四云：「（天啟元年九月壬寅）經略熊廷弼疏言：連得撫臣王化貞書，欲乘銳渡河，取海州。臣謂奪海州容易事，但我入而所以守之法，賊救而所以御之法，宜先講求。若第掩取而歸，為賊追襲，後一段光景，尤宜深想。」（第0695頁）天啟元年九月己亥朔，壬寅為九月四日。廷弼公此回書，約撰於九月上旬。

《與方孩未監院》「日者，固守廣寧」（約九月上旬）

按：書言：「及得來教，謂撫院決欲渡河，以踐前言，則可謂先人一著矣。」王化貞上疏言「決欲渡河」在天啟元年（1621）八月二十六日（《熹宗實錄》卷十三）。而後方震孺給廷弼公寫信反映這一情況，故公與方氏回此書，時約在九月上旬。

《備述出關情形疏》（九月十五日）

《李校》：「本篇輯自《明熹宗實錄》卷十四天啟元年九月癸丑條，篇題代擬。」（第639頁）按：本年九月己亥朔，癸丑為九月十五日。

《經略有名無實疏》（九月十五日）

按：本篇輯自《熹宗實錄》卷十四「天啟元年九月癸丑」條，篇題代擬。本年九月己亥朔，癸丑為九月十五日。

《戰守不可碌碌因人疏》（九月十五日）

按：本篇輯自《熹宗實錄》卷十四「天啟元年九月癸丑」條，篇題代擬。本年九月己亥朔，癸丑為九月十五日。

《不可專恃西虜疏》（九月十五日）

《李校》：「本篇輯自《明熹宗實錄》卷十四天啟元年九月癸丑條，篇題代擬。」（第640頁）按：本年九月己亥朔。癸丑為九月十五日。

《三方布置有名無實疏》（九月中旬）

按：此疏《李校》自《熊襄愍公集》卷五輯出。原輯文譌改嚴重；今據《兩朝從信錄》卷八重錄，以祠堂本作校，題依李校原擬。祠堂本《熊襄愍公集》卷五此疏尾署：「天啟元年九月」，《兩朝從信錄》卷八繫此疏九月七日後，月底前。書言：「今樞臣曰：撚指秋盡。」則顯然書撰於本年秋盡前，本年立冬在九月二十三日，今暫據以繫天啟元年（1621）九月中旬。

《催援兵糧餉疏》（九月二十六日）

《李校》：「本篇輯自《明熹宗實錄》卷十四天啟元年九月甲子條，篇題代擬。」（第640頁）按：本年九月己亥朔。甲子為九月二十六日。

《仁及殘軍疏》（祠堂本尾署：「天啟元年九月」）

此疏云：「鄭宮與邊通謀」，鄭宮指神宗寵妃鄭妃。疏又言：「去年楊鶴諸臣並臣數奏，以用人、充餉、簡器械、揀兵馬，望皇上發內帑，以濟燃眉之急。」（第636頁）楊鶴萬曆四十七年三月兩疏，其一言「若我皇上優游不斷，是自誤矣。」神宗不聽，五月，楊鶴怒，「掛冠徑去」（《實錄》卷五百八十二）。疏當奏於楊鶴掛冠之次年，即萬曆四十八年後。疏又云：「臣惟有刎頸斷首，以謝天地、謝皇上、謝先帝於地下而已。」（第637頁）則此疏應上於神宗逝後，甚或光宗逝後。祠堂本既署「天啟元年九月」，或有根據。疏言：「日者，臣以遼陽事情連上五十二本。」此疏當為公二次經遼所上之第五十三本。但今見公二次經遼所上之本，與公言相差較大，《實錄》等史籍當遺漏甚多。

《信臣便當依臣應臣疏》（十月八日）

按：本篇輯自《熹宗實錄》卷十五天啟元年十月乙亥，題據擬。《熹宗實錄》卷十五：「（天啟元年十月）乙亥，遼東巡撫王化貞言：

宰賽既釋柴花北徙，虎酋又候其別部，留滯未至，奴由海州往攻鐵
山，戰車推在河岸，皆為攻廣寧之用。見在兵不滿十萬，象人塗馬，
既不足為有無，即臣所鼓舞遼士，憤欲吞賊者，見臣不能進戰，致
四衛殘破，多懷慰怨，無一人可恃以守者。乞催發川、土、近鎮兵，
及甲馬、車輛、火炮，猶可幾幸一守。經略熊廷弼亦言：廣寧人民
商賈，紛紛奔關，兵未進而人心已去……信臣便當依臣、應臣，不
信亦留此言，以券後日。俱奉旨：（略）。」（第744頁～745頁）天
啟元年十月戊辰朔，乙亥為十月八日。

《辨言官追罪佟卜年等三人事揭》（十月上旬）

按：沈國元《兩朝從信錄》卷九云：「（天啟元年十月）兵部尚
書張鶴鳴奏曰：經略熊廷弼揭，稱臣與經臣書，述聖上日講畢，留
閣下在文華殿，問佟卜年、劉國縉、胡嘉棟等因。」（第18頁）「經
略熊廷弼揭」當指此揭，題據擬。《熹宗實錄》卷十五：「（天啟元
年十月）辛巳，上御文華殿講讀……經略熊廷弼言：頃，科臣楊道
寅、臺臣徐景濂、蘇琰相繼論列，固言官共吠常套，然高出敏幹貞
操，嘉棟直風勁節，似非道寅所敢望……廷弼又言：『樞臣傳，上
御文華殿，出三紙問臣：佟卜年係奴族，何升僉事？劉國縉屢經論
劾，何起用？胡嘉棟贖罪立功，何在天津……（熊廷弼疏言云云）
語頗憤激，兵部尚書張鶴鳴言，卜年既可疑，不必用之於遼；嘉棟
非置廣陵，何以贖罪？並國縉策勵供職。從之。」（第752頁～754
頁）天啟元年（1621）十月戊辰朔，辛巳為十月十四日。張鶴鳴疏
既上於十月十四日，則廷弼公此揭，當撰於此前若干日，暫繫十月
上旬。

《與內閣兵部》「日來，撫院以前言不效」（冬初）

按：書言：「前曾疏要八月進兵，已而三臨河三自止。」（第1116
頁）則此書當撰於八月以後一段時間。又曰：「趁此銳氣，便可過河
一舉掃蕩，而猶需宣、大之馬、近鎮之甲仗、火器，及川、土兵之
出關者。等得到來，而冬月已過……若乃弼之所憂，不在今冬之不
能以戰而守。」則此書當撰於本年冬初。

《河上委難駐兵疏》（十月十四日）

《李校》：「本篇輯自《明熹宗實錄》卷十五天啟元年十月辛巳條，篇題代擬。」（第644頁）按：本年十月戊辰朔。辛巳為十月十四日。

《答上問佟卜年等三臣事疏》（十月十四日）

《李校》據《明熹宗實錄》卷十五天啟元年十月辛巳條輯，題「議處置佟卜年等三臣疏」（第644頁），但不完整；今文重錄，篇題重擬。按：本年十月戊辰朔，辛巳為十月十四日。

《與王岵雲左司馬》「治兵治餉」（十月上中旬）

明王在晉《三朝遼事實錄》卷六云：「（天啟元年十月）王在晉題：邇接遼東總兵劉渠塘報，內稱七月內，有奸細報奴酋，說西虜助兵……或挑選軍士，挨隊以搬移；或增添腳價，覓夫以轉運，通限一月，將海濱所積之米豆、各處所採之青草，盡搬入城，以絕狡奴之垂涎……仍令登、津旅泊之兵，直攻金州；高麗義州之師，襲取寬、鎮，鐵山；長行島避難之民，助我先聲；隔江彌串堡渡海之眾，為我後勁。賊必東西分應，左右支吾，我即不能大得志於奴，奴亦不能得志於廣寧。」（第12頁～第13頁）王在晉系其疏於天啟元年（1621）十月初，則廷弼公撰此書以駁，約在本年十月上中旬。

《與長安公書》「每河西舉動」（十月十四日後若干日）

按：廷弼公所撰《河上委難駐兵疏》，上於天啟元年（1621）十月十四日。此書言：「若河上委難駐兵一疏，不惟不依行，而且屢屢疏揭見駁矣。」（第1113頁）則此書當撰於《河上委難駐兵疏》後若干日。

《恭報出關疏》（十月二十日至二十九日間）

明王在晉《三朝遼事實錄》卷六於天啟元年十二月下云：「（十月）二十八日，廷弼出關。二十九日，駐前屯，上《恭報出關疏》，請本兵催兵接應，總制各鎮彈壓。」（第26頁）

《熹宗實錄》卷十五：「（天啟元年十月丁亥）遼撫王化貞題：向以北虜，懷我好音，南衛堅心內附，就裏機關，頗有可圖。私望

七月湊手，八月當有捷音。」「經略熊廷弼言：頃兵部疏，催臣出關，且引郭子儀即日就道事勸駕……誠能細細體貼，俯同於臣，則臣於出關之後，始得主張自由，而為皇上任東方事。」（第 762 頁～763 頁）《熹宗實錄》所錄即此疏之節略。本年十月戊辰朔，丁亥為十月二十日，但王氏記作「二十九日」，《兩朝從信錄》卷九亦係十月末，其時約是先上奏後出關。

《與王肖乾中丞》「頃，高平道中」（十月下旬）

按：《熹宗實錄》卷十五云：「（天啟元年十月丁亥）遼撫王化貞題：向以北虜，懷我好音，南衛堅心內附，就裏機關，頗有可圖，私望七月湊手，八月當有捷音。冰合後，雖二十萬不能守。則既告皇上及諸臣，非今日始言也。」（第 762 頁～763 頁）天啟元年（1621）十月戊辰朔，丁亥為十月二十日。此書既言及王化貞冰合後，雖二十萬不能守之觀點，說明此書撰於十月二十日後若干日。暫繫天啟元年十月下旬。

《抖擻精神以振三軍之氣疏》（十月三十日）

按：此疏據《熹宗實錄》卷十五天啟元年十月丁酉條輯入，題暫擬。天啟元年十月戊辰朔，丁酉為十月三十日。

《答王霽宇制府》「承大疏言」（十一月上旬）

按：《遼事是非不明疏》云：「去年十月二十七日，聞撫臣進兵，二十八日出，止借總兵孫顯祖家丁五百人，參將施洪謨一百五十人，被參副將吳自勉自養家丁五百人，兵部侍郎張經世留下家丁九十餘人隨行。」（第 651 頁）據此疏，知王象乾「近日經臣選帶，營路幾空」之疏，當上於公出關之後；公答此書，應在天啟元年（1621）十一月。《熹宗實錄》卷十六天啟元年十一月二十九日，錄王象乾請求以浙兵出關兌回薊鎮原發援軍歸伍之疏，似即此疏。

《出關見聞述》（十一月十四日後）

明王在晉《三朝遼事實錄》卷六：「（天啟元年）（熊廷）弼遂於十一月十四日，回右屯衛。往返十七日，作《出關見聞述》。」（第 28 頁）

《與葉相公》「昨往河上」(十一月十四日後)

　　按：此書言「外，《出關見聞述》一冊、書稿數道，附呈覽，總
祈相公深知地方真情形，以便裁決耳。」(第1120頁)廷弼公此時
既以《出關見聞述》呈葉相省覽，則當在天啟元年(1621)十一月
十四日回右屯衛撰此述以後。

《與閣部科道》「自出關以來」(十一月十四日後)

　　按：廷弼公天啟元年(1621)十月二十八日出關，十一月十四
日回右屯衛。往返十七日，作《出關見聞述》(明王在晉《三朝遼事
實錄》卷六)。此書談到「出關見聞，本欲入告，而恐重廟堂主戰者
之恨，故不以疏而以述也。」(第1122頁)書中既談到《出關見聞
述》，顯然為天啟元年十一月十四日回右屯衛後所撰，與上《與葉相
公》「昨往河上」書撰時約相當，暫繫十一月十四日後。

《辯明經臣職掌疏》(十一月二十九日)

　　《李校》：「本篇輯自《明熹宗實錄》卷十六天啟元年十一月丙
寅條，篇題代擬。」(第645頁)按：本年十一月戊戌朔，丙寅為十
一月二十九日。

《與王肖乾中丞》「前議駐兵右屯」(十一月末)

　　按：《辯明經臣職掌疏》云：「撫臣以臣駐右屯，將兵馬及分派
信地官軍，開揭諮送，且云：『不敢復專兵事』。」(第645頁)據
《熹宗實錄》卷十六，此疏上於天啟元年(1621)十一月丙寅(二
十九日)。此書與此疏所談為同一事，撰約同時，暫繫本年十一月
末。

《與葉相公》「頃承還示」(十一月末或十二月初)

　　按：明王在晉《三朝遼事實錄》卷六云：「(天啟元年十二月)
葉閣下與經略書云：承教，遼事未可戰，自是確論……大箚千言萬
語，只是經撫不合。經撫合則遼安，不合則遼危。想其不合之故，
只在不受節制一言。」(第30頁)廷弼公前以《出關見聞述》呈
覽，葉相便回此書，公再復，時當在天啟元年十一月末或十二月
初。

《與王肖乾中丞》「凡輕騎襲人」（十二月初五日前）

按：《熹宗實錄》卷十七云：「（天啟元年十二月辛卯）遼撫王化貞題：臣蒙恩超擢，誓以死報……初五日，接經臣書，謂大做之法，必三方齊備，然後可。意在持重，自是遠慮，臣不得不從。」（第871頁～872頁）據此，知廷弼公此書撰於天啟元年（1621）十二月五日前。

《請諸臣明參疏》（十二月初五日）

《李校》：「本篇輯自《明熹宗實錄》卷十七天啟元年十二月壬申（初五）條，篇題代擬。」（第645頁）按：本年十二月戊辰朔。壬申為十二月五日。

《答王肖乾中丞》「河東真消息」（十二月初七日前）

按：祠堂本此書未署作年。書言：「久病初出，得臺箚，袖以閱城。」（第1125頁）《與閣部科道》亦云：「進兵之事……三十日，以病癒閱城，忽接其書，言率兵取海州，辭意甚決。」（第1128頁）此書又見《兩朝從信錄》卷十：「（天啟元年十一月）三十日，以病癒閱城，忽接其書，言率兵取海州，辭意甚決。」（第19頁）廷弼公「久病初出」「閱城」，事在天啟元年十一月三十日。接到王化貞書在此日，則公「歸而虔誠揲蓍，得豫之震，甚吉」在此日後，答其書更在此事後。據《實錄》卷十七，廷弼公虔誠揲蓍，得豫之震在十二月初一。則公撰此答書亦當在本年十二月初。

《與閣部科道》「進兵之事」（十二月初七日前）

此書見祠堂本卷七，不署此書作年。又見《兩朝從信錄》卷十：「（天啟元年十二月）九卿科道會議得：遼瀋未陷以前，皆戰不成戰，守不成守……臣等正奉旨會議間，初七日得經臣手書，內稱：進兵之事（書略）。」（第18頁）據《從信錄》，則此書當撰於天啟元年十二月初七日前。

《與王肖乾中丞》「凡事信得過便做」（十二月上旬）

按：《熹宗實錄》卷十七云：「（天啟元年十二月辛卯）遼撫王化貞題：……因謀取海州以應之，商之經臣……初五日，接經臣書，

謂大做之法，必三方齊備然後可……因傳明早西還，卻暗召金礪等於鎮武，使以萬人往。」（第 871 頁～873 頁）《撫臣屢進屢退疏》云：「初五日，復得撫臣書，欲獨令義勇兵將金礪等數千人，輕騎夜襲，殺牛莊之虜，奪馬圈守之，為明年進兵門戶……遂諮撫臣，聽其裁奪。」（第 647 頁）此書當是撫臣接公初五日書，即日與公回書，言獨令金礪等領數千人，輕騎夜襲。公「遂諮撫臣，聽其裁奪」，時當在天啟元年（1621）十二月上旬。

《回王肖乾中丞》「是役也」（十二月上旬）

按：《熹宗實錄》卷十七云：「（天啟元年十二月辛卯）遼撫王化貞題：臣蒙恩超躐，誓以死報……會薄暮偵者至，稱海州有部夷八千人，皆無馬，昨選三千東去，持挺徒行，強半單棍，其精騎三千，皆駐牛莊，臣因喜曰：牛莊近，易襲，所畏者海州來援耳。今海州步夷不能來。若以輕騎間道伏海州道中。以計誘牛莊之夷。使赴海州。吾潛兵躡之。中道伏起。前後夾攻。可大殲也……而經臣持諭帖，責該道依違；復檄總鎮有危語，諮書及臣，反覆詰難，臣不覺憮然……即日西還。」（第 871 頁～873 頁）天啟元年十二月戊辰朔，辛卯為二十四日。據《實錄》，知廷弼公此書撰於二十四日前。書言及十二月初三日事，約撰於十二月上旬。

《與王肖乾中丞》「初四日」（十二月上旬）

按：《熹宗實錄》卷十七云：「（天啟元年十二月辛卯）遼撫王化貞題：臣蒙恩超躐，誓以死報……而經臣持諭帖，責該道依違；復檄總鎮有危語，諮書及臣，反覆詰難，臣不覺憮然……即日西還。」（第 871 頁～873 頁）天啟元年十二月戊辰朔，辛卯為二十四日。知廷弼公此書，當為「反覆詰難」中之一書，書僅及本月初四日事，約撰於十二月上旬。

《奏河西戰守機宜疏》（十二月初十日）

按：原《李校》據《熹宗實錄》卷十七天啟元年（1621）十二月丁丑條輯出，題「河西戰守方略疏」；但錄文有重大失誤，今據以重錄，擬作今題。天啟元年十二月戊辰朔，丁丑為十二月十日。

《與王肖乾中丞》「過河之役」（十二月上旬或中旬）

按：《熹宗實錄》卷十七云：「（天啟元年十二月辛卯）遼撫王化貞題：臣蒙恩超躐，誓以死報……而經臣持論帖，責該道依違；復檄總鎮有危語，諉書及臣，反覆詰難，臣不覺憮然……即日西還。」（第871頁～873頁）天啟元年十二月戊辰朔，辛卯為二十四日。由《實錄》知廷弼公此書，當為「反覆詰難」中之一書，約撰於十二月上旬或中旬。

《與葉相公》「昨接撫院書」（十二月十八日前數日）

按：廷弼公天啟元年（1621）十二月十八日所上《不和非關節制疏》云：「臣曾移閣臣葉向高書，言臣與撫臣假使可以得和，而故相妒擠，以為不和，第用嚴旨一鎮壓之，自不敢不和。而意見做法不能相強，則威君不能懾，慈父不能諭也。」（第648頁）此處所言之「移閣臣葉向高書」，當即此書。應撰於天啟元年（1621）十二月十八日前數日。

《不和非關節制疏》（十二月十八日）

按：本篇《李校》從《熊襄愍公集》卷五輯錄。《熹宗實錄》卷十七：「（天啟元年十二月）辛卯，「經略熊廷弼言：『皇上責臣做事不相照管，臣於撫臣實有照管處，實有不敢照管處……臣曾移閣臣葉向高書，假使可和，而故相妒擠，第用嚴旨一鎮壓之；而意見做法，不能相強，則威君不能懾，慈父不能諭，此臣所謂強合必誤事機也……邊吏不和，望有科道；科道佐鬥，望有本兵；本兵黨護，望有閣臣。臣今無望矣。』得旨：（略）。」（第874頁～876頁）天啟元年十二月戊辰朔，辛卯為二十四日。《實錄》此處所錄疏文，與本疏應為同一篇，集本署天啟元年（1621）十二月十八日，為廷弼公上疏所署日期，《實錄》繫「辛卯（二十四日）」下，應為朝廷收到此疏之日期。

《撫臣屢進屢退疏》（十二月十九日）

《李校》：「本篇輯自《明熹宗實錄》卷十七天啟元年十二月丙戌條，篇題代擬。」（第646頁）按：天啟元年十二月戊辰朔。丙戌為十二月十九日。

《回王霽宇制府》「伏承臺箚勸和」（十二月中旬）

> 按：此書言：「自南勘以來，從牙齒中過活且十年。」（第1136頁）廷弼公萬曆四十年（1612）首被勘，十年後即天啟元年（1621）。又此書所述，與廷弼公本年十二月十八日所上《不和非關節制疏》部分內容相同，其撰書時間亦當相近。故暫據此繫天啟元年十二月中旬。

《與閣部科道》「今日進兵之難」（十二月十八日當日或後一兩日）

> 按：此書曰：「前此四進皆未來商量，及昨次先調發，後商量，弼與其進，不與其退也。迨其五退，而中外主戰之窮……至於實不能進之狀，小疏僅點破一句，而不便於縷言。」（第1132頁）此書所言「小疏」，當指廷弼公天啟元年（1621）十二月十八日所上《不和非關節制疏》，此疏云：「河上五進五退，倏忽機用，而臣不能照管也。」則此書應撰於天啟元年十二月十八日當日或後一兩日。

《回王肖乾中丞》「臺駕初二之行」（十二月中或下旬）

> 按：《熹宗實錄》卷十七云：「（天啟元年十二月辛卯）遼撫王化貞題：臣蒙恩超躐，誓以死報……會薄暮偵者至，稱海州有部夷八千人，皆無馬，昨選三千東去，持挺徒行，強半單棍，其精騎三千，皆駐牛莊，臣因喜曰：牛莊近，易襲，所畏者海州來援耳。今海州步夷不能來。若以輕騎間道伏海州道中。以計誘牛莊之夷。使赴海州。吾潛兵躡之。中道伏起。前後夾攻。可大殲也……而經臣持諭帖，責該道依違；復檄總鎮有危語，誆書及臣，反覆詰難，臣不覺憮然……即日西還。」（第871頁～873頁）書言：「掩襲乃迅雷不及掩耳之事，古人有行此事，雖同晏會，忽起身潛去，而況謀於百數十里之外乎。惟臺下自審而自行之。」（第1131頁～1132頁）王化貞見公不支持其「掩襲」，便上此疏告御狀，天啟元年十二月戊辰朔，辛卯為二十四日。由《實錄》，知廷弼公此書，約撰於十二月中或下旬。

《與周敬松冢宰汪澄源司農》（十二月下旬）

> 按：《兩朝從信錄》卷十云：「附經略熊廷弼揭：頃閱報，見閣下葉老先生廷議紛紜疏……更為台臺亮之不盡。」（第23頁）編者

將此揭錄於天啟元年（1621）十二月乙酉條後。據《熹宗實錄》卷十七，葉向高此疏上於天啟元年十二月己卯日，本年十二月戊辰朔，己卯為十二月十二日，廷弼公此揭，已引葉向高《廷議紛紜疏》中語，則撰於葉疏後是肯定的，乙酉為十二月十八日，此揭當撰於十二月十八日後若干日。

《回餉司傅郎中》「兵馬錢糧」（十二月？日）

按：明王在晉《三朝遼事實錄》卷六天啟元年（1621）十二月下錄其《清查兵餉疏》，後附熹宗聖旨云：「遼餉虛糜多弊，這清查懲勸等事，俱切邊計，著該部逐款詳議，著實舉行。」（第38頁～39頁）傅郎中清查遼餉之書，當在此後，廷弼公之回書，更在其後。暫繫天啟元年十二月下待考。

《與閣部科道》「廣寧之餉」（十二月？日）

按：明王在晉《三朝遼事實錄》卷六「天啟元年十二月」：「臣閱經臣書云：『人倚孤城而難問，事忌鼠器而諱言』舍監司將領，狐鼠將安所託哉！」又錄其《清查兵餉疏》後附熹宗聖旨云：「遼餉虛糜多弊，這清查懲勸等事，俱切邊計，著該部逐款詳議，著實舉行。」（第38頁～39頁）據之，此書撰於天啟元年（1621）十二月間，與上《回餉司傅郎中》書撰於同時，約可確定。

《與王肖乾中丞》「來調賀謙」（十二月？日）

按：此書撰寫之具體時間難以確考。書言：「來調賀謙、平四知人馬，非為守右屯也。」（第1127頁）由此知此書撰於廷弼公由山海關出守右屯後一段時間，故暫繫天啟元年（1621）十二月下待考。

明熹宗天啟二年　後金（清）天命七年　壬戌（1622）　五十四歲

【時事】

正月，後金兵渡遼河，陷西平堡，副將羅一貫、參將黑雲鶴死之。鎮武營總兵官劉渠、祁秉忠、副總兵劉徵逆戰於平陽橋，敗沒（《明史·熹宗紀》）。巡撫王化貞棄廣寧，退至大凌河，遇熊廷弼，同走入關，均下獄論死。孫得功以廣寧降。後金兵凡下四十餘城，進克義州而還（《御批歷代通鑒輯覽》卷一百十三）。

二月，貴州水西土目安邦彥反，稱羅甸大王，陷畢節、安順、平壩、沾益、龍里，遂圍貴陽，以應奢崇明。巡撫都御史李橒、巡按御史史永安固守。十二月，巡撫王三善破水西兵，解貴陽圍。凡被圍十個月以上，城中十餘萬戶，僅餘二百人（《明史・熹宗紀》、《御批歷代通鑑輯覽》卷一百十三）。

二月，以禮部右侍郎孫承宗為兵部尚書兼東閣大學士，預機務，兼理兵部事。八月，命孫承宗以原官督理山海關及薊遼天津登萊軍務（《明史・熹宗紀》）。

三月，努爾咕赤告誡八固山王（旗主），謂日後當共理國政，若國君無道，可另立有德之人，明確了後金八固山共治國政之國體（《滿州實錄》卷七）。

五月，白蓮教首領徐鴻儒在山東起義，稱中興福烈帝，年號大成興勝，破鄆城、鄒、滕等縣，截斷運河交通。起義凡七月，敗死。鴻儒係薊州王森弟子，王森為白蓮教支派聞香教（大乘教清茶門）創派人（《御批歷代通鑑輯覽》卷一百十三）。

【行年】

在兵部尚書兼都察院右副都御史經略遼東等處軍務任，駐兵右屯。

正月初，兵部奉旨遍集大小九卿科道諸臣，會議遼事及經撫不和諸事歸一問題。十二日，尚書張鶴鳴上疏詳奏會議情況。由此可見此時朝中對待經撫二人的態度。

> 《兩朝從信錄》卷十一天啟二年正月：「該臣（指尚書張鶴鳴）先期發單，遍集諸臣，各具一詳，公同商確。至初四日，在於中府齊集，大小九卿科道官，各有議單。臣細閱之，議主責成兩人同心，嚴旨戒諭，俾其竭力遼事，功罪一體者，張問達等三十四人也；罷經略，還劍帶，另推經略者，王紀也；專用遼撫，賜劍，許以便宜從事者，周如盤也；專責經略，人臣不當不和者，黃克纘、周道登、李宗延、許維新、馬逢臯也；不許經略脫卸，應削奪職級戴罪，以少抑其跋扈不臣之氣者，張鳳翔、董應舉也；責成二臣，分任其事者，史躬、周希令等十人也；撤回經略，廣寧巡撫並經略者，王永光也；令各自任者，何士晉、孫傑、汪慶伯也；專責撫臣任戰者，林學曾等八人也；經臣別用，或移薊鎮，或招還京，或駐山海者，兵科蔡思充、徐景濂、吳應琦、江日彩等九人也；經撫撤去其一者，侯震暘

也；三說調停者，王遠宜、潘汝楨也；專責本兵出代經略者，惠世揚、周朝瑞二人也；登萊、廣寧二撫互換者，徐揚先也；必不得已而去其一，須先撫臣，必不可輕去經略，經略亦不可藉口不和而委卸者，李精白也。諸臣之單，萬耳萬目，共見共聞，經撫之是非，不辨已自明者矣。」（第 15 頁）此事又見《熹宗實錄》卷十八天啟二年正月戊申，述事較此稍有節略。天啟二年正月丁酉朔，戊申為正月十二日。

在右屯，監臣方震孺相訪，談撫臣王化貞曾言擬率兵取蓋州，勞自己受凍六七日空折騰一番之事。

　　《遼事是非不明疏》：「前月十二日，監臣過右屯，為臣言：『前年撫臣以明年正月初一日出師大利，擬率兵取蓋州。孺謂：年兄取蓋州，弟當於西平過年整搠兵馬，揚聲三岔河，綴其不敢南救。及至期，不見調發，空受凍六七日而歸。』」（第 654 頁）

正月十五日，接監軍道高出稟，建兵於十七日過河。

　　《遼事是非不明疏》：聞訊，廷弼公「即發右哨五千騎與總兵祁秉忠東援，因朱書白牌親來督陣，如有退縮者，軍士合隊駢斬，將官同中軍、千把總駢斬。仍諭總兵劉渠，會高出相機救援西平。」（第 654 頁）

二十日，公從右屯東行五十里至石橋，觀河上動靜。

　　《遼事是非不明疏》：公「聞建州兵已過河、西平被圍之報，即發令箭，催監軍道韓初命督發左哨五千騎，並戰車四百輛星夜來援。仍東行三十里至大板橋。」（第 652 頁）

二十一日，率兵疾馳至閭陽，應援廣陵。

　　《遼事是非不明疏》：「二十一日，監軍道胡嘉棟與韓初命皆以為言。臣即率兵馳閭陽驛，應援廣寧，仍遣監軍道邢慎言夜入廣寧，勸撫臣鎮定、勿忙亂。是夜三鼓，聞兵敗，亟命道將嚴整以待。」（第 652 頁）

二十二日一早，又接建州兵尚在西平，未到鎮武之報，是時廣寧守兵尚二萬有奇，公猶意撫臣必能誓眾死守，豈知王化貞卻倉皇棄城出逃！熊廷弼不得已整隊趨大凌河而防之。

《遼事是非不明疏》:「二十二日辰,報東兵尚在西平,未到鎮武。而是時廣寧守兵尚二萬有奇,猶意撫臣深得河西人心,必能誓眾以死守也。豈知是日,一面以書請臣移鎮,一面開門放民,開獄放囚,倉皇出走,以免於謀縛之難。而官兵百姓,已紛紛過驛而西矣,臣亦安所庸其救援乎?時錦、義兵將,為撫臣東調一空,西人皆逼城而住,欲乘機犯搶,誠恐逃難軍民被其截奪。當夜,整隊趨大凌河以防之。撫臣謂:『就經臣於閭陽,而經臣已去。』不知撫臣已去廣寧、將至閭陽,臣不得不護民以還,非攖城以相待、不救而先去也。」(第652頁)

　　王在晉《遼事三朝實錄》卷七:「(王)化貞從數騎走閭陽,適廷弼自右屯引兵至,止焉。化貞向廷弼哭,廷弼笑曰:六萬軍蕩平,竟何如?化貞慚。尋向廷弼議固守寧前,廷弼曰:晚矣!公不受給慕戰,不撤廣寧兵於鎮武,當無今日。此時兵潰之勢,誰與為守?惟護百萬生靈入關,勿以資賊,足矣。乃整眾西行。」(第17頁～18頁)

二十三曰,在大陵河駐兵一日,欲待軍民過盡,然後行。在此遇敗逃之王化貞,化貞見公,歎訴遼人內潰,孫得功等謀獻、幾不得免之狀。時軍民號哭。公遂率隊連夜起行朝山海關進發。

　　《遼事是非不明疏》:「二十三曰,駐師一日,欲待軍民過盡,然後行……時大凌河橋被車輛壓斷,軍民號哭。臣率家丁數隊,親自扛木負土,移兩時而橋完。因見人民甚眾,而託諸撫臣曰:『去年關上止有逃兵,尚以開放不如法,幾激成變。今亂兵多於去年,且騎馬持械,過路殺人,與去年赤手徒步、饑困而易制者不同。況又加以數十萬百姓,東懼追,西懼搶,尤不可久頓於外。放歸之事,非吾親往不可,請留中軍官統各將兵馬,付公緩行,而吾第率內丁數百騎,飛馳關上以放之。』撫臣以為然。於是連夜起行,遇路捕斬劫盜,嚴諭將官,隄防西人,而百姓在途者始得無恙。」(第652頁～653頁)

是時,監軍道邢慎言勸公力救廣寧,韓初命沮之;參政高邦佐策騎趨右屯謁公,言:「廣寧城中雖亂,敵尚未知。亟提兵入城,斬一二人,人心自定。公即不行,請授邦佐兵赴難。」公權衡再三,亦未採納,遂率眾護百萬生靈退還。

－173－

《熹宗實錄》卷十八：「（天啟二年正月丁巳）奴陷西平堡……時廷弼、化貞各擁兵不急救西平，比聞（羅）一貴固守不下，化貞信孫得功之計，盡發廣寧兵付祖天壽、孫得功，往會祁秉忠進戰，廷弼亦發朱書牌遣高國禎等，督劉渠撤營進兵，與奴遇於平陽橋，鋒始交，孫得功、鮑承先等先奔，眾遂大潰。劉渠、祁秉忠皆戰沒，劉徵手刃十餘賊而死，祖天壽走覺華島，孫得功降奴。廷弼已先離右屯，次閭陽驛。監軍道邢慎言勸廷弼力救廣寧，計擒叛將，韓初命沮之，遂率眾退還。化貞亦自廣寧，從二僕倉皇出奔，與廷弼遇於大凌河。」（第 926 頁～928 頁）天啟二年正月丁酉朔，丁巳為正月二十一日。

《明史》卷二九一《高邦佐傳》：「高邦佐，字以道，襄陵人……天啟元年，遼陽破，起參政，分守廣寧……化貞棄廣寧逃。眾謂邦佐既請告，可入關。邦佐叱曰：『吾一日未去，則一日封疆臣也，將安之！』夜作書訣母，策騎趨右屯謁廷弼，言：「城中雖亂，敵尚未知。亟提兵入城，斬一二人，人心自定。公即不行，請授邦佐兵赴難。」廷弼不納，偕化貞並走。邦佐仰天長歎……解印綬自經官舍。僕高永曰：「主死，安可無從者。」亦自經於側。事聞，賜光祿卿，再贈太僕卿謚忠節，世蔭錦衣百戶。邦佐與張銓、何廷魁皆山西人，詔建祠宣武門外，顏曰三忠。」（第 7458 頁～7459 頁）

《辯張本兵疏》：「二十一日，遣監軍邢慎言夜趨廣寧，與王化貞計守禦。二十二日辰時，得王化貞請移鎮書；巳時，得邢慎言差人口稟；午時，得邢慎言移韓初命手書；申時，王化貞出廣寧，則張鶴鳴所定之時辰也。王化貞而誠請臣移鎮助守廣寧也，胡不忍死一日以待臣？而辰時甫得書，申時已闔門而出。臣即往，而能半道挽其復闔門以入乎？」（第 666 頁）

二十四日，率隊行於塔山道中。

《遣各道先入關放軍民揭》：「頃見中路監軍道韓初命以先入關被逮，及查初命等先入關之故，則職實使之。職二十四日在塔山道中，見軍民車輛爭擁排集、行走不通，誠恐關上監放無人，止開一關，耽擱留阻，致有它變，因從馬上手書諭帖，傳邢、韓、高、胡、牛五道及同知羅任、李居簡等星馳入關，分投正關、南水關、北水

關三路開放。今諭帖不知何道收存，未繳查也。時馬強者，先抵關先入；馬乏者，後抵關後入。如牛道與羅同知等，無馬而拄棍步行者，職命文卷車子載牛道，命家丁步行，讓馬與羅任騎，而始入關，故最後入。然皆以是日同入，特有上晝下晝之分耳，特與巡撫爭七十里之近耳。」（第 698 頁～699 頁）

二十五日，疾馳至前屯。

《辯張本兵疏》：「二十五日，至前屯，得督臣回書云：『承教驗放兵民極為詳盡，但各官諭令交還馬刀，講諭竟日，皆不肯從。各官之意欲鼎藉台臺駐節歡喜嶺，部署其先後，庶不致於喧爭分錯也。』臣聞而馳赴之。」（第 668 頁）

《兩朝從信錄》卷十二：「（天啟二年二月）都給事中惠世揚奏曰：職連接督臣王象乾、按臣方震孺塘報，夷虜暗通，於正月二十日渡河攻鎮（武），我兵迎戰敗北。經臣熊廷弼，各自右屯趨閭陽，以援廣寧。廣寧棄於二十二日，是時奴尚在沙嶺也。化貞怵於先聲，又為孫得功所迫脅，馳至閭陽，同廷弼並馬過寧前。至於今而駐中前所、駐關上，與道將等官，覥顏苟活，以待斧鉞之誅。」（第 12 頁）

二十六日，抵達山海關。督臣與部道諸臣果不敢放入，亂軍等候三日，已洶洶欲逞。熊廷弼即馳入羅城，主張開放，而軍民闖關者，始得無嘩。

《辯張本兵疏》：「二十六日，抵關。比至，而潰軍已餒守關下三日矣，忽忽然上馬結隊，彎弓擬城，有飛矢入城中者。臣至而叱令下馬解刀，皆下馬解刀，跪哭求入。趨抵羅城，斬亂軍一人，不知其為邢監軍家丁也。厲聲責備主事莫在聲，恐其閉關激變也，非罵也。臣一入，羅城不開正關，但立遣某道某鎮於南水關、某道某將於北水關，分投開放。每關門下一平胸閘板，令逃軍相緣而過，盡有次第。非大開關，縱逃兵一闖入，而皆逃去也，乃其後一闖而逃去者則有之。」（第 668 頁～669 頁）

《出關嚴旨疏》：「初，臣之進關也，督、按枉顧數次，勉臣曰：『此關非子守，則關必壞。』關上士紳軍民，跪哭三日，曰：『公若去，吾儕亦隨公去。』臣曰：『吾奉旨駐關，前後共五十三日耳。使兵部不逼吾出關，得在此收拾，當於今日緩急有賴。』」（第 662 頁）

王在晉《三朝遼事實錄》卷五：(天啟元年六月)：「營兵到關，不堪用，發回，回者十之二三耳。經略失河西，奔住都城外，營兵回者，往彼索在途未發錢糧，重重圍匝，思得而甘心焉。余令主事彭克濟往候，克濟將所乘小轎，舁經略出，眾軍以為彭也，而不知其為經略也。索經略不得，久之，乃散去。」(第7頁)

正月二十九日，奏上《封疆已失疏》，謂封疆已失，與撫臣功則同功，罪則同罪，樞臣已有成議，亦何敢論其曲直是非。

《封疆已失疏》尾署：「天啟二年正月二十九日。」(第651頁)

疏云：「今日之事，臣何敢言，功則同功，罪則同罪，樞臣已有成議，臣又何敢辭！不惟不敢辭而已，而律坐家長，臣雖節制不得行，而名位在撫臣上，且宜從首論。酬知責報，臣雖兵馬未干預，而恩禮在撫臣上，又宜從首論。祖宗二百餘年之疆土，淪棄於臣等之手，而致陵寢宮禁皆震驚不得寧；河西數十萬之生靈，播遷於臣等之手，而使父母妻兒皆拋棄不得保。興言及此，萬死猶不足贖也，又奚論其是非曲直哉！」(第651頁～652頁)

是時關內外，親撫者變換手法，四下布散流言，以圖達到保撫以保自身之目的。

《畏流言請逮疏》：「蓋至此而戰守之是非定矣。即黨護撫臣者，亦知此論之不勝，而別主先逃入關為題目，以定殺臣之案。不知撫臣不逃，部道府官何敢逃？撫臣不開門放民，開獄放囚，傳令箭放軍兵，而死守以拒兵，臣何敢不救援？撫臣不以城池、庫獄、軍民付他人，而全付臣，臣何敢不移鎮？撫臣不逃走近閭陽，臣何敢先出閭陽一步？撫臣不承領臣之兵馬護民緩行，臣何敢先抵關門一刻？蓋至假捏口報被人參破，逐日路程塘報明白，而先逃之是非又定矣。

於是乎撫臣無計，而黨護撫臣者亦無計也。相與共謀，代改疏揭，扯絕不相干之事，造絕無影響之言，買絕沒理會之人，紛紛賣謠言，出疏揭。自驛遞村市，以達國門，無地不傳遍；自門廚卒徒，以及長班貢使之類，無人不囑遍，而猶謂未足以殺臣也，則倡謀反出口之說。而內外佈散之樞臣，原未遣指揮下書於臣，臣原未殺其

下書者，而造言者曰：『本兵差官，為經略所殺。』以致信者，謂我亦欲差官往下諭，而愁其被殺也。臣一日出關外，看邊城高卑，以便增築；而造言者曰：臣往芝麻灣投東去，幸得孫鎮守趕回。以致臣不敢一足復出關外也。關上官兵士民，曾跪擁臣門，哭留守關者累日；而造言曰：「經略素得人心，然性急不堪屈，必激變而據關以叛，不如先奪其兵柄。」不知臣原無兵馬，何柄之奪，而徒恐軍民見留，不敢白晝離關城，而夜靜潛行也。十九日，往海洋民間，候完奏繳事理，其地去平山營十里、石門寨三十里，臣約該村兩生員往看險隘，因知一片石、黃土嶺為東方衝地，極近極薄，當急急設險防禦。其義院、界嶺各口，皆隔西地，且遠且厚，但撫西如法，而東兵斷不能入。意欲得此為新令尹告，而進言者又曰：「經略已出口去了。」致臣一路驚惶，而投奔無所也。此等流言，既已早佈於京師，豈不上達於禁密？極知此沒理不足信之言，必不能以惑聖聰，而曾參殺人三至，慈母為之投杼，臣不勝怖焉！」（第658頁）

朝中保撫者以謠言為據，紛紛聯名上疏，乞遣緹騎速逮廷弼公明正典刑。

《熹宗實錄》卷十九：「（天啟二年二月）丁丑，大理寺少卿馮從吾、太常寺少卿董應舉、太僕寺少卿何喬遠，合疏請並逮熊廷弼、王化貞，以伸國法，以愜人心。報聞。」（第0968頁）天啟二年二月丁卯朔，丁丑為二月十一日。

王在晉《遼事三朝實錄》卷七「通政司右通政許維新、朱一桂、大理寺左少卿馮從吾、太常少卿董應舉、太僕寺少卿何喬遠《為奴兵過河，經臣先逃，懇乞聖明速行逮斬，以警人心，以保社稷事》：頃，遼事告急，經臣熊廷弼主守，職等以為，能守三岔河、能守廣寧，庶幾可以稍贖平日跋扈之罪，今奴酋過河矣，廣寧行且陷矣，而廷弼先逃至山海，遂使人心搖動，三軍俱奔。先是遼瀋之陷，逃臣高出等不誅，以致人人效尤；今廷弼先逃，其誰不逃者？竊恐山海以內，再無肯守之人，再無可守之地，社稷之危在旦夕間，懇乞聖明即遣緹騎速逮，明正典刑，庶人心知懼，而社稷可保矣。」（第20頁～21頁）

二月十三日，熹宗下旨逮王化貞，並命熊廷弼褫職，回籍聽勘。

《熹宗實錄》卷十九:「（天啟二年二月）己卯，逮王化貞，命
熊廷弼褫職，回籍聽勘。」（第0971頁）天啟二年二月丁卯朔，己
卯為二月十三日。明談遷《國榷》卷八五:「（天啟二年二月）丁丑，
逮王化貞，免熊廷弼，聽勘。」（第5201頁）天啟二年二月丁卯朔，
丁丑為二月十一日，己卯為二月十三日。

熹宗雖下回籍聽勘之旨，保撫者仍一個勁造謠中傷。為了揭露其險惡用心，
同時使自己免遭殺身之禍，公萬不得已，奏上《畏流言請逮疏》，請自詣詔
獄以求自保。

《畏流言請逮疏》:「仰惟皇上至仁如天地，至明如日月，於撫
臣則逮，於臣則革職，回籍聽勘；而其後又奉有「分別處治」之旨。
王言渙汗，臣似可恃以無恐，而惟是以薊東如此之密邇，行蹤如此
之明白，尚不旬月間，數加臣以殺身滅族之事，而若臣南還一步，
其流言又不知其當何如者。反覆躊躇，不如自詣詔獄，以息流言、
銷殺氣，猶足以全身名、保宗族，而致我皇上放生之初慈也。此臣
之所以不敢回籍，而請旨願逮者也。臣此回，不敢用夫馬，不敢入
衙門，僱腳下店，以盡罪臣之分。今已到薊州矣，不兩口可抵都門
之外，聽候處分，伏乞聖明立賜裁決。」（第659頁）

二月十九日，往海洋民間，候完奏繳事理。並約該村兩生員往，因知一片
石、黃土嶺為東方沖地，當急設險防禦。又有人造謠說「經略已出口去了。」

《畏流言請逮疏》:「十九日，往海洋民間，候完奏繳事理，其
地去平山營十里、石門寨三十里，臣約該村兩生員往看險隘，因知
一片石、黃土嶺為東方沖地，極近極薄，當急急設險防禦。其義院、
界嶺各口，皆隔西地，且遠且厚，但撫西如法，而東兵斷不能入。
意欲得此為新令尹告，而進言者又曰:『經略已出口去了。』致臣一
路驚惶，而投奔無所也。此等流言，既已早布於京師，豈不上達於
禁密？極知此沒理不足信之言，必不能以惑聖聰，而曾參殺人三至，
慈母為之投杼，臣不勝怖焉！」（第658頁～659頁）

二月二十七日，上《奏繳敕印劍服疏》，繳還原賜專敕一道、加賜敕一道、
尚方劍一把連匣、原賜玉帶一圍、經略遼東等處軍務銅關防一顆連匣、令
旗牌十面副。

《奏繳敕印劍服疏》:「除原賜一品服臣當日已經成衣穿服,以彰君賜,不敢褻瀆輕繳外,所有原領敕、印、劍、帶、令旗、令牌具疏奏繳,計繳專敕一道、加賜敕一道、尚方劍一把連匣、原賜玉帶一圍、經略遼東等處軍務銅關防一顆連匣、令旗牌十面副。」(第657頁)

三月四日,大學士掌兵部事孫承宗上疏,謂遼左破壞,皆因國法廢弛,誤事之臣,應用所謂驚心迅霆快速解決。於是熹宗下旨「熊廷弼法司從公問明具奏」。

《熹宗實錄》卷二十:「(天啟二年三月)「庚子,大學士掌兵部事孫承宗疏言:遼左破壞,皆因國法廢弛,誤事之臣,不可不問。如四川招兵科道明時舉、李達,狗狠狼貪,藏頭縮頸,尚稽懸槁之誅;南路監軍梁之垣,未點海上之槎,先炫家園之錦……經臣熊廷弼,撫臣王化貞,罪可詳覈,法當並逮。乞皇上毅然獨斷,應誅應斥,法不移時。而急推經略,早返樞臣,所謂驚心迅霆,頓破沉陰者也。得旨:年來法紀寬縱,怠玩成風,明時舉、李達,著彼處巡按,挐解來京究問;熊廷弼法司從公問明具奏。梁之垣等該衙門分別議處。」(第1000頁~1001頁)天啟二年三月丁酉朔,庚子為三月四日。

在此前後,朝中復有議用經、撫者。

王在晉《三朝遼事實錄》卷八:「(壬戌三月初一)吏部尚書張問達等會議……據總督王象乾疏……準兵部回諮,稱督臣一疏,極言經撫未可出關,此為出關而言也。至欲留經撫於關內修工撫夷,以圖恢復,是時未見處分之明旨耳。今……撫臣逮,經臣勘,已奉旨矣,總督之疏,亦緣情面發於未處分之先,斷無收回成命,復用經撫之理。乃吏部不肯任,而推歸兵部,時署部者在晉也。冢宰同少宰於朝房會議,必欲強兵部議留,而兵部不允;少宰王墨池大噪,而兵部終不肯仔肩!冢宰張誠宇勒令在朝房寫諮,即刻據諮以覆。次日周朝瑞上疏,而閣臣復有熊廷弼留著用之票擬。上怒,令中使問輔臣,輔臣曰:熊廷弼似勝王化貞。中使如其言以奏,上曰:熊廷弼走得快果勝。外廷聞是言,而留用經臣之議始息,然同黨不得不深銜兵部矣。」(第2頁~第4頁)

三月初九日，見出關旨意之報，適撫臣下顧，督、部、鎮、道諸臣一齊來，止廷弼公勿出，以免驚擾殘兵及逃難百姓。

　　《出關嚴旨疏》：「及初九日，見出關旨意之報，適撫臣下顧，督臣亦隨至。坐間議及此事，臣曰：『廷意要吾出關，吾不敢不出……而是時臣已傳語道將，擬十一日往中前所矣。部、鎮、道臣葉震生、莫有聲、傅國等皆一齊忙忙趨見臣，謂：「公一出關，各殘兵聞之，畏隨公出，必盡逃關內。百姓見公出而無所倚恃，必盡散而先去。此舉何可輕易。』又曰：『前屯只消遣將哨探，何須撫院。祇緣裏面慮撫院入關，無安頓處，故議守關外，以示寬政耳。公當拿定主意守關。』臣固不聽，當夜檄行寧前道張應吾，收拾中前所，監軍道邢慎言、韓初命、牛象坤，收拾前屯衛各城池、糧草等項。次早，部、鎮、道又一齊來，止臣勿出，以驚其民……會督臣又來勸臣勿出，且待樞臣到日商量。此日來出關之議也。」（第663頁～664頁）

三月十二日，上《請發從前疏揭質對疏》。

　　《請發從前疏揭質對疏》云：「臣以封疆之臣，應為封疆受過，不敢論是非曲直。所以初疏認罪，不復與撫臣置一辯。即撫臣瀆奏不已，甚至賣謠言，買保舉，出招告，種種行徑，甚失大臣體，而臣且厭薄之，不與辯……今日之事，誠使三方控制待齊舉事，樞臣肯如臣之原議，而不為沮壞？又誠使屬兵、飼馬、治械、儲芻、扼險、犄角、修守、待戰，撫臣肯依臣之疏議，聽臣之勸導，而不胡行亂做？則外有聲援，內有家當，軍民有所恃，東方有所恐，何至有今日之事？至於今日，而臣言亦贅矣。「天理人心，鬼神子孫」八字，此臣清夜所甚念甚畏，而絕不敢有一字之誣。伏乞聖慈哀憐照察。」尾署：「天啟二年三月十二日」（第659頁～662頁）

此間，朝廷嚴令公等出關防守。三月十三日，公又上《出關嚴旨疏》以議事之難行。

　　《出關嚴旨疏》云：「頃自入關，兩奉用心守關之旨，日來，又兩奉『出關防守』之旨……及初九日，見出關旨意之報，適撫臣下顧，督臣亦隨至，坐間議及此事。」關上眾臣皆謂廷弼公不可出關

「會督臣又來勸臣勿出,且待樞臣到日商量。此日來出關之議也。」

（第662頁～663頁）尾署「天啟二年三月十三日。」（第665頁）

三月十九日,離開山海關,踏上回京受審之途。此次回京,不敢用夫馬,不敢入衙門,自雇腳夫,自掏錢下店。

《畏流言請逮疏》:「仰惟皇上至仁如天地,至明如日月,於撫臣則逮,於臣則革職,回籍聽勘;而其後又奉有『分別處治』之旨。王言渙汗,臣似可恃以無恐,而惟是以薊東如此之密邇,行蹤如此之明白,尚不旬月間,數加臣以殺身滅族之事,而若臣南還一步,其流言又不知其當何如者。反覆躊躇,不如自詣詔獄,以息流言、銷殺氣,猶足以全身名、保宗族,而致我皇上放生之初慈也……臣此回,不敢用夫馬,不敢入衙門,雇腳下店,以盡罪臣之分。今已到薊州矣,不兩口可抵都門之外,聽候處分。」（第659頁）

《出關嚴旨疏》:「關上士紳軍民,跪哭三日,曰:『公若去,吾儕亦隨公去。』臣曰:『吾奉旨駐關,前後共五十三日耳。使兵部不逼吾出關,得在此收拾,當於今日緩急有賴。』」（第662頁）據此疏,此次公在山海關共五十三日。廷弼公本年正月二十六日,抵達山海關,五十三日後離關,時應為三月十九日。但這個時間,與《畏流言請逮疏》所署時間有矛盾。《畏流言請逮疏》,祠堂本卷五尾署時間為「天啟二年二月二十七日」,但疏中卻言「臣此回,不敢用夫馬,不敢入衙門,雇腳下店,以盡罪臣之分。今已到薊州矣,不兩日可抵都門之外。」（第659頁）從山海關至薊州,步行應有八九日路程。故疑此疏所署時間有誤。

三月中,抵京,住城外待罪,與故人孫鵬舉相遇。

《請發從前疏揭質對疏》:「臣以封疆之臣,應為封疆受過,不敢論是非曲直。所以初疏認罪,不復與撫臣置一辯。即撫臣瀆奏不已,甚至賣謠言,買保舉,出招告,種種行徑,甚失大臣體,而臣且厭薄之,不與辯。惟以流言,不敢回籍,跧伏城外,靜聽部院勘議。」（第659頁）此疏天啟二年三月十二日上奏。

孫鵬舉《祭芝岡熊先生文》:「壬戌之春,我謁選,君下獄,相遇京邸,宿慈惠寺,宿天仙廟、宿刑部獄。贈言慷慨,灑淚悲傷,遂成永訣矣。」（附錄第26頁）據孫鵬舉此文,廷弼公詣刑部獄之

前，應踡伏在城外之寺廟。前在慈惠寺，後移至天仙廟。時間約為三月中至四月中。

四月初一日，中府十三道、十三司、大理寺屬官等，共同訊問廷弼公有關封疆失守情況。

《請自詣詔獄疏》：「本月初一日，中府十三道、十三司、大理寺屬官會問臣，但為封疆受過，不欲多言。」

《兩朝從信錄》卷十三：「（天啟二年）四月戊申朔　三法司集中府會審熊廷弼王化貞。先是二十九日，內閣葉（向高）發書與三法司，明日會審熊、王，當以公道，不可徇情。是日，三法司會審。河南道王問：先審何人？眾位一躬；與同大理寺出位一步。問：喚熊芝岡過來。熊廷弼一跪就起。廷弼言，從田間起，原議住箚山海，無可奈何出關，職見廣寧撫臣不守而棄，職恐山海有做，罪之難辭，先並不曾議職住紮廣寧，如原議我住廣寧，罪亦難解。一躬，投一招揭。又呼王巡撫過來，王化貞跪下大哭：職在廣寧，屢言大戰，如經臺先聽我的主意，率大兵過河，一戰成功，河東寬大得戰；河西小，難以征戰。且奴酋過河，廣寧危在旦夕，經臺領西兵而來救援，竟然逃回，此罪應歸廷弼，不於化貞也。投上一揭，亦一躬而退，各候堂審。」（第12頁）

四月初九日，刑部尚書王紀等會審熊廷弼、王化貞。

《請自詣詔獄疏》：「今初九日，三法司堂上官會問臣，亦不欲多言。惟是前旨止於革職，臣猶一解任官也。後旨止於著法司問，未有下送字樣也。未定罪而先送獄，未奉旨而先赴獄，法司之處臣，與臣之自處者，俱覺有所未便。夫法司待罪人之體，與朝廷待大臣之體，兩者俱不可不存。臣願自詣詔獄，以重法司執法之體，兼重朝廷待臣之體。伏乞聖斷，敕下法司，以便遵行。」

《熹宗實錄》卷二十一：「（天啟二年四月）壬午，刑部尚書王紀、左都御史鄒元標、大理寺卿周應秋等，會審遼東經略熊廷弼、巡撫王化貞罪狀，具獄詞云云（略）。」（第1066頁）

明王在晉《三朝遼事實錄》卷八壬戌四月（初九）：「三法司會審，經撫熊廷弼跪下言：職起田間，復起經略，原議駐紮山海，並無駐紮廣寧字樣。鄒都憲元標云：失地喪城，功罪一體，難辭其責。況屢奉明旨，內云提審二字，又有確審字樣，公竟然不理，今日必

須暫進刑部，是非自明，公不必抗旨如此，反得罪於朝廷。廷弼言：職奉明旨聽問，不是送問字樣，焉能將職下獄？相爭多時，王尚書說，公不肯進部，叫錦衣衛旗尉，暫時同到天仙庵住一日，職等上本，請旨定奪。鄒、王云：請過王巡撫來。化貞跪下言：職苦，職自知一言難盡。袖取一揭投上。鄒、王云：公必須還有在朝班之日。一躬而散……審案大略云：封疆大臣破壞封疆，國有定律，百口何辭！乃會鞫之日，刺刺不休，若謂不宜與化貞同科，詎知功罪一體？明旨昭然，即廷弼與化貞書札，亦有吾兩人同功罪禍福之語。可至今日，移異其說，廷弼捫心一思，喪師失地，同抱頭鼠竄同，而其罪安得有差？胡不引從前經略觀之也，比之楊鎬，更多一逃；比之袁應泰，反欠一死。」（第40頁～41頁）

明沈國元《兩朝從信錄》卷十三：「四月戊申朔……初九日，三法司大堂會審熊廷弼、王化貞。是日，三法司大堂，在京畿道，會審經撫，午時方審。都御史鄒（元標）、刑部尚書王（紀）、大理寺周（應秋）同審。言：職等奉旨會問二人，熊廷弼跪下言：職起田間，復任經略，原議住紮山海，並無住紮廣寧字樣。鄒都憲云：失地喪城，功罪一體，難辭其責。況屢奉明旨，內云提審二字，又有確審字樣，公竟然不理。公今日必須暫進刑部，是非自明，公不必抗旨，如此反得罪於朝廷。熊廷弼言：職奉明旨聽問，不是送問字樣，焉能將職下獄？廷弼相爭多時，王尚書說，公今不肯進部，叫錦衣衛旗尉，暫時同到天仙庵住一日，職等上本，請旨定奪。鄒、王云：請過王巡撫來。化貞跪下言：職苦，職自知一言難盡。袖取一揭投上。鄒、王云：公必須還有在朝列班之日。一躬而散。」
（第14頁）

按：天啟二年四月丙寅朔，壬午為本年四月十七日。據廷弼公自記，應為四月初九日會審，此亦可證之《從信錄》。《實錄》甲戌初九日下不記會審事，僅於十七日下記此事，且一筆帶過。而十七日應為王、鄒等會審後奏上審獄判詞之日期，而非會審之日期，《實錄》將兩事繫於一日，非。

四月十七日，刑部尚書王紀、左都御史鄒元標、大理寺卿周應秋等，會審遼東經略熊廷弼、巡撫王化貞功罪畢，具獄詞上奏。

《熹宗實錄》卷二十一：「（天啟二年四月）壬午，刑部尚書王紀、左都御史鄒元標、大理寺卿周應秋等，會審遼東經略熊廷弼、

巡撫王化貞罪狀。具獄詞言：奴酋猖獗，遼陽失陷，拔化貞於監司，起廷弼於田間，畀以軍旅重任。二臣被非嘗寵遇，宜同心戮力，誓滅此而朝食；不虞其相鬨一場，挈河西拱手送奴，竟以一逃結局也。王化貞受命於敗軍之際，廣寧危若累卵，隻手撐持八閱月，人誰不憐之？但樸實不知兵，用虜而反為虜用，用間而反為間用，叛逆孫得功輩，日侍左右而不悟，認賊作子。聲聲立戰，賊尚在百里之外，而棄廣寧如敝屣，匹馬宵遁。哀哉化貞，有憂國之心，而無謀國之智；有吞胡之志，而無滅胡之才。事已至此，安所逃罪？宜服上刑，以正厥辜。若熊廷弼，才識氣魄，睥睨一世，往年鎮遼而遼存，去遼而遼亡，關係匪輕。再起經略，賜劍賜蟒，侑以金帛，餞以九卿。受此異數，何以仰答眷寵？迨其初出春明，即邀有控扼山海之旨，識者已知其無意廣寧矣。抵關以後，雖言我兵不宜浪戰，西虜不足盡信，永芳降情之叵測，廣寧人心之不固，語語若持左券。獨其剛愎之性，虛憍之氣，牢不可破。以爭毛文龍功罪一事，開釁化貞，水火之形既分，玄黃之戰遂力。筆鋒舌槍，相尋不已；守備之計，等閒置之。虜騎一來，錯愕不知所出。飛檄催戰，蓋曰勝可以成吾之名；敗亦可以驗吾之言也。不知封疆大臣，破壞封疆，國有定律，百口何辭。廷弼試捫心一思，比之楊鎬，更多一逃；比之袁應泰，反欠一死。若厚誅化貞，而廷弼少及於寬政，不惟無以服天下萬世之心，恐無以服楊鎬、袁應泰之心矣。宜用重典，以警將來。奏入，詔依擬。時南京十三道御史王允成等，亦合疏言經撫同罪，國法不可不正。報，已有旨。」（第 1066 頁～1068 頁）《兩朝從信錄》卷十三所錄三法司奏上獄詞，較《實錄》為詳，且多「奏入，奉聖旨：熊廷弼控制無方，王化貞棄城不守，以致河西失陷，內地震驚，且當封疆多事，正中外觀望之日，情罪即殊，法難懸異。會同覆審既明，俱依擬。」（第 22 頁）天啟二年四月丙寅朔，壬午為本年四月十七日。十七日為王、鄒等「具獄詞」上奏之日期。

七月，刑部尚書王紀，以久稽佟卜年案削籍。佟卜年案，是魏黨羅織廷弼公，最終達到清除善類精心策劃的陰謀之一。

談遷《國榷》卷八五：天啟二年七月甲辰，「刑部尚書王紀削籍，以久稽佟卜年案也。」

《明史‧王紀傳》：「有千總杜茂者，齎登萊巡撫陶郎先千金，行募兵。金盡，而兵未募，不敢歸，返蘇州僧舍，為邏者所獲，詞連佟卜年。卜年遼陽人，舉進士，歷知南皮、河間。遷夔州同知，未行，經略廷弼薦為登萊監軍僉事。邏者榜掠，茂言嘗客於卜年河間署中三月，與言謀叛。因挾其二僕，往通李永芳。行邊〔兵部〕尚書張鶴鳴以聞。鶴鳴故與廷弼有隙，欲藉卜年以甚其罪。朝士皆知卜年冤，莫敢言及。鎮撫既成獄，移刑部。紀疑之，以問諸曹郎。員外郎顧大章曰，茂既與二僕往來三千里，乃考訊垂斃，終不知二僕姓名，其誣服何疑？卜年雖非間諜，然實佟養真族子，流三千里可也。紀議從之，邏者又獲奸細劉一巘，忠賢疑劉一燝昆弟，欲立誅一巘及卜年，因一巘以株連一燝。紀皆執不可。」

錢謙益《牧齋有學集》卷十六《佟氏幽憤錄序》云：「天未悔禍，國有煩言，奸細之獄，羅鉗於前，叛族之誅，瓜蔓於後。公既以獄吏膊書，喞冤畢命。馴至於一誤再誤，決河燎原，遼事終不可為矣……嗚呼！批根黨局，假手奄宦，借公以螫江夏，又因江夏以剪公，此能人要路，所為合圍掩群，惟恐或失者也。殺公以錮佟氏之族，錮佟以絕東人之望。於是乎穹廬服匿之中，望窮區脫；椎結循髮之屬，目斷刁環。翕侯中行說之徒，相率矯尾厲角，僇力同心，以致死於華夏。堅脅從之心膽，廣內訌之羽翼，失招撫之大機，破恢復之全局，蓋自群小之殺公始……公之死，不死於丹書，不死於西市，而死於彷彿錯莫，誕漫不可知之口語。迄於今，藏血久碧，墓草再陳，山川陵谷，俯仰遷改，而卒未知坐公死者為何法，責公死者為何人。天不可問，人不可作，有鬼神拘鬥其間，而公與國家並受其害，可勝痛哉！」

《明史‧葉向高傳》：「帝本沖年，不能辨忠佞，魏忠賢、客氏漸竊威福，搆殺太監王安，以次逐吏部尚書周嘉謨，及言官倪思輝等。大學士劉一燝，亦力求去。向高言客氏出復入，而一燝顧命大臣，不得比保姆，致使人揣摩於奧突不可知之地，其漸當防。忠賢見向高疏剌己，恨甚。既而刑部尚書王紀削籍，禮部尚書孫慎行、都御史鄒元標，先後被攻，致仕去。」

十月十二日，兵科給事中王志道上疏，催請熹宗令刑部據情法正罪，熹宗當即下旨，令閣部著從公依法問擬具奏。

〈〈熹宗實錄〉〉卷二十七：「（天啟二年十月）甲戌兵科給事中王志道題：『議論已明，國法不容，不問國法，已明議論，不容再囂。何謂議論已明？遊士任一案是也；何謂國法已明，熊廷弼一案是也。乞立敕……刑部，但據情法正罪，勿再支蔓，則議論與國法俱一矣。』得旨：遊士任兵餉，已奉旨該撫按官查核，著立限行催。杜應魁兵馬到關，聽輔臣行巡撫官查奏。熊廷弼、王化貞，已經問明，佟卜年、劉一爔情罪，著從公依法問擬具奏。」（第1361頁）天啟二年十月癸亥朔，甲戌為十月十二日。

【作品繫年】

《乞賜早處分揭》（正月十二日前）

按：〈〈熹宗實錄〉〉卷十七：「（天啟元年十二月辛卯）遼撫王化貞題：臣蒙恩超躐，誓以死報……臣願請兵六萬進戰，一舉蕩平。臣不敢貪天功，但願從征士，厚加敘賚；遼民賜復十年，海內除去加餉，即有不稱，亦必殺傷相當，奴不復振，保不為河西憂。」（第871頁～874頁）此書既言及王化貞此疏「六萬進戰，一舉蕩平」等內容，則必撰於天啟元年十二月辛卯（二十四日）後；又同上卷十八：「（天啟二年正月戊申）是時中外皆知經撫不和，不早為處分，必致誤事，乃閣諉之部，部諉之會議，言者又各有所主，相持未決，迨再奉嚴旨，會議歸一，擬欲專任化貞，撤回廷弼，議未上而奴酋入犯之報至矣。」（第914頁）則此書當撰於天啟二年正月戊申（十二日）前。

《回王肖乾中丞》「凡性直理直之人」（正月十二日前）

按：書言：「過歲以來，氣成中滿癥候，日僅食粥二盞。」則此書當撰於天啟二年正月，新歲剛過不久。〈〈熹宗實錄〉〉卷十八：「（天啟二年正月戊申）是時中外皆知經撫不和，不早為處分，必致誤事，乃閣諉之部，部諉之會議，言者又各有所主，相持未決，迨再奉嚴旨，會議歸一，擬欲專任化貞，撤回廷弼，議未上而奴酋入犯之報至矣。」（第914頁）此書當撰於天啟二年（1622）正月戊申（十二日）之前。

《乞亟罷經略疏》（正月十二日）

> 按：此疏輯自《熹宗實錄》卷十八天啟二年正月戊申，又見《明史‧本傳》，篇題代擬。天啟二年正月丁酉朔，戊申為正月十二日。

《回高監軍道》「自過歲來」（正月十二日前後數日）

> 按：《熹宗實錄》卷十八：「（天啟二年正月）戊申，先是遼東巡撫王化貞具疏，願以六萬進戰，一舉蕩平；即有不稱，亦必殺傷相當，保不為河西憂也……至是，經略熊廷弼言，撫臣欲以六萬人進戰，一舉蕩平，懇乞陛下亟如撫臣約，乘冰急渡，免使兵因不戰而怨，並亟罷臣，以無摧戰士之氣，灰任事之心。並下部會議。」（第0911頁）此書言及王化貞備戰及罷戰情形，當在天啟二年正月戊申（十二日）後數日。

《與王霽宇制府》「本月十五日」（正月二十二日或二十三日見王撫前）

> 按：書中已言及天啟二年（1622）正月二十一日，劉渠兵潰事，且已見「殘兵遍野喊逃而西」，卻不知廣寧已棄，因而向王象乾急急呼救。故此書當撰於正月二十二日或二十三日見王化貞前。

《回王肖乾中丞》「今日之事」（正月二十一日至二十三日間）

> 按：《與長安公書》「鎮武之兵」云：「廣寧之民，不守而先潰……二十三日，巡撫見不肖於大凌河，曰：二十一日夜，報兵敗。」則此書當撰於天啟二年（1622）正月二十一日廣寧兵敗後，二十三日，見巡撫王化貞前。

《與閣部》「弼初奉旨」（正月二十三日後，正月二十六日前）

> 按：書言：「比至，而廣寧城已棄矣。弼只有結隊徐行、護民西還一策耳。」此書當撰於廣寧城已棄，「護民西還」途中，尚未至山海關。《辯張本兵疏》云：「（正月）二十六日，抵關。」故繫此書天啟二年正月二十六日前。

《與長安公書》「鎮武之兵」（正月二十三日後，二十六日前）

> 按：書言：「（正月）二十三日，巡撫見不肖於大凌河，曰：二十一日夜，報兵敗。」則此書當撰於天啟二年（1622）正月二十三日後，二十六日至山海關前。

《與王霽宇制府》「今番逃兵」（正月二十六日前）

按：書云：「弼罪過已極，若殿後保得十餘萬生靈，亦足稍禳。」
則此書撰於廣寧棄守後，廷弼公護百姓入關途中，尚未至關，故繫
正月二十六日前。

《封疆已失疏》（正月二十九日）

按：本篇輯自《熊襄愍公集》卷五，尾署：「天啟二年正月二十
九日」《熹宗實錄》卷十九：「（天啟二年二月戊辰）經略遼東熊廷弼
疏言『臣再勘之人，再叨經略，而今辜負聖恩，已在不赦之科矣……
願以身明白受法。得旨：封疆失守，熊廷弼罪將何辭？姑準待罪守
關，立功自贖。』」（第0950頁～951頁）天啟二年二月丁卯朔，戊
辰為二月二日。此疏實正月二十九日上，二月二日奏進。

《與閣部》「署部公見弼塘報已數日」（二月一日前後）

按：《辯張本兵疏》云：「（正月）二十六日，抵關。比至，而潰
軍已餓守關下三日矣。」廷弼公正月二十九日，上《封疆已失疏》。
此書言：「署部公見弼塘報已數日。」此書所辯為先後入關事，時當
在正月末或二月初，今繫二月一日前後。

《遼事是非不明疏》（二月初六日）

按：此疏李校從《熊襄愍公集》卷五輯錄，尾署：「天啟二年二
月初六日」。

《與內閣》「遼撫之必斷送河西」（二月二日至十三日間）

按：《熹宗實錄》卷十九：「（天啟二年二月）戊辰（二日），經
略遼東熊廷弼疏言……臣回關之日，擬即檻車赴闕，以候誅戮。但
六七萬亂軍，數十萬避亂之民，未易處置，除會督按各部道府，處
治妥帖，即奔趨槁街，願以身明白受法。得旨：封疆失守，熊廷弼
罪將何辭？姑準待罪守關，立功自贖。」（第0950頁～951頁）同
上「（二月）己卯（十三日），逮王化貞，命熊廷弼褫職回籍聽勘。」
（第0971頁）書言：「守關之事，自揣愚鈍，不後於時賢，而言者
昧心橫口，必欲逮治然後已。」則此書撰於天啟二年二月二日守關
令下後，二月十三日褫職前。

《與葉相公》「前日王五傳相公意」（二月二日至十三日間）

　　按：書言：「前日王五傳相公意，著令用心守關；又傳著令出關，不出，則於法無貸，吾再不能救護等語。」據《實錄》卷十九，守關令下在二月二日，出關令無明文，但褫職令下於二月十三日。則此書當撰於天啟二年二月二日至十三日之間。

《與閣部科道》「初議守關」（二月中）

　　按：朝廷初議守關在天啟二年二月二日，再議出關在二月十三日前，十三日即下旨褫職回籍聽勘（《熹宗實錄》卷十九）。廷弼公此書，撰於關上聞出關之信以後若干日，暫繫二月中。

《與閣部》「初聞過慮者謂」（二月十八日後）

　　按：《熹宗實錄》卷十九云：「（天啟二年二月）己卯，逮王化貞，命熊廷弼褫職回籍聽勘。」（第 971 頁）此書言：「十八日，巡撫行，諸公皆齟。」公此書既敘及本月十八日與王化貞餞行之事，則必撰於天啟二年（1622）二月十八日後。

《奏繳勅印劍服疏》（二月二十七日）

　　按：此疏李校從《熊襄愍公集》卷五輯錄，尾署：「天啟二年二月二十七日」。

《畏流言請逮疏》（二月二十七日）

　　按：此疏李校從《熊襄愍公集》卷五輯錄，尾署：「天啟二年二月二十七日」。

《與內閣》「頃見何僕少經撫定案一揭」（二月二十八日後）

　　按：兵部尚書張鶴鳴自請視師，事在天啟二年一月二十七日。二月甲戌，「命鑄兵部行邊關防、協守山海關總兵關防、兵部行邊贊畫關防，給張鶴鳴、王國梁、何棟如。」（《熹宗實錄》卷十九第 0963 頁）二月己卯，逮王化貞，命熊廷弼褫職回籍聽勘。（同上第 0971 頁）《與閣部》言：「十八日，巡撫行，諸公皆齟。」（第頁）此書言：「僕少初至關相會，及十八日夜攜榼餞行時，促膝談廟堂二三大老秘事。」（第頁）天啟二年二月丁卯朔，甲戌為二月八日，己卯為二月十四日。公此書既敘及與張鶴鳴相見關上、二月十八日與王化貞

－189－

餞行之事，則此書必撰於二月十八日後。此書還言「二十八日，又得督臣書」，則此書當撰於本月二十八日後。

《遣各道先入關放軍民揭》（二月末）

此揭輯自《熊襄愍公集》卷六。揭云：「頃見中路監軍道韓初命，以先入關被逮，及查初命等先入關之故，則職實使之。職二十四日在塔山道中，見軍民車輛爭擁排集、行走不通，誠恐關上監放無人，止開一關，耽擱留阻，致有它變，因從馬上手書諭帖。」（第頁）據《辯張本兵疏》，廷弼公二月「二十六日抵關」，則此揭當為本日或後一兩日所撰。

《請發從前疏揭質對疏》（三月十二日）

按：此疏李校從《熊襄愍公集》卷五輯錄，尾署：「天啟二年三月十二日」。

《出關嚴旨疏》（三月十三日）

按：此疏李校從《熊襄愍公集》卷五輯錄，尾署：「天啟二年三月十三日」。

《辨王岵雲疏揭》（三月八日後）

按：此揭輯自《熊襄愍公集》卷六，原未署年月。此揭云：「惟昨見王岵雲公祖，有科臣黨奸誤國之疏。」科臣此指劉弘化。王在晉《三朝遼事實錄》卷八「壬戌（天啟二年，1622）三月」：「王在晉奏：概自河西失陷，文武諸臣抱頭鼠竄。臣叨署部篆，自當按法參論，乃科臣劉弘化不以朝廷封疆為重，只爭口報……同一淫奔之婦，不罪淫奔，而爭淫奔之先後……若論失封疆之緣故，人人知由經撫之不和，而不知經撫偽為不和，以圖卸擔，以掩失封疆之罪。」（第8頁）王在晉此疏繫於三月二日至其八日（甲辰）為兵部尚書間（見《實錄》卷二十）。據此，知廷弼公此揭約撰於本年三月八日後若干天。

《辯張本兵疏》（三月二十一日）

按：此疏李校從《熊襄愍公集》卷五輯錄，尾署：「天啟二年三月二十一日」。

《請自詣詔獄疏》（四月十三日）

按：此疏李校從《熊襄愍公集》卷五輯錄，尾署：「天啟二年四月十三日」。

《獄邸別孫何知》（四月中旬）

孫鵬舉《祭芝岡熊先生文》：「「壬戌之春，我謁選，君下獄，相遇京邸，宿慈惠寺，宿天仙廟、宿刑部獄。贈言慷慨，灑淚悲傷，遂成永訣矣。」（附錄第 26 頁）據此文，及上《請自詣詔獄疏》，廷弼公此詩，當撰於壬戌廷弼公入刑部獄之初，約天啟二年四月中旬。

《獄中別親家書》（本年夏）

按：書云：「親家行矣，南冠不能一送，悵恨何如。」（第頁）廷弼公自謂「南冠」，則其時當在天啟二年四月自詣詔獄後，暫繫本年夏待考。

《遣僕呼兒珪未至用對聯秋字》（夏末）

鄒漪《熊孝烈傳》：「公諱兆珪，字符敬……天啟中，經略下獄，公奔走都，侍父獄中者三年……公不得拾父骸骨，步馳還里。」（第頁）據此，則廷弼公遣僕回鄉呼兆珪來京當在天啟二年（1622）。據詩「假息聊休夏，傷心怕問秋」，則詩應作於天啟二年夏末。

《牘引》（八月初一）

按：此引云：「仲秋一之日，獄中漫識。」（第頁）則此引文當撰於天啟二年（1622）四月自詣詔獄後之某年八月一日。祠堂本《襄愍公集》卷三實為「前經略遼東疏」，但其編者將《牘引》置卷三之首，實欠妥當。今暫繫天啟二年下待考。

《顛倒行送滿問卿震寰南歸》（八月？日）

《明史》卷二四六《滿朝薦傳》：「滿朝薦，字震東，麻陽人。萬曆三十二年進士，授咸寧知縣……天啟二年，遼東地盡失，海內多故，而廷臣方植黨逞浮議，朝薦深慮之，疏陳時事十可憂，七可怪，語極危切，尋進太僕少卿。復上疏曰：比者風霾曀晦，星月晝見，太白經天，四月雹，六月冰，山東地震，畿內霪潦，天地之變極矣。四川則奢崇明叛，貴州則安邦彥叛，山東則徐鴻儒亂，民人

之變極矣,而朝廷政令,乃顛倒日甚……魏忠賢激帝怒,降旨切責,褫職為民。」(第 6373～6375 頁)據《熹宗實錄》卷二五,滿朝薦上事事顛倒疏在天啟二年八月丁卯。疏上「得旨:時事多艱,滿朝薦……裘言比喻大臣,影響妄猜宮禁,顯是沽名賣直。本當重處,姑從輕革職為民,永不敘用。」(第 1238 頁～1242 頁)廷弼公序言所及,與震東行事仕歷相符如契,其疏中反覆言朝政之「顛倒」,弼公所取篇名「顛倒行」,似從此出。「震寰」應即震東其人。滿同卿疏奏即削職為民。詩言:「策蹇出城黃沙涉,秋風木脫增泛瀾。」天啟二年八月甲子朔,丁卯為八月四日,公寫此詩相送應在天啟二年秋八月。

《聞緩刑寄孫子天孫》(秋)

《熹宗實錄》卷二十四:「(天啟二年七月戊戌)大學士沈潅參刑部尚書王紀二大罪:一佟卜年、杜茂、劉一爔等奉旨拏問,遷延不審;一保護熊廷弼,言未可即殺。乞將王紀罪斥。上以大臣當和衷為國,何必忿爭,佟卜年等,著速問明具奏。」(第 1182 頁～1183 頁)同上:「甲寅,御史劉徽言,經撫熊廷弼、王化貞詞罪已明,宜及時正法。上是之,下內閣擬票。大學士葉向高等言:二臣問擬久定,一時人心振肅。若欲遽正刑章,須待三法司覆奏;未有就言官之疏,而閣中徑票出者也。夫三尺法者,太祖高皇帝之法也;非言官所得專,亦非閣臣所敢與。在法言法,各有司存,伏望嚴飭所司,從公復請,則刑一人,而千萬人服。報聞。」(第 1214 頁～1215 頁)大約緩刑是因葉向高、王紀等欲護撫臣王化貞。故刑部等三法司遲遲不覆奏而不得不緩刑。天啟二年七月乙未朔,戊戌為七月四日,甲寅為七月二十日。詩言:「金天殺氣慘霜秋」,廷弼公聞緩刑、並將此消息告知孫鵬舉,當在天啟二年秋。

《壬戌冬贈汪一甫六百字並序》(本年冬)

此詩原以序為題,李紅權標校錄此序不及半。今暫據祠堂本序代擬此題,移原題為序。序曰:「壬戌冬,汪一甫不遠數千里看余於獄,且慰余詩有『哭亦吞聲恐似歌』之句,余讀之感泣,遂用歌字為韻,得六百字,但求多一字盡一情,不復論工拙也,便以奉贈。」

（卷十第 13 頁）可知此詩撰於「壬戌冬」汪一甫至京探視後。壬戌
為天啟二年（1622）。

《壬戌除夕寄示珪璧琮三男》（十二月三十日除夕）

按：壬戌為明熹宗天啟二年（1622），詩應撰於本年除夕。珪璧
琮指廷弼公長子兆珪、次子兆璧、三子兆琮。

明熹宗天啟三年　後金（清）天命八年　癸亥（1623）　五十五歲

【時事】

正月，以禮部侍郎朱國禎、尚書顧秉謙、侍郎朱延禧、魏廣微，俱為禮部
尚書兼東閣大學士，預機務（《明史・熹宗紀》）。閹黨顧秉謙、魏廣微入
閣，魏客勢力更加擴張。

二月，遣中官刺探邊事。是秋，客氏、魏忠賢殺光宗選侍趙氏，幽裕妃張
氏於別宮，殺之。十二月，以魏忠賢提督東廠（《明史・熹宗紀》）。廠衛活
動，為害加劇。

十月，貴州巡撫王三善攻安邦彥，鏖戰逾年，屢勝，進至大方（今屬貴州）
（《明史・熹宗紀》）。

本年，黃河決徐州青田大龍口，徐、邳、靈、睢河並淤，呂梁城南隅陷，
沙高平地丈許，雙溝決口亦滿，上下百五十里悉成平陸（《明史・河渠志
二・黃河下》）。

【行年】

本年被拘，關押刑部大牢待決。

【作品繫年】

《贈義民趙邦周序》

按：序云：「及聞予被患難以來，日夜為予誦經祈福。且逢人則
泣曰：『吾安得往都門一見其面？』」（第 1170 頁）廷弼公「被患難」
指天啟二年失封疆被拘刑部獄。據此序之敘述，廷弼公為趙邦周撰
此序，似應在天啟二、三年間，暫繫本年下待考。

明熹宗天啟四年　後金（清）天命九年　甲子（1624）　五十六歲

【時事】

左副都御史楊漣劾魏忠賢二十四大罪，南北諸臣，論忠賢者相繼，皆不納（《明史·熹宗紀》）。國子祭酒蔡毅中率師生千餘人，請究魏忠賢罪（《明史·蔡毅中傳》）。諸人被傳旨切責。工部郎中萬燝論魏患賢罪，杖死。大學士葉向高、吏部尚書趙南星、左都御史高攀龍等相繼罷去，楊漣、左光斗等削籍（《明史·葉向高傳》）。前此閹黨王紹徽以東林一百八人擬《水滸》人物，編《點將錄》，獻之。逆奄其後傚之者有《同志》、《天監盜柄》諸錄，清流遂芟刈無遺（《明史·蔣允儀傳》）。

五月，杭州、福寧兵變。十二月，兩當民變，殺知縣牛得用（《明史·熹宗紀》）。

七月，河決徐州魁山堤，城中水深丈餘，遷州治於雲龍山（《御批歷代通鑑輯覽》卷一百十三）。

【行年】

本年被拘，關押刑部大牢待決。

九月十七日，督師大學士孫承宗疏救楊鎬、熊廷弼、王化貞；刑科給事中顧其仁等則針鋒相對，請誅遼左失事之臣李維翰、楊鎬、熊廷弼、王化貞。此時熹宗已經同意楊鎬等，姑待以不死。

> 梁本《熹宗實錄》卷四十六：「（天啟四年九月）戊辰，督師大學士孫承宗疏救楊鎬、熊廷弼、王化貞，求未減遣戍。又云：經撫不可兼設，廷弼、化貞，政兼設之害，致兩相牽，而不得盡。向使任一人，以責其成，而事不中制，人不多言，彼一人其何愧之辭。至於佟卜年，始付臣為招降之用，如其事有可疑，臣從軍中法，易行耳。（上）諭：楊鎬等，朕姑待以不死；佟卜年果係事機，再密奏定奪。」（第2435頁〜2436頁）天啟四年九月壬子朔，戊辰為九月十七日。

【作品繫年】

《送左桐城》（十一月二日前後數日）

> 按：左桐城即指安徽桐城左光斗。《明史·左光斗傳》：「（天啟

四年）楊漣劾魏忠賢，光斗與其謀，又與攀龍共發崔呈秀贓私，忠賢暨其黨咸怒。及忠賢逐南星、攀龍、大中，次將及漣、光斗，光斗憤甚，草奏劾忠賢及魏廣微三十二斬罪，擬十一月二日上之，先遣妻子南還。」（第 236 頁）明計六奇《明季北略》卷二《左光斗傳》曰：「時公已草《忠賢、廣微三十二斬罪》，欲上，竟為家奴福生洩露，矯旨削奪。公歸，通籍十八年，橐如洗。」〔註23〕此詩應是天啟四年十一月二日前後數日所撰。

《獄中與楊漣書》（十一月十九日後）

按：祠堂本卷九錄此書，題為「獄中與某」。此書原件藏加拿大英屬哥倫比亞大學亞洲圖書館，題《熊廷弼、楊漣書札》，即此書，文句與祠堂本有出入。書言：「月來風景愈惡，旦夕莫測……度相國行時，必於南翁有深託。」（第1152頁）《明史·熹宗紀》：「（天啟四年）冬十月，削吏部侍郎陳于廷、副都御史楊漣、僉都御史左光斗籍。十一月己巳，韓爌致仕。」（第303頁）觀此書中言，結合史之記載，書似撰於天啟四年冬十一月己巳（十九日）相國韓爌致仕之後。

附：楊漣與廷弼公回書

猛風惡語，驟暗晴天，善類真成卷堂散矣。不肖漣亦得從大君子之後，領臭罵一頓而歸，可謂厚幸。不唯結卻忤權奸一局，而得微罪以行，不見君父，為嬖幸逐法官之跡，於初心甚安。並不屬見幾先逃，忍委君父自潔以去，於臣義更完，皆可自謝。惟是癡愚一念於當日，憑几依依，絲毫無補。祇落得一去卸擔。夜氣清明，每一想及，不禁涕落，又竊笑其夢未醒也。今官家已另用一番人矣，亦唯願繼起當事者，無即塗面從人，略從君父起見，還以正直相持，無令祖宗養士二百餘年氣脈，一朝斷滅殆盡。至於我輩，於世道且無必問，但願君身疆固，無大可憂，漸次天開治平可耳。錢受之入都，此有心人，當有沉幾點挽工夫；亦直，恐孤掌不鳴，危身難立也。前聞沈湛老欲拚官做大文章，乃不虛天留此老，今未知已立乎

〔註23〕明計六奇撰，魏得良等點校《明季北略》卷二，中華書局，1984 年版，第 61
　　　頁。

否？段幻老謂我輩當尋得一沉渾樸毅人，小人不見忌者，潛引十數
輩君子，伏於其中，台臺早有以為心於此也。不肖出春明後，一路
騎馬落店到家，仍只青衣小帽一尊來，似乎非怨慕之意，台臺其以
為如何？偶南還鴻，便草草布瞻不盡，欲言珍重，世道關係之身，
以對中外仰望。

初十日漣再頓首

明熹宗天啟五年　後金（清）天命十年　乙丑（1625）　五十七歲

【時事】

魏忠賢借讞汪文言興大獄，逮楊漣、左光斗、袁化中、魏大中、周朝瑞、
顧大章。漣等下鎮撫司獄，相繼死獄中。史稱「六君子」。殺廷弼公，傳首
九邊。李三才、顧憲成等均被削籍，戍趙南星。閹黨借「紅九」「梃擊」、
「移宮」三案，攻擊東林，毀天下書院（《明史・熹宗紀》）。

三月，後金遷都瀋陽，是為盛京（《御批歷代通鑑輯覽》卷一百十三）。

熹宗賜魏忠賢、客氏各金印一顆，一曰：欽賜顧命元臣忠賢印；一曰：欽
賜奉聖夫人客氏印。每顆二百兩，內官監置金龍印盒（《明史紀事本末》卷
七一、《姑妄言》第八卷）。

十月，罷孫承宗，命兵部尚書高第經略遼薊登萊天津軍務（《明史・熹宗
紀》）。第命放棄關外各城，袁崇煥守寧遠、前屯城不撤。第乃撤錦州、右
屯、大小凌河及松山、杏山、塔山守具，盡驅屯兵入關，委棄米粟十餘萬
石，而死亡載途，哭聲震野，民怨而軍益不振（《明史・袁崇煥傳》）。

【行年】

本年被拘，關押刑部大牢待決。

五月，御史智鋌、試御史門克新、石三畏等紛紛上疏，造謠中傷。熹宗怒，
於是下令論決。

　　《熹宗實錄》卷五十九：天啟五年五月：「戊午，試御史石三
　　畏疏糾吏科都給事中劉弘化黨救熊廷弼，南太僕寺卿吳炯黨護顧
　　憲成，乞立加削斥。得旨：弘化革職，吳炯閒住。」（第2746頁）
　　同上：「（癸酉），御史智鋌，以門戶糾原任禮部侍郎徐光啟，練兵

孟浪，誤國欺君；吏部驗封郎中馮時來，依附鑽營，通賄穢污，均宜亟斥。又言熊廷弼獄中出揭，遍灑長安，其間通線索、受賄行私者，不可置之不問。得旨：徐光啟招練無功，著冠帶閒住；馮時來贓私狼藉，削去官職。熊廷弼何得逍遙囹圄，布散刻揭，其往來關通人等，著緝事衙門，嚴挐究問。提牢官所司何事，玩法故縱，姑不究。以後但有一人，潛入監禁，偵探消息，該管官吏，俱行問革。」（第 2771 頁～2772 頁）同上：天啟五年五月「壬子，端陽節……試御史門克新疏陳目前切要三大局：一人材邪正之辨，請罷右庶子葉燦、光祿寺卿錢春、遵化道按察使張光縉，以為依傍門戶之戒。一逃臣不時之戮，請立誅熊廷弼，以正欺君誤國之罪。一東西戰守之防，請汰關上冗兵，而厚募死將。上是其言，以閣臣票擬含糊，令改票論決，熊廷弼不得黨護。」（第 2741 頁～2742 頁）天啟五年五月戊申朔，壬子為五月五日，戊午為五月十一日，癸酉為五月二十六日。

閣臣疏奏，熊廷弼雖罪在不赦，但當此正陽之時，又值郊祭之日，於祖宗制刑時令，不無少違，乞從初擬。於是決定秋後行刑。

　　《熹宗實錄》卷五十九：天啟五年五月壬子，試御史門克新疏請立誅熊廷弼，以正欺君誤國之罪。熹宗是其言，於是令閣臣改票論決。「閣臣疏奏，熊廷弼罪在不赦，第恐皇上激怒於衷，急於正法，於祖宗制刑時令，不無少違。當此正陽之時，又值郊祭之日，聖怒似宜少待也，乞從初擬。於是命熊廷弼秋後正法，葉燦、錢春、張光縉，俱削籍為民。」（第 2742 頁）

八月二十一日，文華殿講畢，輔臣丁紹軾袖中出《刊像遼東傳》一冊以獻，合詞奏曰：「此熊廷弼所作，掩飾遼事以亂人是非者也。」

　　明張岱《石匱書》卷一九四《熊廷弼王化貞列傳》：「乙丑八月二十一日，文華殿講畢，輔臣丁紹軾袖中出刊像遼東傳一冊以獻，合詞奏曰：『此熊廷弼所作，掩飾遼事以亂人是非者也。』言官郭興治、門克新、石三畏等復上疏挑激，上怒，有旨命斬。」（第 7～8 頁）

　　明李清《三垣筆記·附識上》：「予壬戌赴公車，見張司馬鶴鳴萬曆壬辰，潁川人。以及臺省部郎，皆與熊經略廷弼萬曆戊戌，江夏人。

構，群推一愚率之王撫化貞，以抗廷弼。而廷弼疏言：『廣寧必失，河西必危，乞留臣言以券』一疏，尤為先見。及事敗，與化貞同闕，人以為冤。至《遼東傳》一書，為丁輔紹軾萬曆丁未，貴池人。等進呈以殺廷弼者，予曾見此傳，最俚淺不根，而指為廷弼撰授，尤誣。赴市時，挺立不跪，下刃僅及頸半，行刑者即以刀逆割之，慘哉！聞紹軾與行長安道上，白日見廷弼，回寓腦裂死。鶴鳴以陷廷弼卸罪生還，後為流賊索賄，倒懸城門，身首碎裂，亦天道也。」〔註24〕

清查繼佐《罪惟錄·列傳》卷十一下《熊廷弼》傳論曰：「襄愍一字經，曰守……按：《遼陽傳》出丁紹軾袖中，立付西市，而或傳蔣應暘者，襄愍故屬弁也。化貞逢璫諜，應暘《觀音經》後有圖讖數語，坐妖言棄市，連襄愍。（襄愍）死之日，洗沐整冠，北拜曰：『我大臣也，奉旨豈敢草草！』手持一疏，作屍諫。提牢主事張時雍斥：『囚安得上書？』廷弼曰：『此趙高之言也。獄中上書，古有之矣。』絕命辭有云：『他日倘拊髀，安得起死魄？絕筆歎可惜，一歎天地白。』玩前二語，已知束鑰必不固，圖讖之讖，頗近之。」

（第1776頁）

八月二十五日，熹宗下特諭，宣布對廷弼公執行死刑。

《熹宗實錄》卷六十二：天啟五年八月「辛丑，聖諭：朕惟踐祚以來，日夕兢兢，思復祖宗封疆，奉行祖宗法度，其與二三大臣，及諸百執事，三令五申者，至諄切矣。念自逆奴內犯，遼左戒嚴，我皇祖時，起熊廷弼於田間，授以經略，賜之尚方，賜之蟒玉，寵極人臣，義當盡瘁。乃廷弼欺朕即位之初，始則託病卸擔，薦袁應泰而遼陽亡；既則剛愎不仁，望風先逃，而河西失。當是之時，不知費國家幾百萬金錢，喪軍民幾百萬性命。而徵兵西蜀，則西蜀變；風聞山東，則山東亂。至今黔中，尚岌岌未寧。斯其罪難擢髮數矣，迨三尺莫逭。復百計鑽求，其最甚者，則有周朝瑞十日四疏以救，有顧大章妄謂罪屬可矜，而又託奸徒汪文言，內探消息，外入楊漣、左光斗、魏大中、袁化中之幕，囑令遣書求解。諸奸受賄，動以萬千，又安問祖宗疆土、與祖宗法度哉！朕深切痛恨，已將楊漣等置

─────────────────

〔註24〕明李清撰，顧思點校《三垣筆記·附識上》，中華書局1982年版，第155頁。

之於理。頃八月二十一日，於文華殿講，平卿等五員，面獻刊行有像《遼東傳》一冊，出諸袖中，合詞奏曰：『此熊廷弼所作，掩飾誇功，希圖脫罪。』朕親覽之，豎髮切齒。此蓋熊廷弼奸謀，不得肆行於朝。今又敢以流言，煽惑於野，且心懷不軌，辱國喪師，惡貫滿盈，罪在不赦。而又刻書惑眾，情益難容。況屢經言官郭興治、門克新、石三畏、周洪謨等，形於章疏，再四抨彈。宜亟加兩觀之誅，庶大快萬民之憤。卿等既擬諭來，具見獻書忠懇至意，朕甚嘉焉。卿等可即傳示刑部等衙門，著便會官，速決了，以為人臣辱國偷生、罔上不忠者之戒，特諭。」（第 2938 頁～2940 頁）天啟五年八月丁丑朔，辛丑為八月二十五日，即公臨刑前一日。

八月二十六日，就義於北京西市。

《熹宗實錄》卷六十二：「（天啟五年八月壬寅）熊廷弼棄市，命傳首九邊示眾。仍追奪誥命。」（第 2941 頁）

《明史‧熹宗紀》：「（天啟五年八月）壬寅，熊廷弼棄市，傳首九邊。」（第頁）五年八月丁丑朔，壬寅為本年八月二十六日。

孫鵬舉《祭芝岡熊先生文》：「兵部尚書熊芝岡死於西市，十月十二日，江夏社弟聞邸報於興化學，並得公與我絕筆手卷七頁。」（附錄第 26 頁）

明張岱《石匱書》卷一九四《熊廷弼王化貞列傳》：「言官郭興治、門克新、石三畏等復上疏挑激，上怒，有旨命斬，蓋二十八日也。駕帖到，提牢官促廷弼出，廷弼從容盥櫛整衣，而曰：『我大臣也。還要拜旨，豈得草草？』見主事張時雍曰：『來，我與爾說。』時雍曰：『芝岡失陷封疆，應得一死，還有何說？』乃指胸前一懸袋曰：『此謝恩本也。』曰：『公不讀李斯傳乎？囚安得上書？』廷弼熟視曰：『此趙高語也。』時雍詞塞，擁之出，斬於西市，傳首九邊，屍棄荒野。」（第 194 卷第 7 頁）《明史紀事本末‧補遺》卷二《熊王功罪》略同。

按：祠堂本《熊襄愍公集》卷十附詩鈔第四十一篇為《絕命辭》，題下注：「天啟五年八月二十五日。」（第 24 頁）這個日期，應為廷弼公撰詞之日，亦即就義前一日。據此，則《實錄》所記二十六日不誤，明張岱、清谷應泰所記二十八日或誤。

熹宗同時下詔，對廷弼公家除追奪誥命外，所有家屬人等，驅逐出境，不許潛住京師。

  《熹宗實錄》卷六十二：「（天啟五年八月壬寅）熊廷弼棄市⋯⋯仍追奪誥命，家屬人等，既驅逐出境，不許潛住京師。」（第2941頁）五年八月丁丑朔，壬寅為本年八月二十六日。

九月，魏奸又捏造公與楊漣等貪污受賄，藉此下詔嚴令追贓。

  《熹宗實錄》卷六十三：「（天啟五年九月丙寅）刑部尚書李養正等具楊漣等爰書並坐顧大章大辟，言大章與已故楊漣、左光斗、周朝瑞、魏大中、袁化中、汪文言，皆以狂悖，竊附威權，慣罔上以沽名，快崇奸而媒利⋯⋯奏入，得旨：楊漣、左光斗、周朝瑞、汪文言，兇惡小人，目無法紀⋯⋯明知熊廷弼失陷封疆，罪不在赦，乃敢貪其重賂，共為營脫。賴九廟神靈，罪人斯得誅心定法，律當情真，雖已瘐死圖圄，還當戮屍都市，姑從輕典，以示法外之恩。其未完贓銀，已有旨著撫按官，嚴提家屬追比，俟其完日，待以不孝⋯⋯仍遵屢旨，宣付史館，頒行天下，以昭朕仁孝平明之治，以服天下萬世人心。」（第2941頁）天啟五年九月丙午朔，丙寅為九月二十一日。

  以上《熹宗實錄》卷六十三所錄九月二十一日刑部尚書李養正疏有誤。李長春纂修《大明熹宗達天闡道敦孝篤友章文襄武靖穆莊勤悊皇帝寔錄》（明熹宗七年都察院實錄）卷十天啟五年九月二十一日下，錄李養正等疏，全文如下：「刑部等衙門尚書等臣李養正謹為遵奉聖旨事：河南清吏司呈案本部、送該錦衣衛北鎮撫司手本，開送犯官顧大章到部狀招，有監故都御史楊漣，素與大章交好。楊漣考選給事中，與御史左光斗、袁化中、給事中周朝瑞、後選給事中魏大中等，各不合不循職守，結成一黨人。有監故汪文言，向充休寧縣門子，犯革逃京，因親職原任中書黃正賓，薦在內監王安門下，往來情熟，拜為義父。時常採訪外邊事情，打探內裏消息，關通賄賂，妄干朝政。至泰昌元年九月初一日，乘光宗皇帝賓天、宮內惟王安當權作威，不肯與李選侍今封康妃叩頭，捏造要將垂簾聽政等語，寫成款結，潛授科臣惠世揚與楊漣、左光斗，在內直房商議，必湏速令移宮。一時相傳，楊漣、左光斗因見各部九卿等官會議，就不合首倡建議移宮名色，希圖巧取功名。密措王安，潛通禁內線

索。比周朝瑞隨時附和，汪文言從中播弄，乘皇上在慈慶宮，王安假傳遍逐，令康妃固皇八公主蹌跟出宮。楊漣等復呼奴罵詈於宮門，又遷怒隨從諸人，誣以盜內府寶物，株連數輩，藉此擅作威福。嗣後諸人自居奇功，揚揚得意，同己者升，異己者墜，威權日盛，朝野傾心。袁化中、魏大中，敢作敢為，同為爪牙。魏大中尤搶升吏科都給事中，橫行作惡。大章不合益與數人往來情蜜，互相引援等情。會看得顧大章，與已故楊漣、左光斗，周朝瑞、魏大中、袁化中、汪文言，皆以狂悖，竊附威權。慣罔上以沽名，快崇奸而謀利。堂構無著，何定策之敢言；社稷有君，孰垂簾之可託？自汪文言潛通線索，致王內監突起風波，鬥日自後可虞。漣曰移宮宜亟，直房蜜計，疾如風雨之至；令康妃跟蹌失措，不知禍之自來。禁裏傳呼，勢如剽劫之臨；即皇妹無號慟堪憐，曾無言之可訴；乘皇上諒陰之始，得以恣行；逞中涓報復之謀，惟其所欲。外熸眾聽，內背遺言，恫先靈而虧聖孝。有臣若此，法可勝誅，猶且招搖作勢，標榜為名。斥異己之賈繼春，片言刺骨；進黨同之周朝瑞，三辨銜恩。曰誰任係排，則袁化中、魏大中，拳勇可籍；曰誰供頤使，則顧大章，繞指堪收。角立門牆，旁開經竇，吐咳兩露，既饋遺之日來；吒吒風雲，且墜升之在握。最可恨者，封疆大計，亦若視為等閒；失律元兇，猶欲加之保護。在熊廷弼，不惜以棓克所入，為續命之金丹；在諸奸，不難以齒牙之餘，顯神錢之力量。或飛書以緩頰，或續奏而連章。百萬羽翼之圖，一翼法網之漏。是雖溪壑之無厭，亦皆門戶之招徠。總之，植黨者，必先假意，以移宮一案為名高；而群邪為之向赴。招權者，猶須樹人，以救熊自助為隱念，而國法為之弁髦。獨不思飯玉猶溫，正臣子思慕未平之日；垂裳伊始，豈群邪跋扈肆志之秋！若非洞見於一朝，幾致貽譏於萬世。五載之逋誅已正，兩觀之癉殛難逃；雖同鬼錄之先登，幸有丹書之具在。罪雖自取，律擬從公。奉聖旨：楊漣、左光斗、周朝瑞、汪文言，兇惡小人，目無法紀，素與內侍王安，互相交結，妄希定策。首倡移宮，夤緣作斃，符同奏啟；威逼康妃，虧朕孝德。又與魏大中、袁化中、顧大章結成一黨，紊（亂）朝政。明知熊廷弼失陷封疆，罪在不赦；乃敢貪其重賂，共為營脫。巧言諫免，暗邀人心。賴九廟神靈，罪

人斯得誅心；定法律，當情真，雖已瘐死圄圉，還當戮屍都市，姑從輕典，以示法外之恩。其未完贓銀，已有旨著撫按官，嚴提家屬追比，俟其完日，待以不孥。惠世揚同惡相濟，不得獨寬，著錦衣衛差官扭解來京，從重究治。這招詞問擬詳明，情律允愜，依議行。仍遵旨，屢宣付史館，頒行天下，以昭朕仁孝平明之治，以服天下萬世人心。」〔註25〕李養正等此疏希魏閹羅織之旨，在其他史籍中之記載，多為節略，為存史貌，故全文錄入。

【作品繫年】

《告夷齊二先生有序》（四五月間）

據此詩補序，「辛酉秋，予再起經略，過其廟，弔之以詩，顧已久失記。乙丑夏，簡焚故牘，忽得之亂楮中，不勝喜，又不勝歎，且泣下。」則此詩撰於辛酉秋，序補撰於乙丑夏。辛酉為天啟元年（1621），乙丑為天啟五年。

《午日寄孫子何知》（五月五日後一兩日）

孫子何知，即孫鵬舉。孫鵬舉《祭芝岡熊先生文》曰：「壬戌之春，我謁選，君下獄，相遇京邸，宿慈惠寺，宿天仙廟、宿刑部獄。贈言慷慨，灑淚悲傷，遂成永訣矣。」則此詩應撰於天啟壬戌後。「誡僮好作死商量」，「卻怪霜飛虹貫日，未應於我獨茫茫。」顯然是在本年端午日，聽到了熹宗欲處決自己的聖諭後所作。

《送劉起南先生請假還楚》（五月十一日後數日）

《熹宗實錄》卷五九：「（天啟五年五月）戊午，試御史石三畏，疏糾吏科都給事中劉弘化，黨救熊廷弼；南太僕寺卿吳炯，黨護顧憲成。乞立加削斥。得旨：弘化革職，吳炯閒住。」天啟五年五月戊申朔，戊午為五月十一日。廷弼公送劉起南先生請假還楚，當在此日後。上海博物館藏熊廷弼行書《東園十詠》詩軸補跋云：「辛酉初春多雨，日在東園中蒔花移樹，課鳥蔡魚，因仿初唐連珠體，偶成十詠。……今相隔僅一年所，而身繫名辱。東園即不移文，而予

〔註25〕明李長春纂修，方至編輯較正《大明熹宗達天闡道敦孝篤友章文襄武靖穆莊勤悊皇帝寔錄》（明熹宗七年都察院實錄），《明實錄》附錄，中國臺灣中央研究院歷史語言研究所 1962 年版，卷十第 1179 頁～1185 頁。

獨不悔且愧歎！病起偶檢此詩，不覺愴然，因為吾起南兄一書，以誌感云。時壬戌六月六日也。」廷弼公寫此詩送劉起南（弘化）先生請假還楚，似當與書《東園》同時。

《紀夢》（六月十七日）

詩云：「初伏三日熱異常，蒸骨流膏如探湯……可憐幾載生離別……常伴妻兒在故鄉。」由此知作者時不在故鄉，而公與妻兒「幾載生離別」，只有官保定與巡遼，以及天啟入獄這三個時段。而在這三段時間裏，最熱的一年，為萬曆二十八年。《神宗實錄》卷三百四十八：「（萬曆二十八年六月）辛卯，閣臣沈一貫題：久旱酷熱，諸穀焦枯，疫癘流行。乞敕府臣，竭誠祈禱，並令張真人醮龍行雨，謹擬聖諭一道參進，伏惟裁定施行。」（第6506頁）但這一年廷弼公在遼東，不在京城。與詩言「獨有大兒不在側，云往北京到我廟」不符。據《明史》卷三十《五行志三》記載：「天啟元年，久旱。五年，真、順、保、河、四府，三伏不雨，秋復旱。」（第485頁）天啟元年五月，作者才從故鄉疾馳至京，與「幾載生離別」不合。再從心理角度看，作者在京最不安的時節，莫過於天啟五年五月上旬，聽到熹宗下令要處決自己之時。所以，此詩最可能撰於天啟五年（1625）初伏第三日，時作者離家已四年整，天啟五年夏至在五月十八日乙丑夏至後第三個庚日進初伏。本年夏至後第三個庚日為庚寅即六月十四日。此詩撰於本年入初伏後三日，當撰於六月十七日。

《驚聞嚴旨查方巾色衣飲酒笑傲自歎》（七月中）

《熹宗實錄》卷六一：「（天啟五年七月）丙辰，責刑部以縱容犯人陶朗先、遊士任、方震孺、唐紹堯等，角巾色衣，杯酒笑傲，奪提牢主事林曾俸一年。」（第2872頁～2873頁）廷弼公詩中所寫，當指《實錄》所記此事。天啟五年七月丁未朔，丙辰為七月十日。詩言「如何歇陽蒸，比常滋益酷。」（第1224頁）「且願緩須臾，從容待秋戮。」（第1225頁）則當撰於天啟五年「秋戮」之前，約七月中。

《送游肩生南還山東道監察御史解組歸籍》（八月七日後數日）

據《熹宗實錄》，游士任明參魏、客，深為所恨，於是誣其為山

東招兵御史期間，有貪污巨額餉款及引用奸細等罪，遂於天啟五年三月丙辰，下游士任鎮撫司獄，並孟淑孔嚴行究問，盜餉奸細情節，照原參數目追贓（卷五七第 2612 頁）。同年八月癸未，刑部覆游士任等罪案，言士任身為募使，而委任二三匪人，以滋耗盡，罪詎容逭。然而歷經各衙門，未有確以贓坐士任者，祇曰疎於覺察，比擬遣戍，似已從重。上可其奏（卷六二第 2912 頁）。此詩題下注謂山東道監察御史游肩生時為「解組歸籍」，或肩生對弼公如此說，實應為謫戍安慶，故弼公送其南來，當在天啟五年八月癸未（七日）後數日。

《絕筆寄孫何知》（八月二十五日）

文曰：「何知，何知，四十年骨肉交情，今日盡矣。書寄近作數首，俾何知哭我，以何知一官遠絆，不能到法場生祭我也。」（第 1153 頁）知此文為廷弼公臨刑前所撰者，與下《絕命辭》當同時所撰。

《絕命辭》（八月二十五日）

祠堂本《襄愍公集》卷十此詩題下注：「天啟五年八月二十五日」（第 24 頁）。這應為公撰此絕命辭之日，即臨刑前一日。

明代傳廷弼公作有《經略全集》，還有《續草》、《續牘》等作。

清查繼佐《罪惟錄·列傳》卷十一下《經濟諸臣·熊廷弼》傳論曰：「襄愍一字經，曰守……其遺書，《經略全集》而外，有《續草》、《續牘》。」（第 1776 頁）

按：查繼佐所言《經略全集》，當指明末廣陵汪修能重刊本《經略熊先生全集》。《續草》、《續牘》二書，今未見此名者存。愚意，二書當與今見廷弼公親自編輯的《按遼疏稿》和《遼中書牘》等當有關聯。具體情況如何，待考。

明熹宗天啟六年　後金（清）天命十一年　丙寅（1626）卒後一年

【時事】

正月，後金兵圍寧遠，總兵官滿桂、寧前道參政袁崇煥固守。己巳圍解。

二月乙亥，以袁崇煥為僉都御史專理軍務，仍駐寧遠。削高第職。

逮前應天巡撫周起元、吏部主事周順昌、左都御史高攀龍、諭德繆昌期、

御史李應升、周宗建、黃尊素，高攀龍赴水死，周起元等下鎮撫司獄，相繼死獄中（《明史·熹宗紀》）。

二月十六日，傳首山海關。

<blockquote>

《熹宗實錄》卷六十八：天啟六年二月「己丑，殺熊廷弼於西市，傳首山海關。」（第 3249 頁）天啟六年二月甲戌朔，己丑為二月十六日。似乎殺廷弼公於西市在六年二月十六日，實際這則記載有誤。「殺熊廷弼於西市」的時間是上年八月壬寅，《實錄》此處所記應為傳首山海關之日期，非公就刑於此日也。

</blockquote>

九月，御史梁夢環上疏，謂廷弼侵盜軍資十七萬。熹宗即下令著行彼處撫按，嚴提家屬，追贓變產，勒限解部，以助大工，不得徇情隱漏。

<blockquote>

《熹宗實錄》卷七十六：「（天啟六年九月）乙亥，巡關御史梁夢環，奉嚴旨查核關門共飾虛冒情實，至是上言……向來帑金，皆發廣寧。廣寧失陷，冊籍俱無憑查造。天啟二年，始發山海，故山海帑金，止一百九十餘萬，至熊廷弼失誤封疆，侵盜金錢，亂臣賊子，人人切齒。臣豈肯復為隱諱，據冊開具於數內取用一十七萬二十兩，臣詰同知王應豫，當日作何支銷，應豫謂，經略票取則取，下官安敢問其開銷？今廷弼雖正典刑，家貲鉅萬，前銀應否行追，一聽上裁。得旨：梁夢環既認罪，姑免究，還須徹底清查具奏，其見查各冒破銀兩，著督師衙門，照數追完充飾。熊廷弼取用一十七萬二十兩，並無開銷，著行彼處撫按，嚴提家屬，追贓變產，勒限解部，以助大工，不得徇情隱漏。」（第 3670 頁～3672 頁）天啟六年九月庚午朔，乙亥為九月六日。

</blockquote>

十二月十一日，廣東道御史劉徽奏謂廷弼公在遼大將偏將咸受侵削，收受金盔金甲，動以數百副計。至與盜克軍餉，假以買段買布為名，陸運海運送回原籍。且原領帑三十萬，竟無下落。現有家資百萬。熹宗再次下旨，著撫按嚴提家屬追贓。

<blockquote>

《熹宗實錄》卷之七十九：「（天啟六年十二月）己酉，廣東道御史劉徽奏：熊廷弼在遼之日，大將偏將咸受侵削，收受金盔金甲，動以數百副計。至與盜克軍餉，假以買段買布為名，陸運海運送回原籍。且原領帑三十萬，竟無下落。見在家資，不下百萬。而僅以十七萬追

</blockquote>

還公家，何以服人心而伸國法也……得旨：覽奏，熊廷弼侵盜帑金，不下百萬，著撫按嚴提家屬追贓。」（第 3816 頁～3817 頁）天啟六年十二月己亥朔，己酉為十二月十一日。李長春纂修本《實錄》卷十二下所錄文字與此本有較大出入，且繫於本年十二月十三日。

明熹宗天啟七年　後金（清）天命十二年　丁卯（1627）卒後二年

江夏縣令王爾玉秉承熹宗一再著「嚴提家屬追贓」之旨，不擇手段，死命追索，連帶姻族之家俱破。

《明史·熊廷弼傳》：「御史梁夢環謂廷弼侵盜軍資十七萬。御史劉徽謂廷弼家資百萬，宜籍以佐軍。忠賢即矯旨嚴追，罄貲不足，姻族家俱破。江夏知縣王爾玉責廷弼子貂裘珍玩，不獲，將撻之。其長子兆珪自剄死，兆珪母稱冤。爾玉去其兩婢衣，撻之四十。遠近莫不嗟憤。」（第 6703 頁～6704 頁）

明文秉《先撥志始》卷下：「江夏知縣王爾玉，索賄逼死熊廷弼子兆珪……武昌（府）推官鄧來鸑，委曲周旋熊廷弼家。」〔註26〕

正月十八日，廷弼公長子熊兆珪被逼於獄中自殺。

公集卷末附鄒漪《熊孝烈傳》：「公不得拾父骸骨，步馳還里……居無何，魏閹用御史梁夢環疏，懸贓十七萬，牒告楚撫按，下經略諸子獄。公就逮，慷慨語眾曰：『吾父生平憨激則有之，安所得贓？』即盡括田園、器用、圖書、刀劍，錄報兩臺。閱三月，御史劉徽疏再上，復贓二百萬。公曰：吾惟有一死耳……引刀自裁……蓋丁卯年正月十八日也。」（附錄第 93 頁）

為了追贓，魏閹特意安排一再陷害廷弼公之右僉都御史姚宗文巡撫湖廣，執行嚴追令。本年八月，奏進熊廷弼「贓銀」二萬兩。

《熹宗實錄》卷八十七：「天啟七年八月甲午朔……戊申，巡撫湖廣右僉都御史姚宗文奏進熊廷弼贓銀二萬兩，及楊璉（漣）續完贓銀五千四百七十八兩。」（第 4236 頁）

〔註26〕明文秉撰《先撥志始》，中國歷史研究社編，上海書店印行，1982 年版，卷下第 173 頁。

備考

《性氣先生傳》《自傳》《東事答問》

祠堂本《熊襄愍公集》卷八共錄文三篇，第一篇為《性氣先生傳》，第二篇即《自傳》（一作《苕上愚公傳》），第三篇為《東事答問》。其編者從何處錄得此文，祠堂本未注。李紅權標校《熊廷弼集》卷二三《雜文》下，三文均據祠堂本卷八過錄，並作熊廷弼作品，未作任何考證。

按：《東事答問》文中言：「即如頃歲兩遇登極，恩蔭稠迭，濫竽頗眾，而遼左死事諸文武，再閱寒暑，始蒙旌錄，枯骨成磷。」「頃歲兩遇登極」，指光宗、熹宗兩個皇帝先後登基，時當在天啟元年後；「遼左死事諸文武，再閱寒暑，始蒙旌錄」，「再閱寒暑」，則時當為天啟二年夏。故其作者所處時代，當與廷弼公相同。但此文是否廷弼公撰，則大有疑問。

鄭振鐸輯《玄覽堂叢書》初輯本第94～95冊；有明刊本《東夷考略》一書，此書不分卷，中包括：《女直通考》、《海西女直考》、《建州女直考》三部分內容。《建州女直考》後附《遼東全圖》、《開鐵圖》、《開原控帶外夷圖》、《瀋陽圖》、《遼陽圖》、《廣寧圖》、《海運餉道圖》、《東事答問》、《苕上愚公傳》等七圖二文。此書為明天啟間浣花居自刻本，前有「浣花主人書」行書序一首，下有篆書「澹樸居士」陰文印一方。其作者目錄下署「苕上愚公撰次」。各書目均以苕上愚公為明人茅瑞徵。《苕上愚公傳》正文又題作《自傳》。傳云：「苕上愚公者，家苕水之曲，性專而癖。自先世事力穡，而公獨酷嗜書。當其坐擁殘帙，伊吾自喜，輒私謂天壤間，雖有他樂，吾不以易也。及一再試為吏，殫精職業，絕不解，以官為傳舍……人謂公『炙手不知炎，下石不知險，脂膏不知潤，且並軒冕不知榮，胸無機械，意無好醜。』此殆天下至愚人也。公亦自謂：『名我以愚，固當。』然雅能以無私自許，人亦久而以是許之，因共號『苕上愚公』。」此文作者既題作「自傳」，則《苕上愚公傳》為《東夷考略》一書作者茅瑞徵自撰無疑。因此，按照常規，附於《東夷考略》一書後之二文，既可確定其中一篇為茅瑞徵自撰，則另一篇《東事答問》，似亦應為茅瑞徵自撰。絕對沒有後一篇為茅瑞徵自撰，而前一篇為廷弼公撰者。

另外，《東事答問》一文，除附《東夷考略》一書刊刻流傳外，還曾附茅瑞徵撰《萬曆三大征考》一書刊刻流傳。今此書有明天啟間刊本。同樣，《萬曆三大征考》三卷後，附《東夷考略》一卷、《東事答問》一卷。《東夷考略》一書，我們已經可以確定為茅瑞徵撰，而《東事答問》一卷，同理，我們也應視為茅瑞徵撰。一部作品，同時附於兩部著作後刊刻流傳，由此可見作者對此作品之重視程度。這樣一部重要作品，又怎麼可能為他人所作？

又，《性氣先生傳》一篇，國家圖書館藏清抄善本為單行本，題《性氣先生熊廷弼傳》，文與祠堂本《性氣先生傳》無異，此抄本沒有作者署名。《熊襄愍公集》編者冒失地將《性氣先生傳》《東事答問》《苕上愚公傳》三部作品收錄集中，未知何據？據光緒重印《江夏縣志》卷六《佟卜年傳》記載，卜年長期受廷弼公影響，生前與廷弼公一直保持密切關係。卜年為朝廷長期監禁，與廷弼公之冤案亦有相當聯繫。卜年是廷弼公當代之鐵杆粉絲，他在獄中「又自著有《幽憤先生傳》。」（第765頁）同時稍後之錢謙益，曾為佟十年所著《佟氏幽憤錄》作序，序中言：「《佟氏幽憤錄》者，故登萊僉事觀瀾佟公當絕命時，自著《幽憤先生傳》。」〔註1〕個人看法，卜年既自撰《佟氏幽憤錄》《幽憤先生傳》，是極有可能另撰《性氣先生傳》的，他應是當代人中，最有條件代撰《性氣先生傳》之作者。

《四庫全書總目提要》云：「明茅瑞徵……字伯符，歸安（今浙江吳興）人。萬曆辛丑進士，官至南京光祿寺卿。解官後，自號『苕上漁父』，又稱『澹樸居士』。」〔註2〕茅瑞徵所著有《萬曆三大征考》、《皇明象胥錄》、《東夷考略》、《澹泊齋集》、《五芝紀事》、《明末啟禎遺事》、《虞書箋》（二卷）等。

〔註1〕清錢謙益撰《牧齋有學集》卷十六，上海古籍出版社，1985年版第743頁。
〔註2〕清永瑢等撰《四庫全書總目‧經部》卷十四，中華書局，1965年版第112頁。

參考文獻

1. 明熊廷弼《按遼疏稿》六卷，明萬曆三十九年刻本，《續修四庫全書》本，上海古籍出版社，2002 年版。

2. 明熊廷弼《遼中書牘》二卷，明萬曆三十九年刻本，中國臺灣國家圖書館藏本。

3. 明熊廷弼《經略熊先生全集》十一卷，明末廣陵汪修能重刊、鄭元士等重校本，中國臺灣國家圖書館藏本。

4. 明熊廷弼《經遼疏牘》十卷，清末湖北通志局校刻本，沈雲龍選輯《明清史料彙編》第二集，文海出版社，1967 年版。

5. 明熊廷弼《熊經略集》，明陳子龍等輯《明經世文編》本，中華書局，1962 年版。

6. 《熊襄愍公集》七卷，清姚瑩等輯、潘錫恩校《乾坤正氣集》本，道光二十八年刻。

7. 清徐文檢輯《熊襄愍公集》十卷，熊氏祠堂藏版，同治三年甲子（1864）重刻本。

8. 清徐文檢輯《熊襄愍公集》十卷，清末退補齋藏板，哈佛燕京圖書館藏本。

9. 《熊襄愍尺牘》四卷，光緒三十四年武昌璞園重刻，《明別集叢刊》影印本，黃山書社，2013 年版。

10. 佚名《性氣先生傳》，《熊襄愍公集》卷八，熊氏祠堂藏板，同治甲子重刻本。

11. 明程開祜輯《籌遼碩畫》，影印國立北平圖書館善本叢書第一集本，叢書集成續編第二四二冊，新文豐出版公司，1988 年版。

12. 明張惟賢監修，葉向高、顧秉謙等纂修《明神宗顯皇帝實錄》，北平圖書館藏紅格抄本；中國臺灣中央研究院歷史語言研究所，1962 年版。

13. 明朱純臣監修，溫體仁等纂修《明光宗貞皇帝實錄》，北平圖書館藏紅格抄本；中國臺灣中央研究院歷史語言研究所，1962 年版。

14. 明朱純臣監修，溫體仁等纂修《明熹宗悊皇帝實錄》，北平圖書館藏紅格抄本；中國臺灣中央研究院歷史語言研究所 1962 年版。

15. 梁鴻志編印《明熹宗悊皇帝實錄》（梁本），南京國學圖書館藏抄本，1941 年版。

16. 明李長春纂修，方至編輯較正《大明熹宗達天闡道敦孝篤友章文襄武靖穆莊勤悊皇帝定錄》（明熹宗七年都察院實錄），《明實錄》附錄，中國臺灣中央研究院歷史語言研究所 1962 年版。

17. 明沈國元《兩朝從信錄》三十五卷，《四庫禁燬書叢刊》影印北京大學藏明末刻本，北京出版社 1997 年版。

18. 明王在晉《三朝遼事實錄》十七卷，《四庫禁燬書叢刊》影印本，北京出版社 1997 年版。

19. 明李遜之輯《三朝野記》上、下，《明清史料彙編》第二集、文海出版社，1967、第三集，1968 年版。

20. 清全祖望《鮚埼亭集》，《續修四庫全書》影印嘉慶十六年刻本；上海古籍出版社，2008 年版。

21. 清查繼佐《罪惟錄》（共四冊），浙江古籍出版社，1986 年版。

22. 明張岱《石匱書》二百二十卷，《續修四庫全書》影印鳳嬉堂稿本；上海古籍出版社，2008 年版。

23. 清谷應泰《明史紀事本末》（全四冊），中華書局，1977 年版。

24. 清張廷玉等撰《明史》，中華書局，1974 年版。

25. 清王庭楨等纂修《江夏縣志》，清光緒七年重刊，中國方志叢書本，成文出版社有限公司，1975 年版。

26. 清趙弘恩等監修，黃之雋等纂修《江南通志》，文淵閣《四庫全書》，上海古籍出版社 1987 年版。

27. 清邁柱等監修，夏力恕等編纂《湖廣通志》，文淵閣《四庫全書》，上海古籍出版社 1987 年版。

28. 熊梅樵等纂修《（江夏）熊氏宗譜》，1994 年版。

29. 清裴天錫等纂修《康熙湖廣武昌府志》，《中國方志集成·湖北府縣志輯 2》，江蘇古籍出版社 2001 年版。

30. 明文秉撰《先撥志始》，中國歷史研究社編，上海書店印行，1982 年版。

31. 明霍冀等撰《九邊圖說》（不分卷），隆慶三年（1569）刊，鄭振鐸輯《玄覽堂叢書》初輯本第 18～19 冊，國立中央圖書館出版，臺北市正中書局重印本，1981 年版。

32. 明茅瑞徵撰《東夷考略》（不分卷，附《圖》一卷；附《東事答問》一卷，明刊本，鄭振鐸輯《玄覽堂叢書》初輯本第 94～95 冊。

33. 明張鼐撰《遼籌》二卷（附《遼夷略》一卷；附《陳謠雜詠》一卷），明刊本，鄭振鐸輯《玄覽堂叢書》初輯本第 102～105 冊。

34. 明郭淐撰《東事書》一卷，天啟元年（1621）刊本，鄭振鐸輯《玄覽堂叢書》初輯本第 106 冊。

35. 《遼東志》九卷，明嘉靖十六年重修傳抄本鉛印本，《遼海叢書》第二輯，遼海書社，1934 年版。

36. 《重修全遼志》六卷，哈佛燕京大學圖書館藏明嘉靖十六年任洛等修本，手抄本。

37. 《熊廷弼、楊漣札合集》，加拿大英屬哥倫比亞大學亞洲圖書館藏本。

38. 于浩輯《明清史料叢書八種》（全八冊），北京圖書館出版社，2005 年版。

39. 吳晗撰《朝鮮李朝實錄中的中國史料》，中華書局，1980 年版。

40. 李紅權標校《熊廷弼集》，學苑出版社，2011 年版。

41. 朱耀榮著《熊廷弼傳》，中國電影出版社，2008 年版。

42. 民國梁乙真著《熊廷弼評傳》，東方書社，1943 年版。

43. 民國管雪齋著《熊經略》，華中圖書公司，1936 年版。

44. 清永瑢等撰《四庫全書總目》，中華書局，1965 年版。

45. 明李清撰，顧思點校《三垣筆記·附識上》，中華書局 1982 年版。

46. 明湯顯祖撰，徐朔方箋校《湯顯祖集》，中華書局上海編輯所編輯，中華書局 1962 年 7 月第 1 版。

47. 明談遷撰《國榷》，中華書局，1958 年版。

48. 清同治《攸縣志》，《中國方志集成·湖南府縣志輯 17》，江蘇古籍出版社，2001 年版。

49. 清同治《瀏陽縣志》，《中國方志集成·湖南府縣志輯 2》，江蘇古籍出版社，2001 年版。

50. 清謝旻等監修，陶成等纂修《江西通志》卷五十五《選舉七》，文淵閣《四庫全書》，上海古籍出版社，1987 年版。

51. 清清金鉷等監修《廣西通志》卷五十五《秩官·明》，文淵閣《四庫全書》，上海古籍出版社 1987 年版。

52. 明計六奇撰，魏得良、任道斌點校《明季北略》，中華書局，1984 年版。